詳解

法人税法
「別段の定め」
の基本

［第2版］

佐藤幸一 ［著］

平野秀輔 ［監修］

RSM汐留パートナーズ税理士法人 ［編］

東京　白桃書房　神田

第 2 版の刊行にあたり

　本書の初版は，令和2年4月1日現在の法令等に基づき，令和3年3月に出版したものですが，それから3年6か月が経過しました。

　初版の刊行時に基準とした令和2年4月1日現在の法令においても，令和2年度税制改正により平成14年度に導入された連結納税制度が抜本的に見直され，グループ通算制度に移行することとされており，その内容の中には連結納税制度を採用している法人ばかりではなく，単体納税制度を採用している法人にも影響のある項目が含まれていました。ただし，その適用時期は令和4年4月1日以後に開始する事業年度から適用されることとなっていたため，初版ではそれに触れませんでしたが，第2版ではそれについても記述しています。

　また，初版発行後も毎年税制改正は行われており，本書で扱っている基本的事項について大きな改正はなかったものの，第2版では令和6年4月1日現在の法令等に基づき記述し，さらに改正があった項目の適用時期も考慮してあります。

　さらに法人税関係の規定だけではなく，対比すべき会計基準等も更新しました。本書がはじめて法人税法の基本的事項について学習する者だけではなく，最新の法令等に基づく考え方を改めて学習する者の手助けになれば幸いです。

2024年7月　汐留シティセンター33階にて

税理士　佐　藤　幸　一

監修者はしがき

　古いことで恐縮だが，1999年（平成11年）１月に企業会計審議会から「金融商品に係る会計基準」[1]が公表されるまでの日本における制度会計は，「企業会計原則」をその論理的根拠としながらも，会計上の見積もり及び処理については法人税法の規定を斟酌した実務が行われていた。つまり，会計実務は法人税の申告において本書で詳述されている「申告調整」が出来るだけ少なくなるように行われ，それに携わる実務担当者は財務会計だけではなく，法人税法の知識も備えていなければ，業務に支障をきたしていたともいえる。

　しかし，特に2000年以降は法人税法の定めと企業会計の考え方は別であるという認識が広がり，法人税法の規定通りに会計上の見積もりや処理を行ういわゆる「税法基準」による計算は，それが企業の実態と乖離している場合には，公認会計士及び監査法人が行う法定監査上，不適切なものとして扱われるようになった。さらに2002年（平成14年）より企業会計基準委員会から会計基準が公表されるにつれて，企業会計上の利益と法人税の課税所得の乖離は広がり，当然に申告調整項目も金額も増加することとなった。

　その一方で，申告調整の考え方や手続きについて，網羅的な独習は未だに困難であると考えられることから，RSM 汐留パートナーズ税理士法人の出版活動の一つとして，申告調整について焦点を絞った本書を刊行している次第である。

　本書の中心的な著者である佐藤幸一氏は，長年にわたり法人税を中心とした実務及び研究を行っており，当税理士法人においては審理の中心となる人物である。本書では彼の税務職員としての経験も反映され，また企業会計の基準との対比もできるだけ明確に示すことによって，読者が独習によっても申告調整を理解できるように配慮した。

iv

　本書が日本の企業会計及び法人税法学習者の一助となることを願ってやまない。

　2024年7月

　　　　　　　　　　　　　　　　RSM 汐留パートナーズ税理士法人

　　　　　　　　　　　　　　　　　統括代表社員　　平　野　秀　輔

注
1　現在は企業会計基準委員会によって改訂され，「金融商品に関する会計基準」となっている。

はじめに

　私は，国税の職場で主として法人税を担当する部署において37年余の経験をし退官しましたが，今，改めて現行の法人税法の規定を見てみると，昭和57年に採用された当時のそれとはあまりにも様変わりし，複雑化・困難化していると痛感しました。

　これは，経済活動の複雑化・困難化，そして国際化等によるものであるとともに，商法や会社法，そして会計基準の整備等に伴い，法人税法等も改正されてきた結果であり，やむを得ない部分はあるものの，このような状況は，申告納税制度を前提とする納税者にとって，好ましいことではないと思われます。極論をいえば，毎年のように改正が行われている現行の法人税法等について，私はもとより，法人税を担当する国税の現職の職員も，そのすべてを理解した上で職務を遂行しているとは思われないからです。

　そこで，本書は，現行の法人税法の項目のうち，法人の各事業年度の所得の金額の計算上，基本となる事項を抽出した上で，通常の営業活動を行っている一般企業が，現行の会計基準等に基づき算出した当期純利益（損失）に対し，法人税法上の必要最低限の調整項目について解説するものです。法人税法全般について解説するものではないことをご容赦いただきたい。

　したがって，本書においては，法人税法の所得の計算に係る項目のうち，主として，①組織再編税制，②連結納税制度，③グループ法人税制，④時価会計，⑤外貨建取引，⑥リース取引，⑦信託税制，⑧圧縮記帳，⑨国際課税，⑩震災特例法関係などの項目が省略されているものの，基本的事項として抽出した項目については，会計基準等の内容も含めて解説を行いました。

　また，法人税法の規定ではないものの，主として政策的な理由から租税特別措置法に規定されている交際費等については，一般企業が通常の営業活動を行う上で欠かせない費用であることから，当該交際費等の項目を追加しました。

以上のとおり，本書は，法人税法を学ぶ上で，そのベースとなる会計処理等を意識した上で，法人税法上の「別段の定め」の基本について学習をしたいと考える読者を意識して作成したつもりであり，このような方々の一助になればと考えています。

　具体的には，本書は三部構成となっており，まず，序章において，現行の法人税法の全体像を確認した上で，基本的な項目を抽出し，また，日本の制度会計の概要や「公正処理基準」の解釈等についても解説しています。「公正処理基準」と法人税法上の「別段の定め」との関係について理解をするよう努めてください。

　次に，第Ⅰ編においては，法人税法上の「別段の定め」の基本項目の内容を詳解する前に，各項目に係る会計上の取扱いについて解説しています。まず，会計上の取扱いを確認した上で，法人税法上の「別段の定め」の内容を理解するようにしてください。

　また，法人税法上の「別段の定め」の内容を理解する上で必要な設例や事例を挿入しています。具体的な計算例等に基づき，会計上の取扱いとの違いなどを意識しながら，その計算方法等を理解するとともに，解答には必ず関係する申告書別表の記載例を掲載していますので，申告書別表の記入方法についても併せて学習してください。

　最後に，第Ⅱ編においては，企業会計基準に定められている会計処理を行った結果，法人税の課税所得にどのような影響を与えるかとの観点から，代表的なものについて，その会計処理を具体的な計算例に基づき詳解しています。また，税務上の調整内容を申告書別表の記載方法等も含めて説明していますので，その影響の有無を確認してください。

　なお本書は，平野秀輔氏が監修をし，汐留パートナーズ税理士法人の職員の編集により発刊できたことを深く感謝致します。

　また，上記のような法人税法に対する個人的な思いから，このような本の発刊に漕ぎつけられたのは，ひとえに株式会社白桃書房の大矢社長様をはじめとする皆様の多大なるご尽力によるものであり，改めて，この場をお借り

して深く感謝を申し上げる次第であります。

2021年3月　銀座7丁目にて

税理士　佐　藤　幸　一

凡　例

1　本書は，令和6年4月1日現在の法令及び通達に基づき作成している。

2　法令及び通達の略語は，次による。
　　法法＝法人税法（昭和40年3月31日法律第34号）
　　法令＝法人税法施行令（昭和40年3月31日政令第97号）
　　法規＝法人税法施行規則（昭和40年3月31日大蔵省令第12号）
　　法基通＝法人税基本通達（昭和44年5月1日直審（法）25号（例規））
　　措法＝租税特別措置法（昭和32年3月31日法律第26号）
　　措令＝租税特別措置法施行令（昭和32年3月31日政令第43号）
　　措規＝租税特別措置法施行規則（昭和32年3月31日大蔵省令第15号）
　　措通＝租税特別措置法関係通達（法人税編）（昭和50年2月14日直法2-2（例規））
　　所法＝所得税法（昭和40年3月31日法律第33号）

3　条文の符号
　　1，2＝条を示す。
　　①，②＝項を示す。
　　一，二＝号を示す。

〈引用例〉
　　法法22③二＝法人税法第22条第3項第2号

目　次

第 2 版の刊行にあたり ……………………………………………………………… i

監修者はしがき ………………………………………………………………………… iii

はじめに ………………………………………………………………………………… v

凡　例 …………………………………………………………………………………… viii

序　章　**総　論** …………………………………………………………………………… 1

　序 - 1　現行の法人税法における基本的な項目 ……………………………… 1

　序 - 2　日本の制度会計の概要 …………………………………………………… 1

　　1　会社法に基づく会計 ……………………………………………………… 1

　　2　会計基準の設定主体及び会計と法律の関係 ………………………… 2

　　3　主な会計基準の一覧 ……………………………………………………… 3

　序 - 3　法人税法と公正処理基準 ………………………………………………… 3

　　1　「公正処理基準」の意義 ………………………………………………… 3

　　2　「公正処理基準」の解釈 ………………………………………………… 4

　　3　「公正処理基準」と法人税法上の「別段の定め」との関係 ………… 5

　　4　企業会計制度の変容と法人税法の変容 ……………………………… 5

　　[表 1]　現行の法人税法の規定 ………………………………………………… 7

　　[表 2]　企業会計基準委員会より公表された会計基準及び適用指針 ……… 9

第 I 編　**各論**（法人税法等の所得の計算に係る別段の定め）

第 1 章　**企業会計上の当期純利益から課税所得算出までの**
流れ ……………………………………………………………………………… 17

　1 - 1　各事業年度の所得の金額に関する事項の内容 ……………………… 17

x

1-2　企業会計上の利益と法人税法上の所得金額の関係 ……………… 18

1-3　法人税の課税所得を計算する際の用語等 ……………………… 19

1-4　申告書別表四と別表五（一）の機能及び関連 ………………… 20

《設例》申告書別表四，五（一）及び五（二）の作成 …………………………… 22

第2章　益　金 ………………………………………………………………… 31

2-1　受取配当等の益金不算入 …………………………………………… 31

1　会計上の取扱い ……………………………………………………………… 31

(1)　利益剰余金からの配当等 ……………………………………………… 31

(2)　その他資本剰余金の処分による配当 …………………………… 31

2　税務上の取扱い ……………………………………………………………… 32

(1)　内国法人から受ける配当等の益金不算入 ………………… 32

(2)　法人税法第23条が別段の定めとして規定されている理由 … 35

(3)　外国子会社配当等の益金不算入 ………………………………… 36

《設例》受取配当等の益金不算入額の計算 …………………………………… 36

(4)　配当等の額とみなす金額（みなし配当等の額）……………… 39

2-2　資産の評価益 ……………………………………………………………… 41

1　会計上の取扱い ……………………………………………………………… 41

2　税務上の取扱い ……………………………………………………………… 41

(1)　原則的取扱い ……………………………………………………………… 41

(2)　例外的取扱い ……………………………………………………………… 41

(3)　資産の評価換えにより帳簿価額を増額した金額が益金の額に算入

されなかった資産の取扱い ……………………………………………… 42

(4)　税務上の考え方 …………………………………………………………… 42

(5)　税務上の保有区分に基づく有価証券の期末評価方法等 ……… 43

第3章　損　金 ………………………………………………………………… 49

3-1　減価償却資産の償却費 ……………………………………………… 49

1　有形固定資産 ………………………………………………………………… 49

(1)　会計上の取扱い ……………………………………………………………… 49

目　次　xi

イ　企業会計原則 ··· 49

ロ　会社計算規則 ··· 50

ハ　資産除去債務 ··· 50

(2)　税務上の取扱い ··· 50

イ　減価償却資産の範囲 ··· 50

ロ　一般的な減価償却の方法 ······································· 51

ハ　選択できる償却方法及び法定償却方法 ·························· 54

ニ　減価償却資産の取得価額 ······································· 56

ホ　資本的支出と修繕費 ··· 58

ヘ　耐用年数 ··· 61

ト　減価償却資産の償却限度額の計算 ······························ 62

チ　少額の減価償却資産の取得価額の損金算入 ······················ 63

リ　一括償却資産の損金算入 ······································· 64

ヌ　中小企業者等の少額減価償却資産の取得価額の損金算入の特例 ···· 64

《設例》減価償却限度額の計算 ··· 66

2　無形固定資産（ソフトウェア） ··································· 72

(1)　会計上の取扱い ··· 72

イ　研究開発用のソフトウェア ····································· 72

ロ　市場販売目的のソフトウェア ··································· 73

ハ　自社利用のソフトウェア ······································· 74

(2)　税務上の取扱い ··· 74

イ　研究開発用のソフトウェア ····································· 74

ロ　市場販売目的のソフトウェア ··································· 75

ハ　自社利用のソフトウェア ······································· 75

3-2　繰延資産の償却費 ··· 77

1　会計上の取扱い ··· 77

(1)　具体的な取扱い等 ··· 77

(2)　支出の効果が期待されなくなった繰延資産の会計処理 ················ 78

2　税務上の取扱い ··· 78

(1)　会計上の繰延資産 ··· 78

xii

(2) 税務上の繰延資産 ･･ 79

(3) 繰延資産の償却費の計算等 ･･････････････････････････････ 80

3-3　資産の評価損 ･･ 81

1　会計上の取扱い ･･･ 81

(1) 棚卸資産の会計処理 ･･････････････････････････････････････ 81

(2) 有価証券の会計処理 ･･････････････････････････････････････ 82

2　税務上の取扱い ･･･ 82

(1) 原則的な取扱い ･･ 82

(2) 例外的な取扱い ･･ 82

(3) 特定の事実が生じた場合の評価損 ･････････････････････ 83

(4) 特定の事実が生じた場合の評価損に係る取扱い ･･････ 84

3-4　役員の給与等 ･･ 86

1　会計上の取扱い ･･･ 86

2　税務上の取扱い ･･･ 87

(1) 法人税法における役員給与規定の趣旨 ･････････････････ 87

(2) 法人税法上の役員の範囲 ･････････････････････････････････ 87

《事例》みなし役員の判定 ･･･････････････････････････････････････ 89

(3) 役員給与 ･･ 91

3-5　寄附金の損金不算入 ･･････････････････････････････････････ 104

1　会計上の取扱い ･･･ 104

2　税務上の取扱い ･･･ 104

(1) 別段の定めの考え方 ･･････････････････････････････････････ 104

(2) 寄附金の範囲 ･･･ 105

(3) 寄附金の額から除かれるもの ･････････････････････････････ 106

(4) 寄附金の額の計算 ･･･ 106

(5) 寄附金の損金算入限度額 ･････････････････････････････････ 107

(6) 100％グループ内の法人間の寄附金の取扱い ･･･････････ 109

(7) 国等に対する寄附金に係る取扱い ････････････････････････ 109

《設例》寄附金の損金不算入額の計算 ･･･････････････････････････ 110

3-6　法人税等の損金不算入 ･･･････････････････････････････････ 116

目　次　xiii

1　会計上の取扱い ··· 116

2　税務上の取扱い ··· 117

(1)　損金の額に算入されない法人税等 ······························· 117

(2)　損金の額に算入される法人税等の例示 ······················· 119

(3)　損金の額に算入される租税公課の損金算入時期 ··········· 120

(4)　法人税，住民税，事業税等及び租税公課の経理処理と申告書別表四
　　　及び別表五（一）の調整 ·· 122

3－7　貸倒引当金及び貸倒損失 ··· 124

1　貸倒引当金 ·· 124

(1)　会計上の取扱い ··· 124

イ　企業会計原則注解 ··· 124

ロ　会計基準第10号 ·· 124

(2)　税務上の取扱い ··· 125

イ　別段の定めの考え方 ·· 125

ロ　貸倒引当金の経理方法 ··· 126

ハ　貸倒引当金の適用対象法人及び対象金銭債権 ··········· 126

ニ　貸倒引当金の繰入限度額の計算 ······························ 127

《設例》個別評価金銭債権に係る貸倒引当金の繰入限度額の計算 ············· 131

《設例》一括評価金銭債権に係る貸倒引当金の繰入限度額の計算 ············· 135

2　貸倒損失 ··· 138

(1)　会計上の取扱い ··· 138

(2)　税務上の取扱い ··· 138

イ　金銭債権の全部又は一部の切捨てをした場合の貸倒れ ··· 138

ロ　回収不能の金銭債権の貸倒れ ·································· 139

ハ　一定期間取引停止後弁済がない場合等の貸倒れ ········· 139

《設例》弁済猶予等があった場合の貸倒損失と個別評価金銭債権に係る
　　　　貸倒引当金 ··· 140

3－8　交際費等の損金不算入 ··· 141

1　会計上の取扱い ··· 141

2　税務上の取扱い ··· 141

xiv

- (1) 別段の定めの考え方 ··· 141
- (2) 交際費等の範囲 ··· 141
- (3) 交際費等の額から除かれる飲食費の適用要件 ··········· 142
- (4) 交際費等の額とその他の費目 ······························· 142
- (5) 交際費等に含まれる費用の例示 ···························· 145
- (6) 交際費等の損金不算入額の計算 ···························· 146

《設例》交際費等の損金不算入額の計算 ······························· 148

［表３］平成19年度以降の税制改正の概要 ······················ 150

［表４］その他の金融に関する取引に係る金銭債権を有する法人及び対象

金銭債権 ··· 156

［表５］交際費等の損金不算入額の推移 ···························· 159

第Ⅱ編　企業会計基準と法人税法の相違

第１章　企業会計基準に基づく計算が税務上否認される項目

·· 167

1-1　資産除去債務 ··· 167

1　会計上の取扱い ··· 167

- (1) 資産除去債務の負債計上 ······································· 167
- (2) 資産除去債務の算定 ··· 167
- (3) 資産除去債務に対応する除去費用の資産計上と費用配分 ·········· 168

2　税務上の取扱い ··· 169

- (1) 減価償却資産の取得価額 ······································· 169
- (2) 減価償却限度額 ·· 169
- (3) 利息費用の取扱い ··· 169

《計算例》資産除去債務の具体的な計算と申告調整 ················· 169

1-2　固定資産に係る減損会計 ·· 178

1　会計上の取扱い ··· 178

- (1) 減損会計意見書の基本的考え方 ······························· 178

目　次　xv

  (2)　具体的な会計処理等 ……………………………………………………… 180

 2　税務上の取扱い ………………………………………………………………… 182

《計算例》減損会計の手順及び具体的な計算例 ……………………………… 182

1-3　税効果会計 …………………………………………………………… 184

 1　会計上の取扱い ………………………………………………………………… 184

  (1)　税効果会計基準及び税効果会計基準注解 …………………………… 184

  (2)　一時差異等と申告調整項目との関係 ………………………………… 186

  (3)　一時差異と繰延税金資産又は繰延税金負債及び税金費用との関係 …… 188

 2　税務上の取扱い ………………………………………………………………… 190

《検証》申告書別表四及び別表五（一）の記載例 ………………………………… 191

1-4　収益認識基準 ……………………………………………………… 195

 1　会計上の取扱い ………………………………………………………………… 195

  (1)　経緯 ……………………………………………………………………………… 195

  (2)　基本的な考え方 ……………………………………………………………… 196

  (3)　具体的な取扱い ……………………………………………………………… 196

  (4)　収益を認識するための5つのステップ ……………………………… 197

 2　税務上の取扱い ………………………………………………………………… 199

  (1)　「収益認識に関する会計基準」への対応 …………………………… 199

  (2)　収益認識基準による場合の取扱いの例 …………………………… 199

  (3)　法人税法第22条の2等の主な内容 …………………………………… 200

第2章　会計基準が示す会計処理を前提とした税務調整を行う項目 …………………………………………………………………… 205

2-1　過年度遡及修正 …………………………………………………… 205

 1　会計上の取扱い ………………………………………………………………… 205

  (1)　具体的な取扱い等 ………………………………………………………… 205

  (2)　会社計算規則の取扱い …………………………………………………… 206

 2　税務上の取扱い ………………………………………………………………… 207

  (1)　当期における申告調整 …………………………………………………… 207

  (2)　仮装経理に基づく過大申告があった場合の「修正の経理」 …………… 207

⑶　過年度遡及修正に係る具体的な適用例 ……………………………………… 208

引用文献 …………………………………………………………………………… 219

索　引 ……………………………………………………………………………… 221

編者紹介

監修者・著者略歴

序章　総　論

序 - 1　現行の法人税法における基本的な項目

　法人税法は，法人が国に納付すべき法人税について，納税義務者，課税所得等の範囲，税額の計算方法，申告，納付及び還付の手続並びにその納税義務の適正な履行を確保するため必要な事項を定めている法律である（法法1）。また，法人税法に関する特別措置については，租税特別措置法においても定められている。

　本書の記載内容と令和6年4月1日現在の法人税法（本法）の定めを整理すると，[表1]のとおりとなる。なお，本書で詳解する租税特別措置法の規定は，第61条の4についてのみである。

序 - 2　日本の制度会計の概要

　法人税の課税所得の計算は，基本的に企業会計において算定された当期純利益（協同組合等では当期剰余金）を基礎として算定される。ここでは，法律等によってその実施が定められている企業会計（制度会計）について説明する。

1　会社法に基づく会計

　全ての会社を対象とする会社法では，次のとおり全ての株式会社が会計を行う義務を規定している。

　株式会社は，法務省令（会社計算規則）で定めるところにより，その成立の日における貸借対照表を作成しなければならず（会社法435①），各事業年度に係る計算書類（貸借対照表，損益計算書，株主資本等変動計算書及び個

別注記表）及び事業報告並びにこれらの附属明細書を作成しなければならない（同条②，会社計算規則59①）とされている。

そして，株式会社の会計は，一般に公正妥当と認められる企業会計の慣行に従うものとされ（同法431），会社計算規則では，「この省令の用語の解釈及び規定の適用に関しては，一般に公正妥当と認められる企業会計の基準その他の企業会計の慣行を斟酌しなければならない。」（会社計算規則３）とされている。

つまり，会社法及び会社計算規則で明らかにされていないものについては，「一般に公正妥当と認められる企業会計の基準その他企業会計の慣行」を考慮して会計処理及び表示を行うことになり，現在の日本では，「企業会計審議会」が過去に公表した企業会計原則その他の会計原則及び基準と，「公益財団法人財務会計基準機構」が公表している会計基準がこれに該当することとなる。

なお，中小企業については，その特性を考慮して「中小企業の会計に関する指針」[1]が定められている。

2　会計基準の設定主体及び会計と法律の関係

企業会計原則以来，日本の会計基準は，旧大蔵省の**企業会計審議会**により制定されてきたが，国際的調和の観点から，諸外国と同様に**民間**による会計基準の設定を望む声が強くなり，**平成13年**に設立された**公益財団法人財務会計基準機構**の**企業会計基準委員会**に順次移行することとなった。

また，日本の会計制度は，公正なる会計慣行をさまざまな法律が利用することによって形成されている。その主なものに**金融商品取引法**，**会社法**，**税法**があり，例えば，**会社法**は株主及び債権者保護を目的として配当可能利益の算定を行うために，**金融商品取引法**は投資家保護を目的として投資判断に必要な経営成績や財政状態を開示するために，また，**法人税法や所得税法**は課税所得を算定するために会計を利用している。

3　主な会計基準の一覧

(1)　企業会計審議会により設定された会計基準

イ　企業会計原則（昭和24年）

ロ　原価計算基準（昭和37年）

ハ　連結財務諸表原則（昭和50年）

ニ　外貨建取引等会計処理基準（昭和54年）

ホ　リース取引に係る会計基準（平成5年）

ヘ　連結キャッシュ・フロー計算書等の作成基準（平成10年）

ト　中間連結財務諸表等の作成基準（平成10年）

チ　退職給付に係る会計基準（平成10年）

リ　税効果会計に係る会計基準（平成10年）

ヌ　研究開発費等に係る会計基準（平成10年）

ル　金融商品に係る会計基準（平成11年）

ヲ　固定資産の減損に係る会計基準（平成14年）

ワ　企業結合に係る会計基準（平成15年）

(2)　企業会計基準委員会より公表された会計基準及び適用指針（令和6年3月まで）

公益財団法人財務会計基準機構の企業会計基準委員会より公表された会計基準及び適用指針は，［表2］のとおりである。

序－3　法人税法と公正処理基準

1　「公正処理基準」の意義

法人税法第22条第4項では，「第二項に規定する当該事業年度の収益の額及び前項各号に掲げる額は，別段の定めがあるものを除き，一般に公正妥当と認められる会計処理の基準に従って計算されるものとする。」と規定しているが，制定当時は，原則として，企業利益と課税所得は一致していることを前提とし，法人税法独自の限度計算等についてだけ，別段の定めを規定し

ていたものと考えられる[2]。

　また，[金子宏，2022年，ページ：356] においては，法人税法第22条第4項について，「この規定は，昭和42年に，法人税法の**簡素化の一環**として設けられたものであって，法人の各事業年度の所得の計算が原則として企業利益の算定の技術である企業会計に準拠して行われるべきこと（『企業会計準拠主義』）を定めた基本規定である。企業会計と租税会計との関係については，両者を別個独立のものとすることも制度上は可能であるが，法人の利益と法人の所得とが共通の観念であるため，法人税法は，**二重の手間を避ける**意味で，**企業会計準拠主義を採用**したのである。」としている。

2　「公正処理基準」の解釈

　前掲 [金子宏，2022年，ページ：357〜358] によれば，「一般に公正妥当と認められる会計処理の基準」というのは，アメリカの企業会計における「一般に承認された会計原則」（generally accepted accounting principles）に相当する観念であって，**一般社会通念に照らして公正で妥当であると評価され得る会計処理の基準**を意味し，**客観的な規範性をもつ公正妥当な会計処理の基準**といいかえてもよいとしており，その**中心**をなすのは，企業会計原則・同注解，企業会計基準委員会の会計基準・適用基準等，中小企業の会計に関する指針，中小企業の会計に関する基本要領や，会社法，金融商品取引法，これらの法律の特別法等の計算規定・会計処理基準等であるとしている。

　なお，公正妥当な会計処理の基準の**意義**については，①企業会計原則の内容や確立した会計慣行が必ず公正妥当であるとは限らないこと，②企業会計原則や確立した会計慣行が決して網羅的であるとはいえないこと，③公正妥当な会計処理の基準は，法的救済を排除するものであってはならないことの**3つの点に注意**をする必要があるとし，②の**網羅性の観点**について，何が公正妥当な会計処理の基準であるかを判定するのは，国税庁や国税不服審判所の任務であり，最終的には裁判所の任務であるとしている。

3 「公正処理基準」と法人税法上の「別段の定め」との関係

法人税の課税所得の計算において，「別段の定め」のあるものを除き「公正処理基準」が適用されることとなるが，この「**別段の定め**」について，前掲［金子宏，2022年，ページ：361〜362］は，「課税所得を算出するための益金及び損金の計算については，法人税法及び租税特別措置法によって，**租税政策上の理由**から多数の別段の定めがなされており，一般に公正妥当と認められる会計処理の基準が**大幅**に**修正**を受けている。」とした上で，「法人税法及び租税特別措置法の益金及び損金に関する規定」を，次の**3つ**に**分類**している。

第1は，一般に公正妥当と認められる会計処理の基準を**確認する性質**のものとし，**例えば**，資産の評価益の益金不算入の規定（法法25），法人税の還付金の益金不算入の規定（法法26），資産の評価損の損金不算入の規定（法法33），法人税の損金不算入の規定（法法38）などが該当する。

第2は，一般に公正妥当と認められる会計処理の基準を前提としつつも，画一的処理の必要から，**統一的な基準**を**設定**し，又は**一定の限度**を設け，あるいはそれを**部分的に修正**することを内容とする規定とし，**例えば**，棚卸資産の評価に関する規定（法法29），減価償却に関する規定（法法31），引当金に関する規定（法法52）などが該当する。

第3は，**租税政策上又は経済政策上の理由**から，一般に公正妥当と認められる会計処理の基準に対する**例外**を定める規定とし，**例えば**，受取配当の益金不算入に関する規定（法法23），特別償却や準備金に関する規定（措法42の6以下，同55以下），交際費等の損金不算入に関する規定（同61の4）などが該当する。

そして，一般的にいって，法人税法の規定は第1及び第2のカテゴリーに属し，租税特別措置法の規定は第3のカテゴリーに属するとしている。

4 企業会計制度の変容と法人税法の変容

以上のとおり，法人税の課税所得の計算において，「別段の定め」のあるものを除き「公正処理基準」が適用されることとなるが，企業会計制度等が

変容し，新たな会計基準等が制定され，当該会計基準が「公正処理基準」に該当することとなった場合においても，「課税の公平性」が保たれないこととなるような場合（例えば，同じ取引を行う法人であっても，選択した会計処理により算出される「課税所得」に差異が生じるような場合）には，当該新たな「公正処理基準」に対し，法人税法等において「別段の定め」を手当することにより，当該新たな「公正処理基準」が制定されたとしても，法人税法上の所得計算には影響を与えるものではなくなる。

一方，現行の法人税法は，その「所得の金額の計算」において**損益法**によって算出された企業利益を前提とし，**収益・費用アプローチ**[3]に立脚した**取得原価主義**をベースとする企業会計原則を「公正処理基準」の中心としているが，**資産・負債アプローチ**[4]に立脚し，資産について時価と取得価額の両方を用いる新たな会計基準等は，取得原価主義の枠内で，その欠陥を補完するために部分的に時価主義を採用したものであり，既に会計慣行としても定着していることから考えると，今後は，資産・負債アプローチに立脚した会計基準等が，「公正処理基準」の中心となることも十分に考えられる。

ところで，法人税法第22条第4項において「公正処理基準」を掲げた**趣旨**は，上記1のとおり，**法人税法の簡素化を図る**ものであるとしながらも，最近の新会計基準の公表や会社法の制定に対応するために行われた税制改正により，多くの「別段の定め」が創設され，法人税法の規定は大幅に増加するとともに，調整規定の内容も**複雑化**している。

これは，経済活動の複雑化・国際化等に対応するものでありやむを得ない面はあるものの，法人税法を**簡素化**するために「公正処理基準」を採用するのであれば，上記3の「別段の定め」における**第1のカテゴリー**に属するものについては，あえて新たな規定を創設しないことも可能であろうし，**第2**のカテゴリーに属するものについても，規定のスリム化が可能であるように思われる。

さらには，**第3のカテゴリー**に属するものについては，法人税法の簡素化の観点から，その要否について検討すべきであると思われる。

いずれにしても，我が国の税制が**申告納税制度**を採用している以上，今以上に複雑で解釈が困難な税制は，可能な限り簡素化に向けた方向で改正が行

序章　総論　7

われることを期待する。

［表1］現行の法人税法の規定

編	章	節	款	目	項 目	条文番号
1					総　則	
	1				通　則	1～3
	2				納税義務者	4
	2の2				法人課税信託	4の2～4の4
	3				課税所得等の範囲等	
		1			課税所得等の範囲	5～9
		2			課税所得の範囲の変更等	10
	4				所得の帰属に関する通則	11，12
	5				事業年度等	13～15の2
	6				納税地	16～20
2					内国法人の法人税	
	1				各事業年度の所得に対する法人税	
		1			課税標準及びその計算	
			1		課税標準	21
			2		各事業年度の所得の金額の計算の通則	22
			3		益金の額の計算	
				1	収益の額	22の2
				1の2	受取配当等（外国子会社配当等）	23～24（23の2）
				2	資産の評価益	25
				3	受贈益	25の2
				4	還付金等 （中間申告における繰戻還付に係る災害損失欠損金額）	26～27 （27）
			4		損金の額の計算	
				1	資産の評価及び償却費	29，31～32
				2	資産の評価損	33
				3	役員の給与等	34，36
				4	寄附金	37
				5	租税公課等（外国子会社配当等に係る外国源泉税等）	38～41の2（39の2）
				6	圧縮記帳	42～50
				7	貸倒引当金	52
				7の2	譲渡制限付株式を対価とする費用等	54，54の2
				7の3	不正行為等に係る費用等	55
				8	繰越欠損金 （特定株主等によって支配された欠損法人等の欠損金）	57～59 （57の2）
				9	契約者配当等	60，60の2
				10	特定株主等によって支配された欠損等法人の資産の譲渡等 損失額	60の3
			5		利益の額又は損失の額の計算	
				1	短期売買商品等の譲渡損益及び時価評価損益	61

				1の2	有価証券の譲渡損益及び時価評価損益	61の2～61の4
				2	デリバティブ取引に係る利益相当額又は損失相当額	61の5
				3	ヘッジ処理による利益額又は損失額の計上時期等	61の6，61の7
				4	外貨建取引の換算等	61の8～61の10
				5	完全支配関係がある法人の間の取引の損益	61の11
			6		組織再編成に係る所得の金額の計算	62～62の9
			7		収益及び費用の帰属事業年度の特例	63，64
			8		リース取引	64の2
			9		法人課税信託に係る所得の金額の計算	64の3
			10		公共法人等が普通法人等に移行する場合の所得の金額の計算	64の4
			11		完全支配関係がある法人の間の損益通算及び欠損金の通算	
				1	損益通算及び欠損金の通算	64の5～64の8
				2	損益通算及び欠損金の通算のための承認	64の9，64の10
				3	資産の時価評価等	64の11～64の14
			12		各事業年度の所得の金額の計算の細目	65
		2			税額の計算	
			1		税率	66，67
			2		税額控除	68～70の2
		3			申告，納付及び還付等	
			1		中間申告	71～73
			2		確定申告	74～75の3
			2の2		電子情報処理組織による申告の特例	75の4，75の5
			3		納付	76，77
			4		還付	78～80
			5		更正の請求の特例	81
	2				各対象会計年度の国際最低課税額に対する法人税	
		1			総則	82～82の3
		2			課税標準	82の4
		3			税額の計算	82の5
		4			申告及び納付等	82の6～82の10
	3				退職年金等積立金に対する法人税	
		1			課税標準及びその計算	83～86
		2			税額の計算	87
		3			申告及び納付	88～120
	4				青色申告	121～128
	5				更正及び決定	129～137
3					外国法人の法人税	
	1				国内源泉所得	138～140
	2				各事業年度の所得に対する法人税	
		1			課税標準及びその計算	
			1		課税標準	141
			2		恒久的施設帰属所得に係る所得の金額の計算	142～142の9

		3	その他の国内源泉所得に係る所得の金額の計算	142の10
	2		税額の計算	143～144の2の3
	3		申告，納付及び還付等	
		1	中間申告	144の3～144の5
		2	確定申告	144の6～144の8
		3	納付	144の9，144の10
		4	還付	144の11～144の13
		5	更正の請求の特例	145
	3		退職年金等積立金に対する法人税	
		1	課税標準及びその計算	145の2，145の3
		2	税額の計算	145の4
		3	申告及び納付	145の5
	4		青色申告	146
	5		恒久的施設に係る取引に係る文書化	146の2
	6		更正及び決定	147～147の4
4			雑則	148～158
5			罰則	159～163
			交際費等の課税の特例	措法61の4

《参考》現行の法人税法に至る経緯等[5]

［表2］ 企業会計基準委員会より公表された会計基準及び適用指針

年	号	企業会計基準	号	企業会計基準適用指針
2002			1	退職給付制度間の移行等に関する会計処理
	1	自己株式及び準備金の額の減少等に関する会計基準	2	自己株式及び準備金の額の減少等に関する会計基準の適用指針
			3	その他資本剰余金の処分による配当を受けた株主の会計処理
	2	1株当たり当期純利益に関する会計基準	4	1株当たり当期純利益に関する会計基準の適用指針
			5	自己株式及び法定準備金の取崩等に関する会計基準の適用指針（その2）※5
2003			6	固定資産の減損に係る会計基準の適用指針
2005	3	「退職給付に係る会計基準」の一部改正※1	7	「退職給付に係る会計基準」の一部改正に関する適用指針※6
	4	役員賞与に関する会計基準		
	5	貸借対照表の純資産の部の表示に関する会計基準	8	貸借対照表の純資産の部の表示に関する会計基準等の適用指針
	6	株主資本等変動計算書に関する会計基準	9	株主資本等変動計算書に関する会計基準の適用指針
	7	事業分離等に関する会計基準	10	企業結合会計基準及び事業分離等に関する会計基準の適用指針
	8	ストック・オプション等に関する会計基準	11	ストック・オプション等に関する会計基準の適用指針
2006	9	棚卸資産の評価に関する会計基準		

年	No	会計基準	No	適用指針
	10	金融商品に関する会計基準	12	その他の複合金融商品（払込資本を増加させる可能性のある部分を含まない複合金融商品）に関する会計処理
	11	関連当事者の開示に関する会計基準	13	関連当事者の開示に関する会計基準の適用指針
2007	12	四半期財務諸表に関する会計基準	14	四半期財務諸表に関する会計基準の適用指針
			15	一定の特別目的会社に係る開示に関する適用指針
	13	リース取引に関する会計基準	16	リース取引に関する会計基準の適用指針
			17	払込資本を増加させる可能性のある部分を含む複合金融商品に関する会計処理
	14	「退職給付に係る会計基準」の一部改正（その2）※2		
	15	工事契約に関する会計基準※3	18	工事契約に関する会計基準の適用指針※7
2008			19	金融商品の時価等の開示に関する適用指針
	16	持分法に関する会計基準		
	17	セグメント情報等の開示に関する会計基準	20	セグメント情報等の開示に関する会計基準の適用指針
	18	資産除去債務に関する会計基準	21	資産除去債務に関する会計基準の適用指針
	19	「退職給付に係る会計基準」の一部改正（その3）※4		
	20	賃貸等不動産の時価等の開示に関する会計基準	23	賃貸等不動産の時価等の開示に関する会計基準の適用指針
	21	企業結合に関する会計基準		
	22	連結財務諸表に関する会計基準	22	連結財務諸表における子会社及び関連会社の範囲の決定に関する適用指針
	23	「研究開発費等に係る会計基準」の一部改正		
2009	24	会計方針の開示，会計上の変更及び誤謬の訂正に関する会計基準	24	会計方針の開示，会計上の変更及び誤謬の訂正に関する会計基準の適用指針
2010	25	包括利益の表示に関する会計基準		
2012	26	退職給付に関する会計基準	25	退職給付に関する会計基準の適用指針
2015			26	繰延税金資産の回収可能性に関する適用指針
2016			27	税効果会計に適用する税率に関する適用指針※8
2017	27	法人税，住民税及び事業税等に関する会計基準		
2018	28	「税効果会計に係る会計基準」の一部改正	28	税効果会計に係る会計基準の適用指針
			29	中間財務諸表等における税効果会計に関する適用指針
	29	収益認識に関する会計基準	30	収益認識に関する会計基準の適用指針
2019	30	時価の算定に関する会計基準	31	時価の算定に関する会計基準の適用指針
2020	31	会計上の見積りの開示に関する会計基準		
2023	32	「連結キャッシュ・フロー計算書等の作成基準」の一部改正		
2024	33	中間財務諸表に関する会計基準	32	中間財務諸表に関する会計基準の適用指針

※1　企業会計基準第26号により適用終了
※2　企業会計基準第26号により適用終了
※3　企業会計基準第29号により適用終了
※4　企業会計基準第26号により適用終了
※5　改正企業会計基準適用指針第2号により適用終了

序章　総論　**11**

※ 6　企業会計基準第26号により適用終了
※ 7　企業会計基準第29号により適用終了
※ 8　企業会計基準適用指針第28号により適用終了

注
1　平成17年8月1日に，日本税理士連合会，日本公認会計士協会，日本商工会議所，企業会計基準委員会の4団体から公表されたものであり，中小企業の特性を考慮し，計算書類の作成に当たり，拠ることが望ましい会計処理や注記等を示しているものである。

　この対象は，次に掲げる**以外**の株式会社となっており，特例有限会社，合名会社，合資会社又は合同会社についても，本指針に拠ることが推奨されている。

①金融商品取引法の適用を受ける会社並びにその子会社及び関連会社

②会計監査人を設置する会社及びその子会社

2　この規定の**趣旨**は，**昭和42年**の改正当時の立法関与者によれば，次のとおり**解説**されている［原省三，2008，ページ：256］。

　「現行法人税における各事業年度の所得の金額は，その事業年度の益金の額から損金の額を控除して計算することとされているが，この課税所得は，本来，税法およびその通達のみによって形成されるものではなく，税法以前の概念や原理を前提としているものである。

　もちろん，絶えず流動する社会経済事象を反映する課税所得については，税法独自の規制が加えられるべき分野が存在することは当然である。しかしながら，この課税所得の計算は税法において完結的に規制するよりも，適切に運用されている企業の会計慣行にゆだねることの方がより適当であると思われる部分が相当多いことも事実である。事実，法人税法においては，このような現実を暗に前提として従来，課税所得の計算を行うこととしているのである。

　しかるに，最近における課税所得の計算は，この前提が明文化されていないことや，企業の会計処理の未進歩や恣意に基因して，あるいは負担公平という観念にとらわれて，やや画一的に過ぎ，弾力性に欠ける傾向が認められる。

　この点に関し，『税制簡素化についての第一次答申』は，次のように述べている。すなわち，『税法において課税所得は，納税者たる企業が継続して適用する健全な会計慣行によって計算する旨の基本規定を設けるとともに，税法においては，企業会計に関する計算原理規定は除外して，必要最少限度の税法独自の計算原理を規定することが適当である。』

　今回の改正では，上記答申の趣旨にそい，法人税法第22条を改正して，『各事業年度の収益及び費用は，一般に公正妥当と認められる会計処理の基準に従って計算されるものとする。』旨の規定を設けることとして，課税所得と企業利益とは，原則として一致すべきことを明確にすることとされた（法22④）。

　さらに，「**公正処理基準**」の意味については，次のとおり**解説**されている［原省三，2008，ページ：257］。

　「この『**一般に公正妥当と認められる会計処理の基準**』とは，具体的に何をいうのかというと，客観的な規範性をもつ公正妥当と認められる会計処理の基準という意味であるが，特に明文の基準があることを予定しているわけではない。企業会計審議会の『企業会計原則』は『企業会計の実務の中に慣習として発達したもののなかから一般に公正妥当と認められたものを要約した』といわれており，**その内容は規範性をもつものばかりではない**。もちろん，**税法でいっている基準は，この『企業会計原則』のことではない**。

　むしろこの規定は，具体的には，企業が会計処理において用いている基準（ないし慣行）のうち**一般に公正妥当と認められないもののみを税法で認めない**こととし，**原則としては企業の会計処理を認める**という**基本方針**を示したものといえよう。

したがって，**特殊な会計処理**について，それが一般に公正妥当な会計処理の基準にのっとっているかどうかは，**今後**，事例についての**判断**（裁判所の判決を含む。）の**積み重ね**によって**明確になってゆく**ものと考えられる。」

3　［平野秀輔，2024年，ページ23］によれば，収益・費用アプローチとは，収益と費用を会計の中心概念とし，両者の差額として利益の額（又は損失の額）を測定するものである。

4　前掲［平野秀輔，2024年，ページ23］によれば，資産・負債アプローチとは，資産と負債を会計の中心概念とし，両者の差額として算出される純資産額の期中増減額をもって利益の額（又は損失の額）を測定するものである。

5　**1　平成12年度以降の改正の概要**

［朝長英樹，2013］によれば，「法人税に関する大きな改正が始まったのは，平成12年度の金融取引に関する取扱いの抜本改正からであり，この平成12年度改正前の法人税関係法令の規定の量は，同改正から近年の改正の基礎を作った平成15年度改正までの改正で約2倍となり，その後，現在までの改正（平成25年当時）により約3倍となっている。」とされている。

また，近年の税制改正は，改正内容が時代の要請に合うように制度を根幹から改めるものとなっていること，その規定の仕方も具体的な取扱いを非常に詳細に定めていることなど，従前の改正とは大きく異なる特徴がある。

現在の法人税法は，昭和40年度改正によって制定されたが，その後30数年の長きにわたって本格的な改正が行われてこなかったことから，平成12年度改正以後の改正は，この30数年間の遅れを取り戻す改正という性格のものであるため，連年のように，制度の根幹を改めるような改正が行われることとなった。また，平成12年度改正以後の改正は，従来，「通達行政」という批判を受けるような状態があったことに対する反省として，「租税法律主義」という原則に立ち返って税制度を設けることとした。仮に，平成12年度改正以後の改正を従来のように大幅に通達等に委ねていたら，かなりの混乱が生ずることとなったものと考えられる。

このように，平成12年度改正以後の改正には，制度の根幹を改め，取扱いを詳細に定めるという特徴があり，これらは基本的にはプラスに評価できるものと考えられるが，その反面，**改正が非常に複雑で難解である**というマイナス面も生ずることとなった。

平成12年度の金融取引に関する取扱いの**抜本改正**，平成13年度の**資本等取引の取扱いの抜本改正と組織再編成税制の創設**，平成14年度・15年度の**連結納税制度の創設**などから始まる近年の改正は，従前の改正とは大きく異なっており，平成18年度の**会社法創設に伴う改正**や平成22年度の**グループ法人税制に係る改正**なども，**非常に複雑で難解な改正**となっている。今後の改正は，常に過去の改正によって改められたものを改正するということになるので，平成25年度以後の改正を正しく理解するためには，その改正前の取扱いを正しく理解しておく必要があることから，その改正前の取扱いを定めた改正内容の正しい理解を避けて通ることはできないということである旨述べている。

以上のとおり，平成12年度以降の税制改正により，現行の法人税法等は，第2条の定義規定から膨大なものとなり，各条文には組織再編税制や連結納税制度等に係るかっこ書が増える一方であるとともに，詳細な計算規定等については施行令等に委任する形となっていることから，自らの理解力はさておき，納税者の方々においても，現行の法人税法等の規定を一読しただけで，理解することは極めて困難であると思われる。また，今後の改正は常に過去の改正によって定められたものを改正するということになるので，それ以前の改正内容を理解していなければ，正しく理解することはできないとしているが，平成12年度以降の改正内容を，このような形で理解している人はほとんどいないと思われる。

そこで，本書では，平成12年度以降に新たに導入された制度等を**捨象**した上で，各事業年度の所得の金額の計算において，平成12年度改正前の基本的な項目のうち，一般事業法人が**通常の業**

務を行う上で，当期純利益（又は純損失）の額について，**特に税務調整が必要となる項目（太字）**を抽出し，当該項目についてのみ解説を行うことにより，必要最低限の税務調整項目を理解することを目的とした。したがって，一般事業法人が通常の業務を行う上で，影響が少ない項目等（斜体）については，あえて説明を省略することとした。

2　平成12年度以降の主な税制改正

(1)　**平成12年度**
　　イ　有価証券の譲渡益又は譲渡損の益金又は損金算入［新設］
　　ロ　売買目的有価証券の評価益又は評価損の益金又は損金算入等［新設］
　　ハ　有価証券の空売り等に係る利益相当額又は損失相当額の益金又は損金算入等［新設］
　　ニ　デリバティブ取引に係る利益相当額又は損失相当額の益金又は損金算入等［新設］
　　ホ　繰延ヘッジ処理による利益額又は損失額の繰延べ［新設］
　　ヘ　時価ヘッジ処理による利益額又は損失額の繰延べ［新設］
　　ト　外貨建取引の換算［新設］
　　チ　外貨建資産等の期末換算差益又は期末換算差損の益金又は損金算入等［新設］
　　リ　為替予約差額の配分［新設］

(2)　**平成13年度**
　　組織再編税制の創設

(3)　**平成14年度**
　　連結納税制度の創設

(4)　**平成18年後（会社法の制定に伴う改正）**
　　イ　資本の部の整備
　　ロ　会社更生等による債務免除等があった場合の欠損金の損金算入
　　ハ　不正行為等に係る費用等の損金不算入制度の整備

(5)　**平成19年度**
　　イ　新信託法の制定に伴う改正
　　ロ　企業会計への対応に係る改正

(6)　**平成20年度**
　　イ　公益法人制度改革への対応
　　ロ　工事の請負に係る規定の整備

(7)　**平成21年度**
　　イ　外国子会社配当益金不算入制度の創設
　　ロ　間接外国税額控除制度の廃止

(8)　**平成22年度（いわゆるグループ法人税制）**
　　イ　資本に関係する取引等に関する税制
　　ロ　100％グループ内の法人間の取引等に係る改正

(9)　**平成23年12月改正**
　　イ　欠損金の繰越控除制度等の見直し
　　ロ　当初申告要件及び適用額の制限の改正

(10)　**平成30年度**
　　収益認識に関する会計基準等への対応

(11)　**令和2年度**
　　連結納税制度の見直しに伴うグループ通算制度への移行に係る改正

第Ⅰ編

各 論

（法人税法等の所得の計算に係る別段の定め）

法人税法における課税所得は，益金の額から損金の額を控除して算定されるが，それは企業会計上の当期純利益からその計算が開始される。つまり，所得の金額の計算は，企業会計において作成された損益計算書の当期純利益（当期純損失）を基礎に，法人税法の「別段の定め」に基づく税務調整を行うことにより計算される。

　所得の計算過程及びその所得金額について作成され，提出（申告）されるのが「法人税の申告書」であり，これは「別表」といわれ，法人税法施行規則第34条第2項に以下のように規定されている。

　「確定申告書（当該申告書に係る修正申告書及び更正請求書を含む。）の記載事項及びこれに添付すべき書類の記載事項のうち別表一，別表一付表，別表二から別表六（三十一）まで，別表七（一）から別表十七（四）まで及び別表十八（一）から別表十八（三）まで（更正請求書にあっては，別表一を除く。）に定めるものの記載については，これらの表の書式によらなければならない。ただし，内国法人が令第六十三条第二項（減価償却に関する明細書の添付）又は第六十七条第二項（繰延資産の償却に関する明細書の添付）の規定の適用を受ける場合には，これらの規定に規定する明細書については，別表十六（一）から別表十六（六）までに定める書式に代え，当該書式と異なる書式（これらの表の書式に定める項目を記載しているものに限る。）によることができるものとする。」

第1章　企業会計上の当期純利益から課税所得算出までの流れ

1-1　各事業年度の所得の金額に関する事項の内容

1　課税標準（法法21）

内国法人に対して課する各事業年度の所得に対する法人税の**課税標準**は，各事業年度の**所得の金額**とする。

2　各事業年度の所得の金額（法法22①）

内国法人の各事業年度の所得の金額は，当該事業年度の**益金の額**から当該事業年度の**損金の額**を控除した金額とする。

3　益金の額（法法22②）

内国法人の各事業年度の所得の金額の計算上当該事業年度の**益金の額**に算入すべき金額は，**別段の定め**があるものを除き，①資産の販売，②有償又は無償による資産の譲渡又は役務の提供，③無償による資産の譲受け，④その他の取引で**資本等取引**以外のものに係る当該事業年度の**収益の額**とする。

4　損金の額（法法22③）

内国法人の各事業年度の所得の金額の計算上当該事業年度の**損金の額**に算入すべき金額は，**別段の定め**があるものを除き，次に掲げる額とする。

(1)　当該事業年度の収益に係る売上原価，完成工事原価その他これらに準ずる**原価の額**

(2)　前号に掲げるもののほか，当該事業年度の**販売費，一般管理費その他の費用**（償却費以外の費用で当該事業年度終了の日までに債務の確定し

ないものを除く。）の額

(3) 当該事業年度の**損失の額**で**資本等取引**以外の取引に係るもの

5　計算方法（法法22④）

　上記3に規定する当該事業年度の**収益の額**及び**上記4に掲げる額**は，**別段の定めがあるものを除き，一般に公正妥当と認められる会計処理の基準**に従って計算されるものとする。

6　資本等取引（法法22⑤）

　上記3又は4に規定する**資本等取引**とは，法人の資本金等の額の増加又は減少を生ずる取引並びに法人が行う利益又は剰余金の分配（資産の流動化に関する法律第115条第1項（中間配当）に規定する金銭の分配を含む。）及び残余財産の分配又は引渡しをいう。

1-2　企業会計上の利益と法人税法上の所得金額の関係

　企業会計上の利益は，債権者や株主を保護するために，主として企業の財政状態及び経営成績を正しく認識し，配当可能利益の財源を表示する目的で計算されるのに対し，法人税法上の所得の金額は，課税の公平や適正な税負担のための調整等を目的とするとともに，産業政策上の目的にも対応するように調整して計算される。

　すなわち，法人税法第22条第2項の益金の額や同第3項の損金の額を計算する場合には，**別段の定めがあるものを除き，一般に公正妥当と認められる会計処理の基準**に従って計算されるものとするとした上で，法人税法上の課税所得を計算するための「**別段の定め**」を規定することにより，調整を行っている。

　なお，法人税法第22条の2の「別段の定め」から同法第22条第4項を除くことにより，**収益の認識時期**については，法人税法第22条の2の規定が適用されることとされている。

　したがって，法人税の課税所得は，企業会計における確定した決算によっ

て表示された当期純利益又は当期純損失を基に算定されるものの，企業会計上の利益と法人税法上の所得金額の間には，その算出目的が異なることによる**違い**が**必然的**に生じることとなる。

1-3　法人税の課税所得を計算する際の用語等

1　確定した決算（法法74①）

　法人税法第74条第1項は，「内国法人は，各事業年度終了の日の翌日から2月以内に，税務署長に対し，**確定した決算に基づき**次に掲げる事項を記載した申告書を提出しなければならない。」としており，法人税の確定申告は，**確定した決算**に基づかなければならないとしている。

　この場合の**確定した決算**とは，一般に株主総会等[1]により承認された決算と解されている。

2　損金経理（法法2二十五）

　法人税法上の**別段の定め**には，「**損金経理**により…したときは，所得の金額の計算上損金の額に算入する。」との規定が多く存在するが，この**損金経理**とは，法人税法第2条第25号において，「法人がその**確定した決算**において**費用**又は**損失**として**経理**することをいう。」とされている。

3　税務調整

　法人が一般に公正妥当と認められる会計処理の基準に従って計算した利益は，必ずしも法人税法に定める所得の計算規定に従って計算されたものではないため，この会計上の利益を基礎に，法人税法の「別段の定め」に基づく所要の調整（「益金の額に算入する」「損金の額に算入しない」，つまり利益の金額に加算するものと，「益金の額に算入しない」「損金の額に算入する」，つまり利益の額から減算するもの）を行い，各事業年度の所得の金額を計算することとなる。

4 決算時調整における判断

決算時において留意すべきことは，法人の決算に取り込むかどうかは**任意**であるものの，法人税法の**適用を受けるためには**法人の**確定した決算**において**損金経理等**の処理をしなければならないもの（例えば，減価償却資産の償却費の損金算入（法法31①））について判断をすることであり，その経理方法等を分類すると，次の**3種類**に大別される。

(1) 損金経理の方法しかないもの

(2) 損金経理のほか，剰余金の処分によることができるもの

(3) 特殊な取引につき一定の経理方法を求めているもの

5 申告調整

申告調整とは，確定申告書上だけで調整するものであり，次の**2種類**に分類される。

(1) 必須申告調整事項

必須申告調整事項とは，法人の意思にかかわらず**必ず**確定申告書上で調整しなければならないもの（例えば，資産の評価益の益金不算入（法法25①））であり，法人が当該調整を行っていない場合には，税務署長が更正処分を行わなければならないこととなる。

(2) 任意申告調整事項

任意申告調整事項とは，決算では特別の経理を要しないものの，確定申告書に適用を受ける旨の**記載**がなければ認められないもの（例えば，受取配当等の益金不算入（法法23①））である[2]。

1-4 申告書別表四と別表五（一）の機能及び関連

法人税の申告書別表四は，申告調整事項及びその金額が記載されたものであり，そこにおける申告調整事項（所得として「加算」あるいは「減算」されたもの）の結果が，次の事業年度以降の所得の計算に影響するものは，「留保項目」となり，別表五（一）に記載される。

1　申告書別表四の機能

　申告書別表四「所得の金額の計算に関する明細書」は，損益計算書の当期純利益（当期純損失）を**基礎**に，法人税法の「別段の定め」に基づく**税務調整**を行うことにより，各事業年度の所得の金額を計算するものである。

　また，当該税務調整を**留保**[3]と**社外流出**[4]に**区分**することにより，当該事業年度に発生した利益積立金額を算出するとともに，社内に留保された金額を算出することにより，特定同族会社の留保金課税の対象となる留保金額を明らかにするという機能も有する。

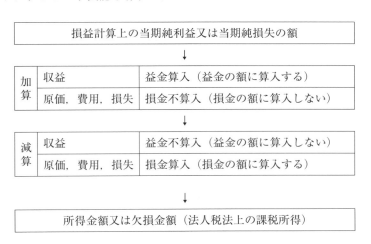

2　申告書別表五（一）の機能

　法人の企業利益と法人税法上の課税所得は**一致しない**ことから，企業会計上の利益剰余金と法人税法上の利益積立金も**異なる**こととなる。

　そこで，申告書別表五（一）「利益積立金額及び資本金等の額の計算に関する明細書」は，法人の決算上，貸借対照表に表れていないものを含む**税務上の利益積立金額**及び**資本金等の額**の内容やその異動状況を示すものである。

　なお，当該利益積立金額は，特定同族会社の留保金課税の計算や清算所得金額の計算等にも使用される。

3 申告書別表四と別表五（一）の関連

　申告書別表四と別表五（一）は，それぞれ密接な関係を有し，申告書別表四の加算項目のうち処分が**留保**とされたものは，申告書別表五（一）「Ｉ　利益積立金額の計算に関する明細書」の「当期の増減」欄の「**増③**」欄（未納法人税等は「減②」欄）へ，申告書別表四の減算項目のうち処分が**留保**とされたものは，申告書別表五（一）「Ｉ　利益積立金額の計算に関する明細書」の「当期の増減」欄の「**減②**」欄へ転記される。

《設　例》申告書別表四，五（一）及び五（二）の作成

　甲株式会社の令和 6 年 4 月 1 日から令和 7 年 3 月31日までの事業年度における決算状況等は次のとおりである。これに基づき，申告書別表四，五（一）及び五（二）を作成しなさい。（単位：円）

(1)　貸借対照表

諸　資　産	50,000,000	諸　負　債	39,600,000
		（うち未払法人税等	600,000）
		資　本　金	5,000,000
		資 本 準 備 金	500,000
		利 益 準 備 金	1,200,000
		別 途 積 立 金	1,500,000
		繰越利益剰余金	2,200,000

(2)　損益計算書（抜粋）

税 引 前 当 期 純 利 益	2,000,000
法人税，住民税及び事業税等	600,000
当 期 純 利 益	1,400,000

(3)　別表五（一）の期首現在利益積立金額

利 益 準 備 金	1,150,000
別 途 積 立 金	1,300,000
車両減価償却超過額	100,000
繰 越 損 益 金 額	1,550,000

第1章　企業会計上の当期純利益から課税所得算出までの流れ　23

納 税 充 当 金	440,000		
未 納 法 人 税	240,000		
未 納 県 民 税	40,000		
未 納 市 民 税	60,000		

(4)　当期中の剰余金の処分等の状況は，「株主資本等変動計算書」のとおりである。

(5)　租税公課に関する事項（内書は地方法人税額を示す。）

　　イ　納税充当金（法人税，住民税及び事業税等）

　　　前 期 末 金 額　　440,000

　　ロ　納税充当金の取崩しによる納付額

　　　前期分未納法人税額　　240,000　　（内10,500）

　　　前期分未納県民税額　　40,000

　　　前期分未納市民税額　　60,000

　　　前期分確定事業税額　　100,000

　　ハ　損金経理による納付額

　　　当期中間法人税額　　120,000　　（内　5,200）

　　　当期中間県民税額　　20,000

　　　当期中間市民税額　　40,000

　　　当期中間事業税額　　50,000

(6)　税務調整事項

　　イ　受取配当等の益金不算入額　　70,000

　　ロ　建物の減価償却超過額　　50,000

　　ハ　車両減価償却超過額の認容額　　20,000

　　ニ　役員給与の損金不算入額　　30,000

　　ホ　交際費等の損金不算入額　　100,000

　　ヘ　貸倒引当金繰入超過額　　60,000

24

株 主 資 本 等 変 動 計 算 書

(単位：円)

		株　　　主　　　資　　　本								株主資本合計	純資産合計
		資　本　剰　余　金			利　益　剰　余　金						
	資　本　金	資本準備金	その他の資本剰余金	資本剰余金合計	利益準備金	その他利益剰余金		利益剰余金合計			
						別途積立金	繰越利益剰余金				
前期末残高	5,000,000	500,000		500,000	1,150,000	1,300,000	1,550,000	4,000,000	9,500,000	9,500,000
当期変動額										
1　別途積立金の積立て						200,000	△200,000	0	0	0
2　剰余金の配当					50,000		△550,000	△500,000	△500,000	△500,000
3　当期純利益							1,400,000	1,400,000	1,400,000	1,400,000
当期変動額合計					50,000	200,000	650,000	900,000	900,000	900,000
当期末残高	5,000,000	500,000		500,000	1,200,000	1,500,000	2,200,000	4,900,000	10,400,000	10,400,000

《参考》株主資本等変動計算書[5]と申告書別表四及び五（一）との関係

①　申告書別表四との関係

申告書別表四の「当期利益又は当期欠損の額」は，この計算書の「繰越利益剰余金」欄の「3　当期純利益」の金額に一致し，申告書別表四の「配当」の金額は，この計算書の「利益剰余金合計」欄の「2　剰余金の配当」の金額（絶対値）に一致する。

②　申告書別表五（一）「Ⅰ　利益積立金額の計算に関する明細書」との関係

申告書別表五（一）の期首・期末の「利益準備金」，「別途積立金」及び「繰越損益金」の金額はこの計算書の前期末残高・当期末残高の「利益準備金」，「別途積立金」及び「繰越利益剰余金」の金額とそれぞれ一致する。

③　申告書別表五（一）「Ⅱ　資本金等の額の計算に関する明細書」との関係

申告書別表五（一）の期首・期末の「資本金又は出資金」，「資本準備金」の金額は，この計算書の前期末残高・当期末残高の「資本金」，「資本準備金」の金額とそれぞれ一致する。

第1章　企業会計上の当期純利益から課税所得算出までの流れ　25

【別表四】（簡易様式）（令6・4・1以後終了事業年度分）

所得の金額の計算に関する明細書（簡易様式）	事業年度	6・4・1 7・3・31	法人名	甲　株式会社	

区　分		総　額	処　　　　　分		分
			留　保	社　外　流　出	
		①	②	③	
当 期 利 益 又 は 当 期 欠 損 の 額	1	円 1,400,000	円 900,000	配当	円 500,000
				その他	
加算	損金経理をした法人税及び地方法人税（附帯税を除く。）	2	120,000	120,000		
	損金経理をした道府県民税及び市町村民税	3	60,000	60,000		
	損 金 経 理 を し た 納 税 充 当 金	4	600,000	600,000		
	損金経理をした附帯税（利子税を除く。），加算金，延滞金（延納分を除く。）及び過怠税	5			その他	
	減 価 償 却 の 償 却 超 過 額	6	50,000	50,000		
	役 員 給 与 の 損 金 不 算 入 額	7	30,000		その他	30,000
	交 際 費 等 の 損 金 不 算 入 額	8	100,000		その他	100,000
	通算法人に係る加算額（別表四付表「5」）	9			外※	
	貸 倒 引 当 金 繰 入 超 過 額	10	60,000	60,000		
	小　　　　　計	11	1,020,000	890,000	外※	130,000
減算	減価償却超過額の当期認容額	12	20,000	20,000		
	納税充当金から支出した事業税等の金額	13	100,000	100,000		
	受取配当等の益金不算入額（別表八（一）「5」）	14	70,000		※	70,000
	外国子会社から受ける剰余金の配当等の益金不算入額（別表八（二）「26」）	15			※	
	受 贈 益 の 益 金 不 算 入 額	16			※	
	適 格 現 物 分 配 に 係 る 益 金 不 算 入 額	17			※	
	法人税等の中間納付額及び過誤納に係る還付金額	18				
	所得税額等及び欠損金の繰戻しによる還付金額等	19			※	
	通算法人に係る減算額（別表四付表「10」）	20			※	
		21				
	小　　　　　計	22	190,000	120,000	外※	70,000
仮　　　　計　　(1)＋(11)－(22)		23	2,230,000	1,670,000	外※	△70,000 630,000
対 象 純 支 払 利 子 等 の 損 金 不 算 入 額（別表十七（二の二）「29」又は「34」）		24			その他	
超過利子額の損金算入額（別表十七（二の三）「10」）		25	△		※	△
仮　　　　計　　(23)から(25)までの計		26	2,230,000	1,670,000	外※	△70,000 630,000
寄附金の損金不算入額（別表十四（二）「24」又は「40」）		27			その他	
法人税額から控除される所得税額（別表六（一）「6の③」）		29			その他	

区分		総額	留保	社外流出	
税額控除の対象となる外国法人税の額（別表六（二の二）「7」）	30			その他	
分配時調整外国税相当額及び外国関係会社等に係る控除対象所得税額等相当額（別表六（五の二）「5の②」＋別表十七（三の六）「1」）	31			その他	
合　計　(26)＋(27)＋(29)＋(30)＋(31)	34	2,230,000	1,670,000	外※	△70,000 630,000
中間申告における繰戻しによる還付に係る災害損失欠損金額の益金算入額	37			※	
非適格合併又は残余財産の全部分配等による移転資産等の譲渡利益額又は譲渡損失額	38			※	
差　引　計　(34)＋(37)＋(38)	39	2,230,000	1,670,000	外※	△70,000 630,000
更生欠損金又は民事再生等評価替えが行われる場合の再生等欠損金の損金算入額（別表七（三）「9」又は「21」）	40	△		※	△
通算対象欠損金額の損金算入額又は通算対象所得金額の益金算入額（別表七の二「5」又は「11」）	41			※	
差　引　計　(39)＋(40)±(41)	43	2,230,000	1,670,000	外※	△70,000 630,000
欠損金等の当期控除額（別表七（一）「4の計」）＋（別表七（四）「10」）	44	△		※	△
総　計　(43)＋(44)	45	2,230,000	1,670,000	外※	△70,000 630,000
残余財産の確定の日の属する事業年度に係る事業税及び特別法人事業税の損金算入額	51	△	△		
所得金額又は欠損金額	52	2,230,000	1,670,000	外※	△70,000 630,000

【別表五（一）】（令6.4.1以後終了事業年度分）

利益積立金額及び資本金等の額の計算に関する明細書		事業年度	6・4・1 7・3・31	法人名	甲　株式会社

Ⅰ　利益積立金額の計算に関する明細書					

区　　分		期首現在利益積立金額	当期の増減		差引翌期首現在利益積立金額①－②＋③
			減	増	
		①	②	③	④
利　益　準　備　金	1	円 1,150,000	円	円 50,000	円 1,200,000
別　途　積　立　金	2	1,300,000		200,000	1,500,000
車両減価償却超過額	3	100,000	20,000		80,000
建物減価償却超過額	4			50,000	50,000
貸　倒　引　当　金	5			60,000	60,000
	6				
	7				
	8				
	9				
	10				
	11				

第1章　企業会計上の当期純利益から課税所得算出までの流れ

	12						
	13						
	14						
	15						
	16						
	17						
	18						
	19						
	20						
	21						
	22						
	23						
	24						
繰越損益金（損は赤）	25	1,550,000	1,550,000		2,200,000		2,200,000
納税充当金	26	440,000	440,000		600,000		600,000
未納法人税及び未納地方法人税（附帯税を除く。）	27	△ 240,000	△ 360,000	中間	△ 120,000	△	
				確定	△		
未納通算税効果額（附帯税の額に係る部分の金額を除く。）	28			中間			
				確定			
未納道府県民税（均等割額を含む。）	29	△ 40,000	△ 60,000	中間	△ 20,000	△	
				確定	△		
未納市町村民税（均等割額を含む。）	30	△ 60,000	100,000	中間	△ 40,000	△	
				確定	△		
差引合計額	31	4,200,000	1,490,000		2,980,000		5,690,000

（未納法人税等（退職年金等積立金に対する法人税を除く。））

Ⅱ　資本金等の額の計算に関する明細書

区分		期首現在資本金等の額	当期の増減		差引翌期首現在資本金等の額①-②+③
		①	減 ②	増 ③	④
資本金又は出資金	32	円 5,000,000	円	円	円 5,000,000
資本準備金	33	500,000			500,000
	34				
	35				
差引合計額	36	5,500,000			5,500,000

【別表五（二）】（令6.4.1以後終了事業年度分）

租税公課の納付状況等に関する明細書

| 事業年度 | 6・4・1 7・3・31 | 法人名 | 甲 株式会社 |

科目及び事業年度			期首現在未納税額 ①	当期発生額 ②	当期中の納付税額			期末現在未納税額 ①+②-③-④-⑤ ⑥
					充当金取崩しによる納付 ③	仮払経理による納付 ④	損金経理による納付 ⑤	
法人税及び地方法人税	・・ ・・	1	円		円	円	円	円
	5・4・1 6・3・31	2	240,000		240,000			
	当期分 中間	3		120,000円				120,000
	確定	4						
	計	5						
道府県民税	・・ ・・	6						
	5・4・1 6・3・31	7	40,000		40,000			
	当期分 中間	8		20,000				20,000
	確定	9						
	計	10						
市町村民税	・・ ・・	11						
	5・4・1 6・3・31	12	60,000		60,000			
	当期分 中間	13		40,000				40,000
	確定	14						
	計	15						
事業税及び特別法人事業税	・・ ・・	16						
	5・4・1 6・3・31	17		100,000	100,000			
	当期中間分	18		50,000			50,000	
	計	19						
その他	損金算入のもの	利子税	20					
		延滞金（延納に係るもの）	21					
			22					
			23					
	損金不算入のもの	加算税及び加算金	24					
		延滞税	25					
		延滞金（延納分を除く。）	26					
		過怠税	27					
			28					
			29					

第1章　企業会計上の当期純利益から課税所得算出までの流れ　　29

納　税　充　当　金　の　計　算							
期　首　納　税　充　当　金		30	円 440,000	取 そ	損　金　算　入　の　も　の	36	円
繰入額	損金経理をした納税充当金	31	600,000	の	損　金　不　算　入　の　も　の	37	
		32		崩		38	
	計 (31) + (32)	33	600,000	他	仮　払　税　金　消　却	39	
取崩額	法　人　税　額　等 (5の③) + (10の③) + (15の③)	34	340,000	額	計 (34) + (35) + (36) + (37) + (38) + (39)	40	440,000
	事業税及び特別法人 事業税 （ 19の ③ ）	35	100,000	期　末　納　税　充　当　金 (30) + (33) − (40)		41	600,000

通　算　法　人　の　通　算　税　効　果　額　の　発　生　状　況　等　の　明　細							
事　業　年　度		期首現在 未決済額	当期発生額	当　期　中　の　決　済　額		期末現在 未決済額	
		①	②	支　払　額 ③	受　取　額 ④	⑤	
・ ・	42	円		円	円	円	
・ ・	43						
当　　　期　　　分	44		中間 円				
			確定				
計	45						

注

1　協同組合等の場合は，組合員総会（若しくは総代会）により承認されたものであり，会計監査人設置会社においては，特例として，取締役会の承認を受け，さらに所定の要件を満たす場合には，定時株主総会での「承認」は不要で「報告」のみでよいとされている。

2　**平成23年度の税制改正**において，**平成23年12月2日以後**に確定申告書等（確定申告書及び仮決算をした場合の中間申告書をいう。）の提出期限が到来するものについては，**当初申告要件の廃止及び適用額の制限の見直し等**が行われた。

3　**留保**とは，法人の内部に金銭など何らかの形で**資産**として残っているということであり，**例えば，減価償却資産の償却超過額**は，会社計算上はその資産の帳簿価額は減額されるものの，法人税法上では**減額されなかったもの**として取り扱われ，当該金額だけ資産として残っているとして利益積立金を**増加**させることとなる。

4　**社外流出**とは，所得の金額が法人内に留まることなく社外に流出し減少することをいい，**「配当」**と**「その他」**に区分される。**例えば，交際費等の損金不算入額は，所得金額は増加するものの，交際接待等のために支出した金額は法人内に留まることなく減少していることから社外流出**となる。

　なお，受取配当等の益金不算入額が生じた場合には，受け取っている金銭は法人内に留まっているものの，所得金額は減少していることから，**便宜的に社外流出（課税外収入）**としている。

5　株主資本等変動計算書は，平成18年5月の会社法施行に伴い従来の利益処分計算書が廃止されたことから，これに代わるものとして導入されたものであり，株式会社の純資産の各項目の期首残高が期中変動を経て期末残高に至る過程を明らかにするものである（会社法435②，会社計算規則59①）。

　したがって，株主変動計算書には，**当該事業年度中に行われた資本金，資本剰余金及び利益剰**

余金の変動の状況が記載される。
　また、平成18年度の税制改正により、法人の支払う剰余金の配当について、**利益積立金額を減少させる時期**は、その支払に係る**効力の生ずる日**（以下「効力発生日」といいます。）とされた（法令9①八、法規 別表4）。
　これは、会社法において旧商法における利益の配当、中間配当及び株式の消却を伴わない有償減資の制度が**「剰余金の配当」**に統合され、その回数制限が撤廃され、**事業年度との対応関係が**なくなったことに伴い、法人税法においても支払配当と事業年度とを対応させることができなくなったことなどから、配当の流出時期がその効力発生日とされた。
　なお、協同組合等のように会社法の改正の影響がない法人についても、配当の流出時期はその**効力発生日**とされている。
　ただし、**留保金課税**、協同組合等の事業分量配当等の損金算入制度など、従前の期末配当の額が**直接所得・税額計算に影響する制度**については、従前の期末配当と同様に**決算日後の株主総会等で決定される配当を前事業年度に流出したものとみなす**ことにより、改正前後で所得・税額計算に変化が生じないよう所要の手当てがされた。

《イメージ図》
【改正前】

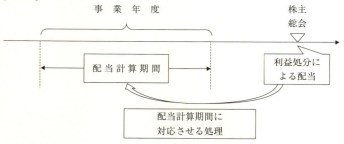

【改正前】

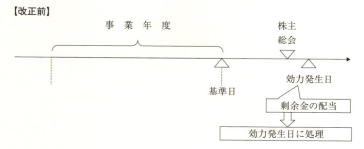

第2章 益 金

2-1 受取配当等の益金不算入

1 会計上の取扱い

⑴ 利益剰余金からの配当等

法人が，利益剰余金からの配当を受ける場合には，企業会計上の有価証券の保有目的にかかわらず，受取配当金として**収益に計上される**（ただし売買目的有価証券の場合には，企業会計上は「売買目的有価証券運用損益」に含めて表示されていることもある。）。

一方，その他資本剰余金の処分による配当を受けた場合には，企業会計上の有価証券の保有目的に応じて会計処理が異なることとなる。

⑵ その他資本剰余金の処分による配当

イ 企業会計基準委員会は，**平成13年6月及び11月**の商法改正を受け，自己株式及び法定準備金の取崩等の会計処理を検討し，**平成14年2月21日**付で，次の会計基準及び適用指針を公表した。

(イ) 企業会計基準第1号「自己株式及び法定準備金の額の減少等に関する会計基準」（最終改正平成27年3月26日）

(ロ) 企業会計基準適用指針第2号「自己株式及び法定準備金の額の減少等に関する会計基準の適用指針」（最終改正令和6年3月22日）

(ハ) 企業会計基準適用指針第3号「その他資本剰余金の処分による配当を受けた株主の会計処理」（以下，平成17年12月27日付改正後のものを「適用指針第3号」という。）

ロ 適用指針第3号は，**平成17年7月26日**に会社法が公布されたこと，企業会計基準委員会が，**平成17年12月27日**に企業会計基準第1号「自己株

式及び準備金の額の減少等に関する会計基準」を改正したこと及び**平成17年12月27日**に「事業分離等に関する会計基準」を公表したことに伴い，所要の改正が行われたものである。

ハ　適用指針第3号11.では，「その他資本剰余金は，資本金及び資本準備金の額の減少により生じた剰余金及び自己株式処分差益等の額で構成され，その内容は**原則**として**株主からの払込資本**である。よって，その他資本剰余金の処分による配当は，基本的には**投資の払戻し**の性格を持つ。したがって，現行の会計実務に合わせ，それらの配当を受けた株主の側では，有価証券の帳簿価額を**減額**することを**原則的な処理**とした。」としている。

ニ　保有有価証券の保有目的に応じた具体的な会計処理の主なものは，次のとおりである。

　　(イ)　配当の対象となる有価証券が**売買目的有価証券でない場合**には，**原則**として配当受領額を配当の対象である有価証券の帳簿価額から**減額**する（適用指針第3号3.）。

　　(ロ)　配当の対象となる有価証券が**売買目的有価証券である場合**には，配当受領額を**受取配当金**（売買目的有価証券運用損益）として計上する（適用指針第3号4.）。

2　税務上の取扱い

(1)　内国法人から受ける配当等の益金不算入（法法23）

　　イ　法人が内国法人から**利益剰余金の配当等**を受けた場合には，その受取配当等は企業会計上では収益計上されるが，法人税法上は，その配当等の基となる株式等の**区分**に応じて，その配当等の額の**一部又は全部を益金の額に算入しない**こととしている。

　　ロ　株式等の区分に応じた益金不算入額の具体的な計算方法は次のとおりである。

第2章　益　金　33

区　　分	定　　　　　義	益金不算入額
完全子法人株式等	配当等の額の支払を受ける内国法人とその配当等をする他の内国法人との間に，その配当等の額の計算期間の初日から計算期間の末日まで継続して**完全支配関係がある場合のその他の内国法人の株式等**（法法23⑤，法令22の2①）	受取配当等の額の**全額**
関連法人株式等	内国法人[1]が他の内国法人の発行済株式等の総数又は総額の**3分の1を超える**数又は金額の株式等を，その内国法人がその他の内国法人から受けた前回の配当等の基準日等の翌日[2]からその受ける配当等の額に係る基準日等まで引き続き有している場合におけるその他の内国法人の株式等（完全子法人株式等を除く。）（法法23④，法令22①）	（受取配当等の額−**控除負債利子の額**）×100%
非支配目的株式等	内国法人[3]が他の内国法人の発行済株式等の総数又は総額の**100分の5以下**に相当する数又は金額の株式等を，その内国法人がその他の内国法人から受ける配当等の額に係る基準日等において有する場合におけるその他の内国法人の株式等（完全子法人株式等を除く。）及び**特定株式投資信託の受益権**（法法23⑥，措法67の6①，法令22の3①）	受取配当等の額×20%
その他の株式等	完全子法人株式等，関連法人株式等及び非支配目的株式等の**いずれにも該当しない**株式等（法法23①）	受取配当等の額×50%

(注)　1　**短期保有株式等**（法法23②）
　　受取配当等の益金不算入制度の**濫用**を**防止**するために，法人が受ける配当等の額（みなし配当を除く。）の元本である株式等をその配当等の額の支払に係る基準日等以前1月以内に取得し，かつ，当該株式等又は当該株式等と銘柄を同じくする株式等を当該基準日等後2月以内に譲渡した場合におけるその譲渡した株式等に係る配当等の額のうち一定のものについては，第1項の規定は適用しないこととしている。これは，**配当金についてその配当請求権がなくなった（配当権利落ちした）株式の譲渡による損失の計上を防止**するための措置である。
(注)　2　**協同組合等が有する普通出資に係る受取配当等の益金不算入の特例**（措法67の8①）
　　協同組合等（農業協同組合（中央会を除く。）や中小企業等協同組合，信用金庫など，法人税法**別表第三に掲げる法人**）の各事業年度において，その有する**連合会等**（農林中央金庫その他の協同組合等であってその会員又は組合員が法人税法別表第三の下欄に掲げる根拠法の規定により他の協同組合等及びこれに準ずる法人に限られているものをいう。）に対する**出資**（協同組織金融機関の優先出資に関する法律に規定する優先出資に該当するものを除く。以下「普通出資」という。）につき支払を受ける**配当等の額**（法人税法第23条第1項に規定する配当等の額をいう。）がある場合には，同条の規定の適用については，当該普通出資は，同条第4項から第6項までの規定にかかわらず，これらの規定に規定する**関連法人株式等，完全子法人株式等及び非支配目的株式等のいずれにも該当しないもの**とされている。
　　すなわち，**連合会等への出資（優先株式を除く。）に係る受取配当等の金額については，実際の

保有割合にかかわらず，「その他の株式等」に該当するものとして，法人税法第23条の規定を適用することになるので，その配当等の額の**50％相当額**が**益金不算入**になる。

　ハ　受取配当等の益金不算入の対象となる受取配当等（法法23①③，24①，措法67の6）

　　(イ)　剰余金の配当（株式等に係るものに限るものとし，資本剰余金の額の減少に伴うもの並びに分割型分割によるもの及び株式分配を除く。）の額

　　(ロ)　利益の配当（分割型分割によるもの及び株式分配を除く。）の額

　　(ハ)　剰余金の分配（出資に係るものに限る。）の額

　　（注）以上の(イ)〜(ハ)については，外国法人若しくは公益法人等又は人格のない社団等から受けるもの及び適格現物分配に係るものを除く。

　　(ニ)　投資信託及び投資法人に関する法律第137条の金銭の分配（出資総額等の減少に伴う金銭の分配として一定のものを除く。）の額

　　(ホ)　資産の流動化に関する法律第115条第1項（中間配当）に規定する金銭の分配の額

　　(ヘ)　法人税法第24条に規定するもの

　　(ト)　特定株式投資信託（外国株価指数連動型特定株式投資信託を除く。）の収益の分配[4]

　ニ　受取配当等の額から控除する負債の利子の額

　　令和2年度の税制改正により，次のとおり，**令和4年4月1日以後に開始する事業年度**からは，**概算値**による**一定の割合**となった。

　　なお，**支払利子等の額の範囲**は，改正前と同じである。

　　(イ)　**原　則**

　　　　関連法人株式等に係る配当等の額の益金不算入額から控除される負債の利子の額は，その配当等の額の**4％相当額**とされた。

　　(ロ)　**特　例**

　　　　Aの金額がBの金額**以下**である場合には，関連法人株式等について法人税法第23条第1項の規定の適用を受ける事業年度（以下「適用事業年度」といいます。）において受ける配当等の額の益金不算入額から控除される負債の利子の額は，**上記（イ）にかかわらず**，次の算

式により計算した金額とされた。

　A　その適用事業年度に係る支払利子等の額の合計額の**10％相当額**

　B　その適用事業年度において受ける関連法人株式等に係る配当等の額の合計額の**4％相当額**

《算式》

$$
\begin{array}{c}
\text{その適用事業年度} \\
\text{に係る支払利子等} \\
\text{の額の合計額の} \\
\text{10％相当額}
\end{array}
\times
\dfrac{\text{その配当等の額}}{
\begin{array}{c}
\text{適用事業年度において受ける関係法人株式等に} \\
\text{係る配当等の額の合計額}
\end{array}}
$$

⑵　法人税法第23条が別段の定めとして規定されている理由

イ　法人税の性質ないし課税根拠

　前掲［金子宏，2022年，ページ：331〜332］によれば，「法人税の性質[5]ないし課税根拠については，大別して，2つの考え方がある。1つは，法人税は所得税の前取りであるとする考え方であり，いま1つは，法人税は法人の担税力に着目して課される独自の租税であるとする考え方である。前説の考え方によれば，法人の所得に対して法人税を課し，さらに個人の配当所得に対して所得税を課すことは**二重課税（double taxation）**となる。わが国の法人税制度は，あるときは前説に依拠し，またあるときは後説に依拠してきたが，現行制度の基礎をなしている**シャウプ勧告**は，「法人は，与えられた事業を遂行するために作られた個人の集合体である」という法人観から出発して，前説の考え方をとり，いわゆる**二重課税を排除するための措置として配当控除制度を提案**した。」としている。

ロ　受取配当等の益金不算入制度の考え方

　前掲［金子宏，2022年，ページ：377］によれば，「受取配当等の益金不算入は，シャウプ勧告の法人税を所得税の前取りとみる考え方に基づく制度であり，法人の受取配当等に対しては支払法人の段階ですでに法人税が課税されているから，法人所得に対し何回も重複して課税することを避けるためには，受取法人の段階でそれを法人税の対象から除外する必要がある，という考慮によるものである。連結法人株式等以外の株式等を完全子法人株式等および関係法人株式等とそれ以外の株式等に**区別**しているの

は，事業目的による株式等の所有と投資目的による株式等の所有を区別する趣旨である。」としている[6]。

【二重課税排除の措置】

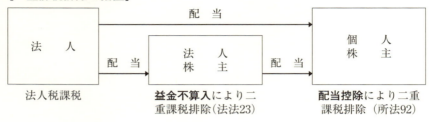

(3) 外国子会社配当等の益金不算入（法法23の2，法令22の4）

　内国法人が外国子会社（外国法人に対する持株割合が25％以上であり，かつ，その保有期間が剰余金の配当等の額の支払義務が確定する日以前6月以上である外国法人）から受ける剰余金の配当等の額がある場合には，その剰余金の配当等の額からその剰余金の配当等の額に係る費用の額に相当する額（剰余金の配当等の額の5％相当額）を控除した金額を，益金の額に算入しないこととされている。

　なお，当該規定は，**平成21年度**の税制改正により創設されたものである。

《設 例》受取配当等の益金不算入額の計算

　甲株式会社（完全支配関係のある他の法人はない。）の令和6年4月1日から令和7年3月31日までの事業年度において，損益計算書上，収益の額に計上した次の受取配当等の額について，元本の区分をした上で，益金不算入額を計算しなさい。

　なお，いずれの株式等も内国法人に係るものであり，前期以前から所有し，全て当期に支払が確定しているものである。

　なお，当該事業年度の負債利子等の額は200,000円とする。

銘柄等	区　分	受取配当等の額	摘　　要
A社株式	配　当　金	1,000,000円	数年前から発行済株式の全てを保有

第 2 章　益　金　37

B 社株式	配　当　金	150,000円	数年前から発行済株式の10% を保有
C 社株式	配　当　金	250,000円	数年前から発行済株式の34% を保有
D 受益権	収益分配金	600,000円	特定株式投資信託に該当するもの

《解　答》

(受取配当等の元本の区分)

銘柄等	区　　分	元本の区分
A 社株式	配　当　金	完全子法人株式等
B 社株式	配　当　金	その他の株式等
C 社株式	配　当　金	関連法人株式等
D 受益権	収益分配金	非支配目的株式等

(益金不算入額の計算)

区　　分	①受取配当等の額	②控除負債利子の額	算　　式	益金不算入額
完全子法人株式等	1,000,000	0	①×100%	1,000,000
関連法人株式等	250,000	10,000	①－②	240,000
その他の株式等	150,000	0	①×50%	75,000
非支配目的株式等	600,000	0	①×20%	120,000
合　　　　計	2,000,000	10,000		1,435,000

(注) 関連法人株式等に係る控除負債利子の額については，当該事業年度の負債利子等の額が200,000円であることから，当該金額の10%相当額と関係法人株式等の配当等の額の合計額の4％相当額を比較し，法人税法施行令第19条第2項は不適用となる。

38

（別表の記入例）

【別表八（一）】（令6・4・1以後終了事業年度分）

受 取 配 当 等 の 益 金 不 算 入 に 関 す る 明 細 書		事業年度	6・4・1 7・3・31		法人名	甲 株式会社	
完全子法人株式等に係る受取配当等の額（9の計）	1	円 1,000,000	非支配目的株式等に係る受取配当等の額（33の計）		14		円 600,000
関連法人株式等に係る受取配当等の額（16の計）	2	250,000	受 取 配 当 等 の 益 金 不 算 入 額		5		1,435,000
その他株式等に係る受取配当等の額（26の計）	3	150,000	(1) + ((2) − (20の計)) + (3) × 50% + (4) × (20%又は40%)				

受 取 配 当 等 の 額 の 明 細

完全子法人株式等	法 人 名	6	A社					
	本 店 の 所 在 地	7						計
	受 取 配 当 等 の 額 の 計 算 期 間	8	・ ・	・ ・	・ ・	・ ・		
	受 取 配 当 等 の 額	9	円 1,000,000	円	円	円		円 1,000,000
関連法人株式等	法 人 名	10	C社					
	本 店 の 所 在 地	11						計
	受 取 配 当 等 の 額 の 計 算 期 間	12	・ ・	・ ・	・ ・	・ ・		
	保 有 割 合	13						
	受 取 配 当 等 の 額	14	円 250,000	円	円	円		円 250,000
	同上のうち益金の額に算入される金額	15	0					0
	益金不算入の対象となる金額（14）−（15）	16	250,000					250,000
	(34)が「不適用」の場合又は別表八（一）付表「13」が「非該当」の場合 (16) × 0.04	17	10,000					10,000
同上以外の場合	(16)/(16の計)	18						
	支 払 利 子 等 の 10% 相 当 額 (((38) × 0.1) 又は（別表八（一）付表「14」)) × (18)	19	円	円	円	円		円
	受取配当等の額から控除する支払利子等の額 (17)又は(19)	20	10,000					10,000
その他株式等	法 人 名	21	B社					
	本 店 の 所 在 地	22						計
	保 有 割 合	23						
	受 取 配 当 等 の 額	24	円 150,000	円	円	円		円 150,000
	同上のうち益金の額に算入される金額	25	0					0
	益 金 不 算 入 の 対 象 と な る 金 額 (24) − (25)	26	150,000					150,000
非支配目的株式等	法人名又は銘柄	27	D受益権					
	本 店 の 所 在 地	28						計
	基 準 日 等	29	・ ・					
	保 有 割 合	30						
	受 取 配 当 等 の 額	31	円 600,000	円	円	円		円 600,000
	同上のうち益金の額に算入される金額	32	0					0
	益 金 不 算 入 の 対 象 と な る 金 額 (31) − (32)	33	600,000					600,000

支 払 利 子 等 の 額 の 明 細

令 第 19条 第 2項 の 規 定 に よ る 支 払 利 子 控 除 額 の 計 算	34	適用・不適用				
当 期 に 支 払 う 利 子 等 の 額	35	円	超 過 利 子 額 の 損 金 算 入 額 （別表十七（二の三）「10」）	37		円
国外支配株主等に係る負債の利子等の損金不算入額、対象純支払利子等の損金不算入額又は恒久的施設に帰せられるべき資本に対応する負債の利子の損金不算入額 （別表十七（一）「35」と別表十七（二の二）「29」のうち多い金額）又は（別表十七（二の二）「34」と別表十七の二（二）「17」のうち多い金額）	36		支 払 利 子 等 の 額 の 合 計 額 (35) − (36) + (37)	38		

第2章　益金　39

【別表四】（簡易様式）（令6・4・1以後終了事業年度分）

| 所得の金額の計算に関する明細書（簡易様式） | 事業年度 | 6・4・1
7・3・31 | 法人名 | 甲　株式会社 |

区　　分		総　額	処　　　　分	
			留　保	社　外　流　出
		①	②	③
当　期　利　益　又　は　当　期　欠　損　の　額	1	円	円	配当 / 円
				その他
損金経理をした法人税及び地方法人税（附帯税を除く。）	2			
損金経理をした道府県民税及び市町村民税	3			
損　金　経　理　を　し　た　納　税　充　当　金	4			
損金経理をした附帯税（利子税を除く。），加算金，延滞金（延納分を除く。）及び過怠税	5			その他
減　価　償　却　の　償　却　超　過　額	6			
役　員　給　与　の　損　金　不　算　入　額	7			その他
交　際　費　等　の　損　金　不　算　入　額	8			その他
通算法人に係る加算額（別表四付表「5」）	9			外※
	10			
小　　　　　　　　計	11			
減　価　償　却　超　過　額　の　当　期　認　容　額	12			
納税充当金から支出した事業税等の金額	13			
受取配当等の益金不算入額（別表八（一）「5」）	14	1,435,000		※ 1,435,000
外国子会社から受ける剰余金の配当等の益金不算入額（別表八（二）「26」）	15			※
受　贈　益　の　益　金　不　算　入　額	16			※
適　格　現　物　分　配　に　係　る　益　金　不　算　入　額	17			※
法人税等の中間納付額及び過誤納に係る還付金額	18			
所得税額等及び欠損金の繰戻しによる還付金額等	19			※
通算法人に係る減算額（別表四付表「10」）	20			
	21			
小　　　　　　　　計	22			外※
仮　　　　　計　　　　(1)+(11)-(22)	23			外※

(4)　配当等の額とみなす金額（みなし配当等の額）（法法24）[7]

　　イ　会社法上は，剰余金の配当として取り扱わないものであっても，株主等に対して金銭等の払戻しがあった場合において，その払い戻された金銭等の額のうちに，資本金等の金額に対応する部分の金額を超える部分

の金額がある場合には，当該金額は，実質的に剰余金の配当等と変わらないものであることから，法人税法上は，当該金額を配当等の額と**みな**して，受取配当等の益金不算入の規定を適用することとしている。

ロ 法人税法第24条は，法人（公益法人等及び人格のない社団等を除く。）の株主等である内国法人が，当該法人の次に掲げる事由により金銭その他の資産の交付を受けた場合において，その金銭の額及び金銭以外の資産の価額（適格現物分配に係る資産にあっては，当該法人のその交付の直前の当該資産の帳簿価額に相当する金額）の合計額が，当該法人の資本金等の額のうちの交付の基因となった当該法人の株式等に対応する部分の金額を超えるときは，その超える部分の金額は，法人税法第23条第1項第1号又は第2号に掲げる金額とみなすとしている。

(イ) 合併（適格合併を除く。）

(ロ) 分割型分割（適格分割型分割を除く。）

(ハ) 株式分配（適格株式分配を除く。）

(ニ) 資本の払戻し（剰余金の配当（資本剰余金の額の減少に伴うものに限る。）のうち分割型分割によるもの及び株式分配以外のもの並びに出資等減少分配をいう。）又は解散による残余財産の分配

(ホ) 自己株式又は出資の取得（金融商品取引法第2条第16項（定義）に規定する金融商品取引所の開設する市場における購入による取得など一定の取得及び法人税法第61条の2第14項第1号から第3号までに掲げる株式等の同項に規定する場合に該当する場合の取得を除く。）

(ヘ) 出資の償却（取得した出資について行うものを除く。），出資の払戻し，社員その他法人の出資者の退社又は脱退による持分の払戻しその他株式等をその発行した法人が取得することなく消滅させること

(ト) 組織変更（当該組織変更に際して当該組織変更をした法人の株式等以外の資産を交付したものに限る。）

第2章 益金　41

2-2　資産の評価益

1　会計上の取扱い

　会計上の取扱いは，基本的に税務上の取扱いと同様となるので，《参考》を参照のこと。

　また，その他有価証券について，会計上，時価評価を行ったとしても，税効果会計により評価差額金として処理され，課税所得には影響を与えるものではない。

　なお，税効果会計については，第Ⅱ編第1章1-3を参照のこと。

2　税務上の取扱い

(1)　原則的取扱い（法法25①）

　その有する資産の評価換えをしてその帳簿価額を**増額**した場合には，その増額した部分の金額（評価益）は，各事業年度の所得の金額の計算上，**益金の額に算入しないこと**としている。

(2)　例外的取扱い

　　イ　**会社更生法等による評価換えを行った場合の評価益**（法法25②，法令24）

　　　その有する資産につき**更生計画認可の決定**があったことにより**会社更生法又は金融機関等の更生手続の特例等に関する法律の規定に従って行う**評価換え，及び**保険会社が保険業法第112条**（株式の評価の特例）**の規定に基づいて行う**株式の評価換えをしてその帳簿価額を増額した場合は，その増加した部分の金額（評価益）は，これらの評価換えをした日の属する事業年度の益金の額に算入することとしている。

　　ロ　**再生計画認可の決定等があった場合の評価益**（法法25③，法令24の2①③④）

　　　再生計画認可の決定があったことその他これに準ずる事実（その債務処理に関する計画が一定の要件に該当するものに限る。）が生じた場合に，その有する資産の価額につき**一定の評定**を行っているときは，その資産

（評価益の計上に適しないものとされる一定のものを除く。）の評価益の額（その資産の評定額と帳簿価額との差額に相当する額）とされる金額は，これらの事実が生じた日の属する事業年度の益金の額に算入することとしている。

⑶　**資産の評価換えにより帳簿価額を増額した金額が益金の額に算入されなかった資産の取扱い（法法25⑤，法基通 4 - 1 - 2 ）**

法人税法第25条第 1 項の規定により，資産の評価換えにより帳簿価額を増額した金額が益金の額に算入されなかった資産については，その評価換えをした日の属する事業年度以後の各事業年度の所得の金額の計算上，その増額がされなかったものとみなすこととしている。

すなわち，評価換えによって計上した評価益が否認された場合には，その資産の税務上の帳簿価額は，貸借対照表上の帳簿価額ではなく，評価換え**前**の帳簿価額によることとし，その後の償却額又は譲渡損益の基礎となる価額は，**税務上**の帳簿価額を**基礎**として計算するということである。

また，その有する資産の評価換えをしてその帳簿価額を増額した場合において，その評価換えが法人税法第25条第 2 項に規定する評価換えに該当するときにおいても，その評価換え**後**の資産の帳簿価額が評価換えをしたときにおける当該資産の価額を**超えるときは，その超える金額に相当する金額**は益金の額に算入しないのであるから，当該資産の帳簿価額は，その超える部分の金額についても，増額がなされなかったものと取り扱われる。

⑷　**税務上の考え方**

会社法や企業会計では資産の帳簿価額は，原則として，これを取得するために要した金額を基礎とするいわゆる「取得原価主義」が採用されている（会社法431，会社計算規則 5 ①）。

法人税法においても，いわゆる「**取得原価主義**」が採用されており，取得価額の修正等と異なる評価益については，**時価の算定の困難性**や，当該評価益を計上することにより，当該評価益を計上した事業年度の所得の金額の計算において，**課税所得の恣意的な調整等を避ける**ために，法人が資産の評価換えに基づく評価益を計上したとしても，上記⑵の例外的な取扱い（これは，評価換えが私法上必要なものとして許容され又は要求されているもので

第2章　益　金　43

あり，法人税法上も，益金の額に算入すべきであるという考え方に基づくもの）を除き，原則として，当該評価換えはなかったものとして，その評価益は益金の額に算入しないとしている。

(5)　税務上の保有区分に基づく有価証券の期末評価方法等（法法61の3①
　　一，二，法令119の2②，法令119の12，法令119の13，法令119の
　　14，法規27の5，法規26の14①）

保有目的区分	定　　　　　義	期末の評価方法
売買目的有価証券	短期的な価格の変動を利用して利益を得る目的（短期売買目的）で行う取引に専ら従事する者が短期売買目的でその取得の取引を行ったもの及びその取得の日において短期売買目的で取得したものである旨を帳簿書類に記載したもの	**時価法**（事業年度終了の時において有する有価証券を銘柄の異なるごとに区別し，その銘柄の同じものについて，その時における価額として計算した金額をもって当該有価証券のその時における評価額とする方法）により評価した金額
	金銭の信託（法12条1項ただし書信託を除く。）のうち，その契約をしたことに伴いその信託財産となる金銭を支出した日において，その信託財産として短期売買目的の有価証券を取得する旨を帳簿価額に記載したもののその信託財産に属する有価証券	
	適格合併，適格分割，適格現物出資又は適格現物分配により被合併法人等から移転を受けた有価証券のうち，その移転の直前に当該被合併法人等において上記又は次に掲げる有価証券とされていたもの	
	法人税法施行令第119条第1項第5号，第6号，第8号，第9号又は第11号に規定する合併等により交付を受けた当該合併等に係る合併法人若しくは同項第5号に規定する親法人，分割承継法人若しくは同項第6号に規定する親法人，同項第8号に規定する完全子法人，株式交換完全親法人若しくは同項第9号に規定する親法人又は株式移転完全親法人の株式等で，その交付の基因となった当該合併等に係る被合併法人等の株式が上記に掲げる有価証券とされていたもの	

| 売買目的外
有価証券 | 満期保有目的等有価証券 | 償還期限の定めがある有価証券のうち，その償還期限まで保有する目的で取得し，かつ，その取得の日においてその旨を帳簿書類に記載したもの及び企業支配株式等（法人の特殊関係株主等がその法人の発行済株式等の総数又は金額の100分の20以上に相当する数又は金額の株式等を有する場合におけるその特殊関係株主等の有するその法人の株式等） | 原価法（期末保有有価証券について，その時の帳簿価額（償却期限及び償還金額の定めがある有価証券は償却原価法[8]）をもって当該期末保有有価証券のその時における評価額とする方法）により評価した金額 |
| | その他有価証券 | 上記以外の有価証券 | 原価法 |

　なお，事業年度末において売買目的有価証券を有する場合には，当該売買目的有価証券に係る評価益又は評価損は，法人税法第25条第1項又は同法第33条第1項の規定にかかわらず，益金の額又は損金の額に算入される（法法61の3②）。

《参考》会計上の取扱い

1　**棚卸資産**（平成18年7月5日付 企業会計基準第9号「棚卸資産の評価に関する会計基準」，以下「会計基準第9号」という。）の会計処理

　トレーディング目的で保有する棚卸資産については，時価[9]をもって貸借対照表価額とし，帳簿価額との差額（評価差額）は，当期の損益として処理する（会計基準第9号15.）。

2　**有価証券**（改正**平成18年8月11日付** 企業会計基準第10号「金融商品に関する会計基準」，以下「会計基準第10号」という。）

　会計上の有価証券の保有目的区分ごとの期末の原則的な評価方法は次のとおりである（会計基準第10号15.〜19.）。

保有目的区分	定　　義	期末の評価方法
売買目的有価証券	時価の変動により利益を得ることを目的として保有する有価証券	**時価**をもって評価し，**評価差額**は**当期の損益**として処理する。
満期保有目的の債券	満期まで所有する意図を	**取得原価**をもって評価す

第2章　益　金　45

	もって保有する社債その他の債券	る。 　ただし，債券を債券金額より低い価額又は高い価額で取得した場合，取得価額と債券金額との**差額の性格**が**金利の調整**と認められるときは，**償却原価法**[10]に基づいて算定する。
子会社株式及び関連会社株式	子会社株式，関連会社株式	**取得原価**をもって評価する。
その他有価証券	上記以外の有価証券	**時価**をもって評価し，**評価差額は洗い替え方式**に基づき，**全部純資産直入法**又は**部分純資産直入法**により処理する。 　なお，純資産の部に計上される**その他有価証券の評価差額**については，**税効果会計**を適用しなければならない。また，当該評価差額に課される当事業年度の所得に対する法人税，住民税及び事業税等がある場合には，企業会計基準第27号「法人税，住民税及び事業税等に関する会計基準」第5項から第5-5項の処理を行う。

（注）会計上の保有目的区分と税務上の保有目的区分はおおむね次のとおりである。

会　　　計	税　　　務	
売買目的有価証券	売買目的有価証券	
満期保有目的の債券	売買目的外有価証券	満期保有目的等有価証券
子会社株式及び関連会社株式		
その他有価証券		その他有価証券

注

1 令和2年度の税制改正により，関連法人株式等の区分判定について，令和4年4月1日以後開始する事業年度からその配当等の額を受ける内国法人との間に完全支配関係がある他の法人を含めた持株割合で判定することとされた。

2 次に掲げる場合には，それぞれに定める日となる（法令22①）。

イ 当該翌日がその受ける配当等の額に係る基準日等から起算して6月前の日以前の日である場合又はその受ける配当等の額が当該6月前の日以前に設立された他の内国法人からその設立の日以後最初にされる配当等に係るものである場合（ハに掲げる場合を除く。） 当該6月前の日の翌日

ロ その受ける配当等の額がその配当等の額に係る基準日等以前6月以内に設立された他の内国法人からその設立の日以後最初にされる配当等に係るものである場合（ハに掲げる場合を除く。） 当該設立の日

ハ その受ける配当等の額がその配当等の額の元本である株式等を発行した他の内国法人から当該配当等の額に係る基準日等以前6月以内に取得したその元本である株式等につきその取得の日以後最初にされる配当等に係るものである場合 当該取得の日

3 令和2年度の税制改正により，非支配目的株式等の区分判定について，令和4年4月1日以後開始する事業年度からその配当等の額を受ける内国法人との間に完全支配関係がある他の法人を含めた持株割合で判定することとされた。

4 **平成27年度の税制改正**により，外国株価指数連動型特定株式投資信託**以外**の特定株式投資信託の収益の分配の額について，その受益権を株式等と同様に取り扱うこととされた（措法67の6）。

[藤田泰弘，笠原博之，松本圭介，竹内啓，木原健史，2015，ページ：339〜340] によれば，平成27年度改正の**趣旨**及び**概要**は，次のとおりとされている。

「平成27年度税制改正においては，法人課税を成長志向型の構造に変えることを目指し，課税ベースを拡大しつつ税率を引き下げる法人税改革が実施されました。このうち課税ベースの拡大等は，単に財源の確保に留まるものではなく，一部の黒字企業に税負担が偏っている状況を是正し，広く負担を分かち合う構造へと改革していくものです。

受取配当等の益金不算入制度は，元々，配当を支払う法人の段階で既に法人税が課されていることに着目して，その**二重課税を避ける**観点から，そうした内国法人の配当を受け取る法人の段階ではその配当の額を益金不算入とするものでしたが，累次の改正を経た改正直前においては，持株比率が低い株式等に係る配当等については二重課税を**完全**には**調整せず**，課税を行っています。すなわち，持株比率が25％以上の株式等に係る配当等については，**経営形態の選択や企業グループの構成に税制が影響を及ぼすことがないよう**100％益金不算入とする一方，それ以外の株式等に係る配当等については，**他の投資機会とのバランスも考慮して**50％益金不算入とされていました。こうした仕組みは，諸外国において散見されます。

今般の法人税改革における見直しは，こうした従来の考え方を受け継いだ上で，**持株比率が高い支配目的の株式等とそれ以外の株式等との違いをより一層明確化**し，特に，**支配目的が乏しい株式等**に係る配当等については，他の投資機会との選択に**税制がバイアスを与えないようにする**観点から，**課税を適正化**するものといえます。」

5 前掲 [金子宏，2022年，ページ：333] によれば，

「従来は，法人実在説と法人擬制説の対立を法人税性質論に持ち込み，法人実在説によると法人税は独自の租税であることになるし，法人擬制説によると法人税は所得税の前取りであることになるが，では法人実在説と法人擬制説はどちらが正しいか，というように演繹的に理論を展開する傾向が強かった。しかし，法人本質論は，決め手のない問題であって，これを租税政策論の中に持ち込むのは，議論を無用に混乱させるだけである。」としている。

第2章　益　金　47

6　**協同組合等の事業分量配当等**（法法60の2）

　益金不算入の規定が適用される受取配当等は，支払法人において法人税が課された所得のうちから分配されたものであり，株主等の地位に基づいて支払を受けるものに限られるが，**例えば，**支払法人等から受ける分配金であっても，**支払法人**において**損金の額に算入されるもの**は，二重課税の排除をする必要がないことから，益金不算入の対象から除かれる。

　したがって，**協同組合等の事業分量配当等**については，法人税法第60条の2に基づき，協同組合等の所得の金額の計算上，損金の額に算入されることとなることから，株主等の地位に基づいて支払われるものであったとしても，益金不算入の対象とはならないこととなる。

7　平成13年度税制改正によるみなし配当制度の見直し［藤本哲也・朝長英樹，2001，ページ：132～134］

　従来，みなし配当の額は，株主等が交付を受けた金銭等の額が旧株の帳簿価額を超える部分の金額とするとされていたが（旧法法24①），法人がその活動により稼得した利益を還元したと考えられる部分の金額の有無や多寡は，本来，株主等の株式の帳簿価額とは関係がなく，発行法人の利益剰余金の額とは連動しない場合があることから，この**帳簿価額を基準とする取扱いを廃止**するとともに，株式の利益消却の場合の残存株主におけるみなし配当課税など，**金銭等の交付がない場合のみなし配当課税**（旧法法24②）も廃止された。

　ところで，会社法第453条（株主に対する剰余金の配当）では，株式会社はその株主に剰余金の配当をすることができるとしているが，当該剰余金については，**資本剰余金と利益剰余金のどちらから配当を行うかは，法人の意思による**こととされている。

　また，例えば，法人が自己株式を取得するなどして留保利益を株主に帰属させたり，資本剰余金を原資として株主に配当をした場合には，**実質的に利益剰余金の一部が株主に帰属**する又は帰属したとみなされる場合もある。

　しかしながら，法人税法第23条第1項第1号は，**利益剰余金を原資とするもの**を対象としていることから，結果的に，会社財産が株主に分配された場合に，その**分配原資**や**分配方法等に違い**があったとしても，**課税の公平**の観点から，利益剰余金を原資とする剰余金の配当と**同様に取り扱う必要があるもの**があると考えられる。

　さらに，合併や解散により残余財産を分配する場合も，当初の払込資本の金額を超える払い戻しがあることから，この**超過払戻金**は従来からみなし配当として取り扱われていたが，**平成13年の旧商法の改正により分割型分割が認められた**ことから，平成13年度の税制改正において，みなし配当の発生事由として**非適格分割型分割による金銭等の交付**が**追加**された。

　すなわち，法人が一定の事由によりその株主に対して会社財産を分配する場合，その払戻し事由に応じて，**利益部分の払戻しと資本部分の払戻しを明確に区分**した上で，**実質的に利益部分の払戻しと認められる部分**については，みなし配当として取り扱うこととしたのである。

8　**償却原価法**とは，**償還有価証券**（売買目的外有価証券のうち，償還期限に償還されないと見込まれる新株予約権付社債その他これに準ずるものを除いたもの）の当期末調整前帳簿価額にその償還有価証券の当該事業年度末に係る法人税法施行令第139条の2第2項に規定する**調整差益**又は**調整差損**に相当する金額を**加算**し，又は**減算**した金額とする方法をいう。

9　**「時価」**とは，企業会計基準第30号「時価の算定に関する会計基準」第5項に従い，算定日において市場参加者間で秩序ある取引が行われると想定した場合の，当該取引における資産の売却によって受け取る価格とする。

10　**償却原価法**とは，金融資産又は金融負債を債権額又は債務額と**異なる金額**で計上した場合において，**当該差額**に相当する金額を弁済期又は償還期に至るまで**毎期一定の方法**で取得価額に**加減**する方法をいう。なお，この場合，当該加減額を**受取利息**又は**支払利息**に含めて処理する。

第3章 損　金

3−1　減価償却資産の償却費

1　有形固定資産

(1)　会計上の取扱い

イ　企業会計原則

　企業会計原則の**貸借対照表原則五**において，貸借対照表に記載する資産の価額は，原則として，当該資産の**取得原価**を基礎として計上しなければならないとし，その資産の取得原価は，資産の種類に応じた**費用配分の原則**によって，**各事業年度に配分**しなければならないとしている。

　そして，**有形固定資産**は，当該資産の耐用期間にわたり，定額法，定率法等の一定の減価償却の方法によって，その取得原価を各事業年度に配分し，**無形固定資産**は，当該資産の有効期間にわたり，一定の減価償却の方法によって，その取得原価を各事業年度に配分しなければならない。**繰延資産**についても，これに準じて，各事業年度に均等額以上を配分しなければならないとしている**のみ**で，**同注解20**で償却方法についての定めがある**のみ**である。

　また，**有形固定資産**については，その取得原価から減価償却累計額を控除した価額をもって貸借対照表価額とし，有形固定資産の**取得原価**には，原則として当該資産の**引取費用等の付随費用を含める**としている。さらに，**無形固定資産**についても，当該資産の取得のために支出した金額から減価償却累計額を控除した価額をもって貸借対照表価額とするとしている。

ロ　会社計算規則

　会社計算規則でも，資産の評価として，「償却すべき資産については，事業年度の末日において，**相当の償却**をしなければならない。」（会社計算規則5②）と定めている**のみ**であり，償却方法，耐用年数，残存価額等の取扱いについては，一般に公正妥当な会計の慣行に委ねている（会社法431，会社計算規則3）。

ハ　資産除去債務

　資産除去債務に関する詳細については，第Ⅱ編第1章1-1を参照のこと。

(2)　税務上の取扱い（平成19年度以降の税制改正の概要は［表3］のとおりである。）

　法人税法は，企業会計原則や会社法等に従って法人が計算した「正規の減価償却」又は「相当の償却」を**尊重**しつつ，**法人間の公平や計算の簡素化**等の見地から，**必要な限度**において**制限**を設けている。

　具体的には，法人税法第22条第3項第2号において，減価償却費の額を損金の額に算入することを認めた上で，固定資産を取得して事業の用に供した場合に，その取得価額を取得時に一括して費用計上するのではなく，事業の用に供している期間に応じて適正に配分することとしている。

　そこで，法人税法では，まず，減価償却資産の**範囲**を明確にし，取得価額の配分に必要な**残存価額**，**耐用年数**及び**償却率等**を**法定化**するとともに，償却限度額の**計算方法**を規定している。

イ　減価償却資産の範囲

　減価償却資産とは，建物，構築物，機械及び装置，船舶，車両及び運搬具，工具，器具及び備品，鉱業権その他の資産で償却をすべきものとして定めらており（法法2二十三），具体的には，棚卸資産，有価証券及び繰延資産以外の資産のうち，法人税法施行令第13条に規定されているものをいい，**有形固定資産**，**無形固定資産**及び**生物**の3つに大別されている。

　なお，事業の用に供していないもの及び時の経過によりその価値が減少しないものは除かれている。

第3章 損 金 51

ロ　一般的な減価償却の方法

　法人税法上認められている減価償却の方法は次のとおりであり，**原則と**して，これらのうちのいずれかの方法を**選択**する必要がある。

㈠　**平成19年3月31日以前に取得したもの**（旧国外リース期間定額法に係る減価償却資産にあっては，当該減価償却資産に係るリース契約が**平成20年3月31日までに締結されたもの**）

　A　旧定額法（法令48①一イ(1)）

　　減価償却資産の取得価額から残存価額を控除した金額に，その償却費が毎年同一となるように定められた当該資産の耐用年数に応じた償却率を乗じて計算した金額を各事業年度の償却限度額として償却する方法

　（算　式）

　　（取得価額－残存価額）×法定耐用年数に応じた定額法の償却率

　B　旧定率法（法令48①一イ(2)）

　　減価償却資産の**取得価額（既にした償却の額で各事業年度の所得の金額の計算上損金の額に算入された金額がある場合には，その金額を控除した金額）**に，その償却費が毎年一定の割合で逓減するように定められた当該資産の耐用年数に応じた償却率を乗じて計算した金額を各事業年度の償却限度額として償却する方法

　（算　式）

　　上記取得価額×法定耐用年数に応じた定率法の償却率

　C　旧生産高比例法（法令48①三ハ）

　　鉱業用減価償却資産の取得価額からその残存価額を控除した金額を当該資産の**耐用年数（当該資産の属する鉱区の採掘予定年数がその耐用年数より短い場合には，当該鉱区の採掘予定年数）**の期間内における当該資産の属する鉱区の採掘予定数量で除して計算した一定単位当たりの金額に各事業年度における当該鉱区の採掘数量を乗じて計算した金額を当該事業年度の償却限度額として償却する方法

（算　式）

$$\frac{\text{取得価額}-\text{残存価額}}{\text{耐用年数と採掘予定年数のうちいずれか短い方の}} \times \text{当期の採掘数量}$$
$$\text{期間内の採掘予定数量}$$

D　旧国外リース期間定額法（法令48①六）

改正前リース取引（注）に係る国外リース資産の取得価額から見積残存価額を控除した残額を当該改正前リース取引に係る契約において定められている当該国外リース資産の賃貸借の期間の月数で除して計算した金額に当該事業年度における当該国外リース資産の賃貸借の期間の月数を乗じて計算した金額を各事業年度の償却限度額として償却する方法

（算　式）

$$(\text{取得価額}-\text{見積残存価額}) \times \frac{\text{その事業年度における賃貸借の期間の月数}}{\text{賃貸借の期間の月数}}$$

（注）**改正前リース取引**とは，平成19年度税制改正前の法人税法施行令第136条の３第１項（リース取引に係る所得の計算）に規定するリース取引（同項又は同条第２項の規定により資産の賃貸借取引以外の取引とされるものを除く。）

㈱　**平成19年４月１日以後に取得したもの**（リース期間定額法に係る減価償却資産にあっては，その減価償却資産に係るリース契約が**平成20年４月１日以後**に締結されたもの）

A　定額法（法令48の２①一イ⑴）

減価償却資産の取得価額に，その償却費が毎年同一となるように定められた当該資産の耐用年数に応じた償却率を乗じて計算した金額を各事業年度の償却限度額として償却する方法

（算　式）

取得価額×法定耐用年数に応じた定額法の償却率

B　定率法（法令48の２①一イ⑵）

減価償却資産の**取得価額（既にした償却の額で各事業年度の所得の金額の計算上損金の額に算入された金額がある場合には，その金額を**

第3章　損　金　53

控除した金額）に，その償却費が毎年**一定の割合**（注1）で逓減する
ように定められた当該資産の耐用年数に応じた償却率を乗じて計算し
た金額（以下「調整前償却額」といい，当該計算した金額が**償却保証
額**（注2）**に満たない場合**には，**改訂取得価額**（注3）に償却費がそ
の後毎年同一となるように定められた当該資産の耐用年数に応じた改
訂償却率を乗じた金額）を各事業年度の償却限度額として償却する方
法

（算　式）

(A)　調整前償却額≧償却保証額の場合

上記取得価額×法定耐用年数に応じた定率法の償却率

(B)　調整前償却額＜償却保証額の場合

改訂取得価額×法定耐用年数に応じた改訂償却率

（注1）**一定の割合**とは次の資産の区分に応じ，それぞれ次の割合

(1)　**平成24年3月31日以前**に取得した資産

1から資産の耐用年数に応じた定額法の償却率に2.5を乗じて計
算した割合（**250%定率法**）を控除した割合

(2)　**平成24年4月1日以後**に取得した資産

1から資産の耐用年数に応じた定額法の償却率に2を乗じて計算
した割合（**200%定率法**）を控除した割合

（注2）**償却保証額**とは次の算式で計算した金額（法令48の2⑤一）

取得価額×法定耐用年数に応じた保証率

（注3）**改訂取得価額**とは次の区分に応じそれぞれ次に掲げる金額
（法令48の2⑤二）

(1)　調整前償却額が償却保証額に満たない場合（前事業年度におけ
る調整前償却額が償却保証額**以上**である場合に限る。）

当該減価償却資産の上記の取得価額

(2)　連続する2事業年度において調整前償却額が償却保証額に**満た
ない場合**

当該連続する2以上の事業年度のうち最も古い事業年度における
当該減価償却資産の上記の取得価額

C　生産高比例法（法令48の2①三イ⑵）

　鉱業用減価償却資産の取得価額を当該資産の**耐用年数（当該資産の属する鉱区の採掘予定年数がその耐用年数より短い場合には，当該鉱区の採掘予定年数）**の期間内における当該資産の属する鉱区の採掘予定数量で除して計算した一定単位当たりの金額に当該事業年度における当該鉱区の採掘数量を乗じて計算した金額を各事業年度の償却限度額として償却する方法

（算　式）

$$\frac{取得価額}{耐用年数と採掘予定年数のうちいずれか短い方の期間内の採掘予定数量} \times 当期の採掘数量$$

D　リース期間定額法（法令48の2①六）

　リース資産の**取得価額（**当該取得価額に**残価保証額**（注1）に相当する金額が含まれている場合には，当該取得価額から当該残価保証額**を控除した金額）**を当該リース資産の**リース期間**（注2）の月数で除して計算した金額に当該事業年度における当該リース期間の月数を乗じて計算した金額を各事業年度の償却限度額として償却する方法

（算　式）

$$（取得価額－残価保証額）\times\frac{その事業年度におけるリース期間の月数}{リース期間の月数}$$

（注1）**残価保証額**とは，リース期間終了の時にリース資産の**処分価額**が所有権移転外リース取引に係る契約において定められている保証額に**満たない**場合にその満たない部分の金額を当該所有権移転外リース取引に係る賃借人がその賃貸人に支払うこととされている場合における**当該保証額**（法令48の2⑤六）

（注2）**リース期間**とは，リース取引に係る契約において定められているリース資産の賃貸借の期間（法令48の2⑤七）

ハ　選択できる償却方法及び法定償却方法

　法人が選択できる減価償却の方法は，資産の**取得日**及びその**種類の区分**に応じて，次のように定められている。（法令13，48，48の2，51，53，

第3章 損 金 55

法規14)

(イ) **平成19年3月31日以前に取得したもの**（国外リース資産にあって
は，リース契約が**平成20年3月31日までに締結されたもの**）

資 産 の 区 分	選定できる償却方法	法定償却方法
平成10年3月31日以前に取得した建物 （鉱業用減価償却資産及びリース資産 を除く。）	旧定額法 旧定率法	旧定率法
平成10年4月1日以後に取得した建物 （鉱業用減価償却資産及びリース資産 を除く。）	旧定額法	－
建物附属設備，構築物，船舶，航空 機，車両及び運搬具，工具並びに器具 及び備品 （鉱業用減価償却資産及びリース資産 を除く。）	旧定額法 旧定率法	旧定率法
機 械 及 び 装 置 （鉱業用減価償却資産及びリース資産 を除く。）	旧定額法 旧定率法	旧定率法
鉱業用減価償却資産 （鉱業権及び国外リース資産を除く。）	旧定額法 旧定率法 旧生産高比例法	旧生産高比例法
無形固定資産（鉱業権及びリース資産 を除く。）及び生物（器具及び備品に 該当するものを除く。）	旧定額法	－
鉱 業 権	旧定額法 旧生産高比例法	旧生産高比例法
国 外 リ ー ス 資 産	旧国外リース期間定額法	－

(ロ) **平成19年4月1日以後に取得したもの**（リース資産にあっては，
リース契約が**平成20年4月1日以後に締結されたもの**）

資　産　の　区　分		選定できる償却方法	法定償却方法
建　　　　物 （鉱業用減価償却資産及びリース資産を除く。）		定額法	－
建物附属設備及び構築物 （鉱業用減価償却資産及びリース資産を除く。）	平成28年3月31日以前の取得	定額法 定率法	定率法
	平成28年4月1日以後の取得	定額法	－
船舶、航空機、車両及び運搬具、工具並びに器具及び備品（鉱業用減価償却資産及びリース資産を除く。）		定額法 定率法	定率法
機　械　及　び　装　置 （鉱業用減価償却資産及びリース資産を除く。）		定額法 定率法	定率法
鉱業用減価償却資産 （鉱業権及びリース資産を除く。）	平成28年3月31日以前の取得	定額法 定率法 生産高比例法	生産高比例法
	平成28年4月1日以後の取得で次欄に掲げる資産以外の資産		
	平成28年4月1日以後の取得の建物、建物附属設備及び構築物	定額法 生産高比例法	
無形固定資産（鉱業権及びリース資産を除く。）及び生物（器具及び備品に該当するものを除く。）		定額法	－
鉱　　業　　権		定額法 生産高比例法	生産高比例法
リ　ー　ス　資　産		リース期間定額法	－

二　減価償却資産の取得価額（法令54①）

(イ)　**購入した減価償却資産**　次に掲げる金額の合計額

A　当該資産の**購入の代価**（引取運賃，荷役費，運送保険料，購入手

数料，関税（関税法第2条第1項第4号の2に規定する附帯税を除く。）その他当該資産の購入のために要した費用がある場合には，その費用の額を**加算**した金額）

B　当該資産を**事業の用に供するために**直接**要した費用**の額

㈡　**自己の建設等**に係る減価償却資産　次に掲げる金額の合計額

A　当該資産の**建設等のために**要した**原材料費，労務費**及び**経費**の額

B　当該資産を**事業の用に供するために**直接**要した費用**の額

㈨　**自己が成育させた牛馬等**　次に掲げる金額の合計額

A　成育させるために取得をした牛馬等に係る上記㈠A に掲げる金額又は種付費及び出産費の額並びに当該取得をした牛馬等の成育のために要した飼料費，労務費及び経費の額

B　成育させた牛馬等を事業の用に供するために直接要した費用の額

㈡　**自己が成熟させた果樹等**　次に掲げる金額の合計額

A　成熟させるために取得をした果樹等に係る上記㈠A に掲げる金額又は種苗費の額並びに当該取得をした果樹等の成熟のために要した肥料費，労務費及び経費の額

B　成熟させた果樹等を事業の用に供するために直接要した費用の額

㈤　適格合併，適格分割，適格現物出資又は適格現物分配により移転を受けた減価償却資産　次に掲げる区分に応じそれぞれ次に定める金額

A　**適格合併等**（適格現物分配にあっては，残余財産の全部の分配に限る。）により移転を受けた減価償却資産　次に掲げる金額の合計額

(A)　当該適格合併等に係る被合併法人又は現物分配法人が当該適格合併の日の前日又は当該残余財産の確定の日の属する事業年度において当該資産の償却限度額の計算の基礎とすべき取得価額

(B)　当該適格合併等に係る合併法人又は被現物分配法人が当該資産を事業の用に供するために直接要した費用の額

B　**適格分割等**（適格現物分配にあっては，残余財産の全部の分配を除く。）により移転を受けた減価償却資産　次に掲げる金額の合計額

(A) 当該適格分割等に係る分割法人，現物出資法人又は現物分配法人が当該適格分割等の日の前日を事業年度終了の日とした場合に当該事業年度において当該資産の償却限度額の計算の基礎とすべき取得価額

(B) 当該適格分割等に係る分割承継法人，被現物出資法人又は被現物分配法人が当該資産を事業の用に供するために直接要した費用の額

(ヘ) 上記**以外**の方法により取得をした減価償却資産　次に掲げる金額の合計額

A　その取得の時における当該資産の取得のために通常要する価額

B　当該資産を事業の用に供するために直接要した費用の額

ホ　資本的支出と修繕費

(イ)　資本的支出（法令132）

資本的支出とは，修理，改良その他いずれの名義をもってするかを問わず，その有する固定資産について支出する金額で次に掲げる金額に該当するものをいい，そのいずれにも該当する場合には**いずれか多い金額**とされ，当該金額は，その支出する日の属する事業年度の所得の金額の計算上，損金の額に算入しないとされている。

A　当該支出する金額のうち，その支出により，当該資産の取得の時において当該資産につき通常の管理又は修理をするものとした場合に予測される当該資産の**使用可能期間を延長**させる部分に対応する金額

B　当該支出する金額のうち，その支出により，当該資産の取得の時において当該資産につき通常の管理又は修理をするものとした場合に予測されるその支出の時における当該資産の**価額を増加**させる部分に対応する金額

(ロ)　資本的支出の処理（法令55①②）

その有する減価償却資産について支出する金額のうち，法人税法施行令第132条の規定によりその支出する日の属する事業年度の所得の金額の計算上損金の額に算入されなかった金額がある場合には，当該金額を

同第54条第1項の規定による取得価額として，その減価償却資産と種類及び耐用年数を同じくする減価償却資産を**新たに取得**したものとするとされている。

　なお，**平成19年3月31日以前**に取得をした減価償却資産について資本的支出を行った場合には，従来どおり，当該資本的支出の金額をその減価償却資産の取得価額に加算**できる**ことが**できる**とされている。

(ハ)　**資本的支出の例示**（法基通7-8-1）

　法人がその有する固定資産の修理，改良等のために支出した金額のうち当該固定資産の**価値を高め**，又はその**耐久性を増す**こととなると認められる部分に対応する金額が資本的支出となるのであるから，例えば次に掲げるような金額は，**原則**として資本的支出に**該当**することとされている。

　　A　建物の避難階段の取付等**物理的に付加**した部分に係る費用の額

　　B　**用途変更のための模様替え等改造**又は**改装**に直接要した費用の額

　　C　機械の部分品を**特に品質**又は**性能の高いもの**に取り替えた場合のその取替えに要した費用の額のうち**通常**の取替えの場合にその取替えに要すると認められる費用の額を**超える部分**の金額

(ニ)　**修繕費の例示**（法基通7-8-2）

　法人がその有する固定資産の修理，改良等のために支出した金額のうち当該固定資産の**通常の維持管理**のため，又はき損した固定資産につきその**原状を回復**するために要したと認められる部分の金額が修繕費となるのであるが，次に掲げるような金額は，修繕費に**該当**するとされている。

　　A　建物の**移えい**又は**解体移築**をした場合（移えい又は解体移築を予定して取得した建物についてした場合を除く。）におけるその移えい又は移築に要した費用の額

　　　　ただし，**解体移築**にあっては，**旧資材の70％以上**がその性質上**再使用**できる場合であって，当該旧資材を**そのまま利用**して従前の建物と**同一の規模及び構造の建物を再建築**するものに**限る**。

　　B　**機械装置の移設**（同7-3-12《集中生産を行う等のための機械装

置の移設費》の本文の適用のある移設を除く。）に要した費用（解体費を含む。）の額

C　地盤沈下した土地を沈下前の状態に回復するために行う地盛りに要した費用の額

　　ただし，次に掲げる場合のその地盛りに要した費用の額を除く。

　⒜　土地の取得後直ちに地盛りを行った場合

　⒝　土地の利用目的の変更その他土地の効用を著しく増加するための地盛りを行った場合

　⒞　地盤沈下により評価損を計上した土地について地盛りを行った場合

D　建物，機械装置等が地盤沈下により海水等の浸害を受けることとなったために行う床上げ，地上げ又は移設に要した費用の額

　　ただし，その床上工事等が従来の床面の構造，材質等を改良するものである等明らかに改良工事であると認められる場合のその改良部分に対応する金額を除く。

E　現に使用している土地の水はけを良くする等のために行う砂利，砕石等の敷設に要した費用の額及び砂利道又は砂利路面に砂利，砕石等を補充するために要した費用の額

㋬　少額又は周期の短い費用の損金算入（法基通7-8-3）

　一の修理，改良等が次のいずれかに該当する場合には，その修理，改良等のために要した費用の額については，同7-8-1にかかわらず，修繕費として損金経理をすることができるとされている。

　A　その一の修理，改良等のために要した費用の額（その一の修理，改良等が2以上の事業年度にわたって行われるときは，各事業年度ごとに要した金額）が20万円に満たない場合

　B　その修理，改良等がおおむね3年以内の期間を周期として行われることが既往の実績その他の事情からみて明らかである場合

㋭　形式基準による修繕費の判定（法基通7-8-4）

　一の修理，改良等のために要した費用の額のうちに資本的支出であるか修繕費であるかが明らかでない金額がある場合において，その金額が

次のいずれかに該当するときは，修繕費として損金経理をすることができるとされている。

　A　その金額が60万円に満たない場合

　B　その金額がその修理，改良等に係る固定資産の**前期末**における**取得価額のおおむね10%相当額以下である場合**

(ト)　**資本的支出と修繕費の区分の特例**（法基通7-8-5）

　一の修理，改良等のために要した費用の額のうち資本的支出であるか修繕費であるかが**明らかでない金額**（上記(ホ)又は(ヘ)の適用を受けるものを除く。）がある場合において，法人が，**継続**してその金額の**30%相当額**とその修理，改良等をした固定資産の**前期末**における**取得価額の10%相当額**とのいずれか**少ない金額**を**修繕費**とし，**残額**を**資本的支出**とする経理をしているときは，**これを認める**こととされている。

ヘ　**耐用年数**

(イ)　**耐用年数の適用**

　減価償却資産の取得価額は，その資産の使用可能期間にわたり，当該資産の償却限度額が各事業年度の所得の金額の計算上損金の額に算入されるが，この**使用可能期間**に当たるものとして**法定耐用年数**が「減価償却資産の耐用年数等に関する省令」（以下「耐用年数省令」という。）の別表に，減価償却資産の**種類**ごとに**画一的**に定められている。

　具体的には，**別表1から4**には一般的な減価償却資産の耐用年数が定められており，**別表5**には公害防止用減価償却資産，**別表6**には開発研究用減価償却資産のように，特定の用途に使用される資産の耐用年数が定められている。

(ロ)　**中古資産の耐用年数**

　中古の減価償却資産を取得して事業の用に供した場合の減価償却費の額を計算する場合の耐用年数は，原則として法定耐用年数によることとなるが，耐用年数省令第3条において，当該中古資産の使用可能期間を**見積もる**など，**次に掲げる年数**を耐用年数として償却限度額の計算ができることとされている。

　A　当該資産をその用に供した時**以後の使用可能期間の年数**

B 次に掲げる資産（別表第1，別表第2，別表第5又は別表第6に掲げる減価償却資産であって，上記Aの年数を見積もることが困難なものに限る。）の区分に応じそれぞれ**次に定める年数**（その年数が2年に満たないときは，これを**2年**とする。）

(A) 法定耐用年数の**全部**を経過した資産　当該資産の法定耐用年数の**100分の20**に相当する年数

(B) 法定耐用年数の**一部**を経過した資産　当該資産の法定耐用年数から経過年数を控除した年数に，経過年数の**100分の20**に相当する年数を**加算**した年数

ト 減価償却資産の償却限度額の計算

㈤ 償却費として損金経理した金額

A 意義（法法31①④）

各事業年度終了の時に有する減価償却資産につきその償却費として当該事業年度の所得の金額の計算上損金の額に算入する金額は，当該事業年度において償却費として**損金経理**した金額（以下「損金経理額」という。）のうち，**償却限度額**（注）に達するまでの金額とすることとされている。

また，損金経理額には，減価償却資産につき償却事業年度**前**の各事業年度における当該減価償却資産に係る損金経理額のうち，当該償却事業年度前の各事業年度の所得の金額の計算上**損金の額に算入されなかった金額を含む**とされている。

（注）**償却限度額**とは，法人の有する減価償却資産につき，その法人が採用している償却方法に基づいて計算した金額であり，法人税法において償却限度額を定めているのは，償却費の額は**法人の意思**に基づき**見積り**で費用の額として計上されるいわゆる**内部取引**とされており，当該償却費の額を**法人の任意の金額**とした場合には，**課税の公平を害する**ことが考えられるからである。

B 損金経理額に含まれるものの例示（法基通7－5－1）

損金経理額には，法人が**償却費の科目**をもって経理した金額の**ほ**か，損金経理をした次に掲げるような金額も**含まれる**とされている。

第3章　損金　63

(A)　減価償却資産の取得価額に算入すべき**付随費用の額**のうち**原価外処理をした金額**

(B)　減価償却資産について法人税法又は租税特別措置法の規定による**圧縮限度額を超えてその帳簿価額を減額**した場合の**その超える部分の金額**

(C)　減価償却資産について支出した金額で**修繕費**として経理した金額のうち法人税法施行令第132条の規定により**損金の額に算入されなかった金額**

(D)　**無償**又は**低い価額**で取得した減価償却資産につきその取得価額として法人の経理した金額が法人税法施行令第54条第1項の規定による取得価額に**満たない場合のその満たない金額**

(E)　減価償却資産について計上した**除却損**又は**評価損**（法人が計上した**減損損失**の金額を**含む**。）の金額のうち**損金の額に算入されなかった金額**

(F)　**少額な減価償却資産**（**おおむね60万円以下**）又は**耐用年数が3年以下**の減価償却資産の取得価額を**消耗品費等**として損金経理をした場合のその**損金経理をした金額**

(G)　法人税法施行令第54条第1項の規定により**ソフトウェア**の取得価額に算入すべき金額を**研究開発費**として損金経理をした場合のその**損金経理をした金額**

チ　少額の減価償却資産[1]の取得価額の損金算入（法令133）

　その事業の用に供した減価償却資産（国外リース資産及びリース資産を除く。）で，当該資産の使用可能期間が**1年未満**であるもの又は取得価額が**10万円未満**であるものを有する場合において，その内国法人が当該資産の当該取得価額に相当する金額につき，その事業の用に供した日の属する事業年度において**損金経理**をしたときは，その損金経理をした金額は，当該事業年度の所得の金額の計算上，損金の額に算入するとされている。

　なお，令和4年度の税制改正により，令和4年4月1日以後に取得等するものから，原則として，貸付けの用（主な事業として行われるものを除く。）に供した場合は適用対象外とされた。

リ　一括償却資産の損金算入（法令133の２①）

　各事業年度において減価償却資産で取得価額が**20万円未満**であるもの（国外リース資産及びリース資産並びに上記チの規定の適用を受けるものを除く。）を事業の用に供した場合において，その**全部又は特定の一部を一括**したもの（以下「一括償却資産」という。）の取得価額の**合計額**（「一括償却対象額」という。）を当該事業年度以後の各事業年度の**費用の額**又は**損失の額とする方法を選定**したときは，当該一括償却資産につき当該事業年度以後の各事業年度の所得の金額の計算上損金の額に算入する金額は，当該一括償却資産の**全部**又は**一部**につき**損金経理をした金額**のうち，当該一括償却資産に係る一括償却対象額を**36**で除し，これに当該事業年度の**月数**を乗じて計算した金額に達するまでの金額とするとされている。

　なお，令和４年度の税制改正により，令和４年４月１日以後に取得等するものから，原則として，貸付けの用（主な事業として行われるものを除く。）に供した場合は適用対象外とされた。

ヌ　中小企業者等の少額減価償却資産の取得価額の損金算入の特例（措法67の５①，措令39の28①）

　中小企業者（注１）又は**農業協同組合等**で，青色申告書を提出するもの（常時使用する従業員の数が**500人以下**（**令和６年度の税制改正**により，**令和６年４月１日以後**に取得等するものから常時使用する従業員の数が500以下の法人（特定法人（注２）を除く。）又は常時使用する従業員の数が300人以下の特定法人に**限る**。）以下「中小企業者等」という。）が，平成18年４月１日から**令和８年３月31日**までの間に取得し，又は製作し，若しくは建設し，かつ，当該中小企業者等の事業の用に供した減価償却資産で，その取得価額が**30万円未満**であるもの（その取得価額が10万円未満であるもの並びに上記チ及びリの規定の適用を受けるもの及び租税特別措置法に規定する特別償却，税額控除，圧縮記帳の規定の適用を受けるものを除く。以下「少額減価償却資産」という。）を有する場合において，当該少額減価償却資産の取得価額に相当する金額につき，当該中小企業者等の事業の用に供した日を含む事業年度において**損金経理**をしたときは，その損金経理をした金額は，当該事業年度の所得の金額の計算上，損金の額に

算入するとされている。

　この場合において，当該中小企業者等の当該事業年度における少額減価償却資産の取得価額の**合計額が300万円**（当該事業年度が1年に満たない場合には，300万円を12で除し，これに当該事業年度の月数を乗じて計算した金額）を**超える**ときは，その取得価額の合計額の**うち300万円に達するまでの少額減価償却資産の取得価額の合計額を限度**とするとされている。

　なお，令和4年度の税制改正により，令和4年4月1日以後に取得等するものから，原則として，貸付けの用（主な事業として行われるものを除く。）に供した場合は適用対象外とされた。

（注1）　**中小企業者**（**適用除外事業者**を除く。）とは，次に掲げる法人をいう。

　⑴　資本金の額又は出資金の額が**1億円以下**の法人のうち次に掲げる法人**以外**の法人

　　イ　その発行済株式又は出資（自己の株式又は出資を除く。）の総数又は総額の**2分の1以上**を同一の**大規模法人**に所有されている法人

　　ロ　上記イのほか，その発行済株式又は出資の総数又は総額の**3分の2以上**を複数の大規模法人に所有されている法人

　　ハ　受託法人

　⑵　資本又は出資を有しない法人のうち常時使用する従業員の数が**1,000人以下**の法人（受託法人を除く。）

　※　**適用除外事業者**とは，基準年度（その事業年度開始の日前3年以内に終了した各事業年度）の所得金額の合計額を各基準年度の月数の合計数で除し，これに12を乗じて計算した金額が**15億円を超える**法人をいう。

　※　**大規模法人**とは，次に掲げる法人をいい，中小企業投資育成株式会社を除く。

　　⑴　資本金の額又は出資金の額が**1億円を超える**法人

　　⑵　資本又は出資を有しない法人のうち常時使用する従業員の数が**1,000人を超える**法人

(3) 大法人（次に掲げる法人をいう。）との間にその大法人による**完全支配関係**がある法人

 イ 資本金の額又は出資金の額が**5億円以上の法人**

 ロ **相互会社**及び**外国相互会社**のうち常時使用する従業員の数が**1,000人を超える法人**

 ハ 受託法人

(4) 普通法人との間に完全支配関係がある全ての大法人が有する株式及び出資の全部をその全ての大法人のうちいずれか一の法人が有するものとみなした場合においてそのいずれか一の法人とその普通法人との間にそのいずれか一の法人による完全支配関係があることとなるときのその普通法人（上記(3)に掲げる法人を除く。）

（注2）特定法人とは，次に掲げる法人をいう（法法75の4②）。

 1 当該事業年度開始の時における資本金の額又は出資金の額が1億円を超える法人

 2 通算法人（1に掲げる法人を除く。）

 3 保険業法に規定する相互会社（2に掲げる法人を除く。）

 4 投資法人（1に掲げる法人を除く。）

 5 特定目的会社（1に掲げる法人を除く。）

《設　例》減価償却限度額の計算

 繊維製品の小売業を営む甲株式会社の令和6年4月1日から令和7年3月31日までの事業年度の減価償却資産に関する資料は，次のとおりであり，これにより償却限度額及び償却超過額等を計算しなさい。

 なお，甲株式会社は法定償却方法を採用しており，期中取得資産は取得と同時に事業の用に供している。

 また，償却限度額及び償却超過額等を申告書別表四，別表五（一），別表十六（一）及び別表十六（二）に記載しなさい。

第 3 章　損　金　67

(単位：円)

種類等	構造用途	取得価額	期首現在帳簿価額	当　期償却額	期末現在帳簿価額	備　考
店　舗	鉄筋コンクリート	20,000,000	10,000,000	500,000	9,500,000	平成 9 年 4 月 1 日取得
倉　庫	木造（商品保管）	12,000,000	6 年10月 1 日取得	500,000	11,500,000	
陳列ケース	商品陳列用	1,600,000	1,100,000	270,000	830,000	前期償却超過100,000 平成27年 4 月 1 日取得
乗用車	普通車	2,400,000	7 年 2 月 1 日取得	240,000	2,160,000	

《解　答》

1　耐用年数，法定償却方法及び償却率は次のとおりである。

（店　舗）39年：旧定率法（0.057），（陳列棚） 8 年：定率法（0.250）

（倉　庫）15年：定額法（0.067），（乗用車） 6 年：定率法（0.333）

2　店　舗

償却限度額：（9,500,000円＋500,000円）×0.057＝570,000円

当期償却額：500,000円＜570,000円⇒全額損金算入

3　倉　庫

償却限度額：12,000,000円×0.067× 6 /12＝402,000円

当期償却額：500,000円＞402,000円⇒差額98,000円　**（償却超過額）**

4　陳列棚

償却限度額：（830,000円＋270,000円＋100,000円）×0.250＝300,000円

当期償却額：270,000円＜300,000円⇒差額30,000円　**（償却不足額）**

調整前償却額：（1,100,000円＋100,000円）×0.250＝300,000円

償却保証額：1,600,000円×0.07909＝126,544円

5　乗用車

償却限度額：（2,160,000円＋240,000円）×0.333× 2 /12＝133,200円

当期償却額：240,000円＞133,200円⇒差額106,800円　**（償却超過額）**

調整前償却額：（2,160,000円＋240,000円）×0.333＝799,200円

償却保証額：2,400,000円×0.09911＝237,864円

（注）この場合に，償却保証額と比較する金額は，月数按分する前の調整前償却額の金額となる。

【別表四】（簡易様式）（令6・4・1以後終了事業年度分）

| 所得の金額の計算に関する明細書（簡易様式） | | 事業年度 | 6・4・1
7・3・31 | 法人名 | 甲　株式会社 |

区　　　　分		総額	処　　　　　　　分		分
			留　保	社 外 流 出	
		①	②	③	
当 期 利 益 又 は 当 期 欠 損 の 額	1	円	円	配当	円
				その他	
損金経理をした法人税及び地方法人税（附帯税を除く。）	2				
損金経理をした道府県民税及び市町村民税	3				
損 金 経 理 を し た 納 税 充 当 金	4				
損金経理をした附帯税（利子税を除く。）．加算金．延滞金（延納分を除く。）及び過怠税	5			その他	
減 価 償 却 の 償 却 超 過 額	6	204,800	204,800		
役 員 給 与 の 損 金 不 算 入 額	7			その他	
交 際 費 等 の 損 金 不 算 入 額	8			その他	
通算法人に係る加算額（別表四付表「5」）	9			外※	
	10				
小　　　　　　　　計	11				
減 価 償 却 超 過 額 の 当 期 認 容 額	12	30,000	30,000		
納 税 充 当 金 か ら 支 出 し た 事 業 税 等 の 金 額	13				
受取配当等の益金不算入額（別表八（一）「5」）	14			※	
外国子会社から受ける剰余金の配当等の益金不算入額（別表八（二）「26」）	15			※	
受 贈 益 の 益 金 不 算 入 額	16			※	
適 格 現 物 分 配 に 係 る 益 金 不 算 入 額	17			※	
法人税等の中間納付額及び過誤納に係る還付金額	18				
所得税額等及び欠損金の繰戻しによる還付金額等	19			※	
通算法人に係る減算額（別表四付表「10」）	20			※	
	21				
小　　　　　　　　計	22			外※	
仮　　　　計　　　（1）＋（11）－（22）	23			外※	

第3章 損金 69

【別表五（一）】（令6.4.1以後終了事業年度分）

利益積立金額及び資本金等の額の計算に関する
明細書

| | 事業
年度 | 6 ・ 4 ・ 1
7 ・ 3 ・ 31 | 法人名 | 甲 株式会社 |

I 利益積立金額の計算に関する明細書

区　　　分		期首現在 利益積立金額	当期の増減		差引翌期首現在 利益積立金額 ①－②＋③
			減	増	
		①	②	③	④
利 益 準 備 金	1	円	円	円	円
積 立 金	2				
建物減価償却超過額	3			98,000	98,000
備品減価償却超過額	4	100,000	30,000		70,000
車両減価償却超過額	5			106,800	106,800
	6				
	7				

【別表十六（一）】（令6.4.1以後終了事業年度分）

旧定額法又は定額法による減価償却資産
の償却額の計算に関する明細書

| | 事業
年度 | 6 ・ 4 ・ 1
7 ・ 3 ・ 31 | 法人名 | 甲 株式会社 |

資	種　　　　　　類	1	建　　物				
産	構　　　　　　造	2	木　　造				
	細　　　　　　目	3	倉　　庫				
区	取 得 年 月	4	6・10・1	・　・	・　・	・　・	・　・
	事業の用に供した年月	5	令和6年10月				
分	耐 用 年 数	6	15　年	年	年	年	年
取	取得価額又は製作価額	7	外 12,000,000 円	外 円	外 円	外 円	外 円
得	(7)のうち積立金方式による圧縮記帳の 場合の償却額計算の対象となる 取得価額に算入しない金額	8					
価	差 引 取 得 価 額 (7)－(8)	9	12,000,000				
額							
帳	償却額計算の対象となる 期末現在の帳簿記載金額	10	11,500,000				
	期末現在の積立金の額	11					
簿	積立金の期中取崩額	12					
	差 引 帳 簿 記 載 金 額 (10)－(11)－(12)	13	外△	外△	外△	外△	外△
価	損金に計上した当期償却額	14	500,000				
	前期から繰り越した償却超過額	15	外	外	外	外	外
額	合　　　計 (13)＋(14)＋(15)	16	12,000,000				
当	残　存　価　額	17					
平 成	差引取得価額 × 5% $(9) \times \frac{5}{100}$	18					
一 九 年 三 月 三 一 日	(16)>(18) の場合	旧定額法の償却額計算の 基礎となる金額 (9)－(17)	19					
		旧定額法の償却率	20					
		算 出 償 却 額 (19)×(20)	21	円	円	円	円	円
の		増 加 償 却 額 (21)×割増率	22	( )	( )	( )	( )	( )

普通償却限度額等	以前取得分	計 ((21)+(22)) 又は ((16)-(18))	23				
	(16)≦(18)の場合	算出償却額 ((18)-1円)×60分の	24				
	平成十九年四月一日以後取得分	定額法の償却額計算の基礎となる金額 (9)	25	12,000,000			
		定額法の償却率	26	0.067			
		算出償却額 (25)×(26)	27	(804,000×6/12)円 402,000	円	円	円
		増加償却額 (27)×割増率	28	( )	( )	( )	( )
		計 (27)+(28)	29	402,000			
当期分の償却限度額	当期分の普通償却限度額等 (23)、(24)又は(29)		30	402,000			
	償却限度額による特別償却又は割増償却特別償却	租税特別措置法適用条項	31	条 項 ( )	条 項 ( )	条 項 ( )	条 項 ( )
		特別償却限度額	32	外 円	外 円	外 円	外 円
	前期から繰り越した特別償却不足額又は合併等特別償却不足額		33				
	合計 (30)+(32)+(33)		34	402,000			
当期償却額			35	500,000			
差引	償却不足額 (34)-(35)		36				
	償却超過額 (35)-(34)		37	98,000			
償却超過額	前期からの繰越額		38	外	外	外	外
	当期損金認容額	償却不足によるもの	39				
		積立金取崩しによるもの	40				
	差引合計翌期への繰越額 (37)+(38)-(39)-(40)		41	98,000			
特別償却不足額	翌期に繰り越すべき特別償却不足額 (((36)-(39))と((32)+(33))のうち少ない金額)		42				
	当期において切り捨てる特別償却不足額又は合併等特別償却不足額		43				
	差引翌期への繰越額 (42)-(43)		44				
	額の内訳 翌期への繰越額	・ ・	45				
		当期不足額	46				
適格組織再編成により引き継ぐべき合併等特別償却不足額 (((36)-(39))と(32)のうち少ない金額)			47				

備考

【別表十六（二）】（令6.4.1以後終了事業年度分）

旧定率法又は定率法による減価償却資産の償却額の計算に関する明細書

事業年度 6・4・1 〜 7・3・31　　法人名 甲 株式会社

資産区分			建物	器具備品	車両運搬具		
種類	1		建物	器具備品	車両運搬具		
構造	2		鉄筋コンクリート造	家具	前掲以外のもの		
細目	3		店舗	陳列ケース	その他のもの		
取得年月	4		9・4・1	27・4・1	7・2・1	・ ・	
事業の用に供した年月	5		平成9年4月	平成27年4月	令和7年2月		
耐用年数	6		39年	8年	6年	年	年
取得価額又は製作価額	7		外 20,000,000円	外 1,600,000円	外 2,400,000円	外 円	外 円

第3章　損金

	摘要						
取得価額	(7)のうち積立金方式による圧縮記帳の場合の償却額計算の対象となる取得価額に算入しない金額	8					
	差引取得価額 (7)-(8)	9	20,000,000	1,600,000	2,400,000		
償却額計算の基礎となる額	償却額計算の対象となる期末現在の帳簿記載金額	10	9,500,000	830,000	2,160,000		
	期末現在の積立金の額	11					
	積立金の期中取崩額	12					
	差引帳簿記載金額 (10)-(11)-(12)	13	外△ 9,500,000	外△ 830,000	外△ 2,160,000	外△	外△
	損金に計上した当期償却額	14	500,000	270,000	240,000		
	前期から繰り越した償却超過額	15	外	外 100,000	外	外	外
	合計 (13)+(14)+(15)	16	10,000,000	1,200,000	2,400,000		
	前期から繰り越した特別償却不足額又は合併等特別償却不足額	17					
	償却額計算の基礎となる金額 (16)-(17)	18	10,000,000	1,200,000	2,400,000		
当期分の普通償却限度額等	差引取得価額 × 5% (9)×$\frac{5}{100}$	19	1,000,000				
（平成十九年三月三十一日以前取得分）	(16)>(19)の場合 旧定率法の償却率	20	0.057				
	算出償却額 (18)×(20)	21	570,000 円	円	円	円	円
	増加償却額 (21)×割増率	22	( )	( )	( )	( )	( )
	計 ((21)+(22))又は((18)-(19))	23	570,000				
	(16)≦(19)の場合 算出償却額 (19-1円)×$\frac{...}{60}$	24					
（平成十九年四月一日以後取得分）	定率法の償却率	25		0.250	0.333		
	調整前償却額 (18)×(25)	26	円	300,000 円	(799,200×2/12)円 133,200	円	円
	保証率	27		0.07909	0.09911		
	償却保証額 (9)×(27)	28	円	126,544 円	237,864 円	円	円
	(26)<(28)の場合 改定取得価額	29					
	改定償却率	30					
	改定償却額 (29)×(30)	31	円	円	円	円	円
	増加償却額 ((26)又は(31))×割増率	32	( )	( )	( )	( )	( )
	計 ((26)又は(31))+(32)	33		300,000	133,200		
当期分の普通償却限度額等	(23),(24)又は(33)	34	570,000	300,000	133,200		
当期分の償却限度額	租税特別措置法による特別償却限度額又は割増償却限度額 適用条項	35	条項 ( )	条項 ( )	条項 ( )	条項 ( )	条項 ( )
	特別償却限度額	36	外 円	外 円	外 円	外 円	外 円
	前期から繰り越した特別償却不足額又は合併等特別償却不足額	37					
	合計 (34)+(36)+(37)	38	570,000	300,000	133,200		
当期償却額		39	500,000	270,000	240,000		
差引	償却不足額 (38)-(39)	40	70,000	30,000			
	償却超過額 (39)-(38)	41			106,800		
償却超過額	前期からの繰越額	42	外	外 100,000	外	外	外
	認容額当期損金 償却不足によるもの	43		30,000			
	積立金取崩しによるもの	44					

					70,000	106,800		
	差引合計翌期への繰越額 (41) + (42) - (43) - (44)	45			70,000	106,800		
特別償却不足額	翌期に繰り越すべき特別償却不足額 (((40) - (43)) と ((36) + (37)) のうち少ない金額)	46						
	当期において切り捨てる特別償却不足額又は合併等特別償却不足額	47						
	差引翌期への繰越額 (46) - (47)	48						
	額の内訳の繰越 翌期へ	・・・	49					
		当期不足額	50					
適格組織再編成により引き継ぐべき合併等特別償却不足額 (((40) - (43)) と(36)のうち少ない金額)		51						
備考								

2 無形固定資産（ソフトウェア）

(1) 会計上の取扱い

　企業会計審議会は，**平成10年3月13日**に「研究開発費等に係る会計基準の設定に関する意見書」を公表し，企業の経営方針や将来の収益予測に関する重要な情報と位置付けられている研究開発費及びソフトウェアの制作費に係る適用範囲を明確にするために「研究開発費等に係る会計基準」の一部改正（以下，**平成20年12月26日付**企業会計基準委員会による一部改正前のものを「会計基準」という。）を公表した[2]。

　また，日本会計士協会は，研究開発費及びソフトウェアの会計処理等についての具体的な取扱いを明らかにすることにより，実務上の指針を提供することを目的として，**平成11年3月31日付**で「研究開発費及びソフトウェアの会計処理に関する実務指針（会計制度委員会報告第12号）」（以下「報告第12号」という。）を公表した。

イ　研究開発用のソフトウェア

　ソフトウェア制作費のうち，研究開発に該当する部分も研究開発費として**費用処理**する（会計基準三）としている。

　なお，市場販売目的のソフトウェアについては，最初に製品化された**製品マスターの完成までの費用**及び製品マスター又は購入したソフトウェアに対する**著しい改良に要した費用**は**研究開発費**に該当する（同注解3）としている。

ロ　市場販売目的のソフトウェア

　市場販売目的のソフトウェアである製品マスターの制作費は，研究開発費に該当する部分を除き，**資産**として**計上しなければならない**。ただし，**製品マスターの機能維持に要した費用**は，**資産として計上してはならない**（会計基準四2）としている。

　なお，報告第12号は，市場販売目的のソフトウェアに係る具体的な取扱いを次のように定めている。

(イ)　研究開発の終了時点（同8）

　市場販売目的のソフトウェアの制作に係る研究開発の終了時点は，**製品番号を付すこと等により販売の意思が明らかにされた製品マスター**，すなわち「**最初に製品化された製品マスター**」の**完成時点**である。

　したがって，この時点までの制作活動は研究開発と考えられるため，ここまでに発生した費用は研究開発費として処理する。

　また，「最初に製品化された製品マスター」の完成時点は，具体的には次の**2点**によって判断する。

　A　製品性を判断できる程度の**プロトタイプ**が**完成**していること

　B　プロトタイプを制作しない場合は，製品として販売するための**重要な機能**が**完成**しており，かつ**重要な不具合を解消**していること

(ロ)　製品マスター完成後の制作費に係る処理（同9）

　製品マスター又は購入したソフトウェアの機能の改良・強化を行う制作活動のための費用は，原則として資産に計上する。

　ただし，**著しい改良**と認められる場合は，著しい改良が終了するまでは上記(イ)の研究開発の終了時点に達していないこととなるため，**研究開発費**として処理する。

(ハ)　製品マスターの制作原価（同10）

　製品マスターについては**適正な原価計算**によってその取得原価を算定する。

(ニ)　ソフトウェアの減価償却の方法（同18）

　ソフトウェアの**性格**に応じて**最も合理的**と考えられる減価償却の方法を採用すべきである。合理的な償却方法としては，**見込販売数量**に基づ

く方法のほか，**見込販売収益**に基づく償却方法も認められる。

ただし，毎期の減価償却額は，残存有効期間に基づく均等配分額を下回ってはならない。

したがって，毎期の減価償却額は，見込販売数量（又は見込販売収益）に基づく償却額と残存有効期間に基づく均等配分額とを**比較**し，**いずれか大きい額**を計上することになる。

この場合，当初における販売可能な有効期間の**見積り**は，**原則**として**3年以内**の年数とし，3年を超える年数とするときには，**合理的な根拠**に基づくことが必要である。

ハ　自社利用のソフトウェア

ソフトウェアを用いて外部へ業務処理等のサービスを提供する契約等が締結されている場合のように，その提供により**将来の収益獲得が確実**であると認められる場合には，**適正な原価を集計**した上，当該ソフトウェアの制作費を**資産**として**計上**しなければならない。

社内利用のソフトウェアについては，完成品を購入した場合のように，その利用により**将来の収益獲得又は費用削減**が確実であると認められる場合には，当該ソフトウェアの取得に要した費用を**資産**として**計上**しなければならない。

機械装置等に組み込まれているソフトウェアについては，当該機械装置等に**含めて処理**する（会計基準四3）としている。

また，報告第12号21では，**自社利用**のソフトウェアに係る**減価償却の方法**を次のように定めている。

その利用の実態に応じて最も合理的と考えられる減価償却の方法を採用すべきであるが，**一般的**には，**定額法**による償却が合理的である。

償却の基礎となる**耐用年数**としては，当該ソフトウェアの利用可能期間によるべきであるが，**原則**として**5年以内**の年数とし，5年を超える年数とするときには，**合理的な根拠**に基づくことが必要である。

(2)　税務上の取扱い

イ　研究開発用のソフトウェア

研究開発用のソフトウェア（研究開発のためのいわば材料となるもので

あることが明らかなものを除く。）であったとしても，当該ソフトウェアは**減価償却資産**に該当することとされている（法令13八リ，法基通7-1-8の2）。

　また，当該ソフトウェアが耐用年数省令第2条第2号に規定する**開発研究（新たな製品の製造若しくは新たな技術の発明又は現に企業化されている技術の著しい改善を目的として特別に行われる試験研究）**の用に供されている場合には，耐用年数省令別表6に基づきその耐用年数は**3年**（開発研究に該当しない場合には耐用年数省令別表3に基づき**5年**）となり，**定額法**により償却計算を行う（法令48の2①四）こととなる。

ロ　市場販売目的のソフトウェア

　無形固定資産（法令13八リ）として，耐用年数省令別表3に基づきその耐用年数は**3年**となり，**定額法**により償却計算を行う（法令48の2①四）こととなる。

ハ　自社利用のソフトウェア

　無形固定資産（法令13八リ）として，耐用年数省令別表3に基づきその耐用年数は**5年**となり，**定額法**により償却計算を行う（法令48の2①四）こととなる。

　なお，税務上のソフトウェアの取扱いについては，**平成12年度の税制改正**により，**税務上の繰延資産**（旧法令14九ハ，旧法基通8-1-7）から，**減価償却資産**（無形固定資産）に変更された。

　この改正により，従来のようにソフトウェアの取得形態の別によってその費用の処理方法を区分することなく，その取得に要した費用の額を，原則として，資産に計上し，他の減価償却資産と同様，その利用目的に応じて償却計算することとなった。

　また，ソフトウェアの**取得価額**についても，法人税法施行令第54条の規定に基づき，購入した場合には購入代価等が取得価額となり，外部委託制作又は自社制作の場合にはその制作に要した材料費や人件費等が取得価額となる。［柴﨑澄哉，2000，ページ：207］

　ところで，減価償却資産の取得価額は，**適正な原価計算**に基づき算定されているときには，**これを認める**こととされている（法令54②）ところ，

研究開発費といった費用の**原価性の有無の判断は実務上困難**である場合が少なくなく，「**将来の収益獲得又は費用削減が確実**」であるか否かは，**実務上必ずしも明確ではない**ことから，その判断には法人の**主観性**や**恣意性**が**介入**する恐れがある。

　そこで，税務上は，自社利用のソフトウェアに係る研究開発費については，その利用により将来の収益獲得又は費用削減に**ならないことが明らかなもの**に限って，取得価額に算入しないことができるとされている（法基通７-３-15の３）。

《参考》平成12年度税制改正前の法人税基本通達８-１-７の取扱い

　「他の者からソフトウェアの提供を受け，又は他の者に委託してソフトウェアを開発した場合におけるその提供を受けるため，又は委託するために要した費用は，令第14条第１項第９号ハ（役務の提供を受けるための権利金等）に規定する繰延資産に該当する。」こととされていた。

　また，「法人がソフトウェアの開発に関連して他の者に支払った費用のうち，①自らソフトウェアを開発するために他の者から技術者の派遣を受けた場合（実質的に当該他の者に開発を委託したと認められる場合を除く。）のその派遣を受けるために要した費用，及び②自ら開発したソフトウェアについて他の者にコーディングのみを行わせた場合のそのコーディングのために要した費用は，本文に掲げる費用に該当しない。」とされていた。

　すなわち，**当時**は，当該法人税基本通達**以外**に**統一**された会計基準が**なかった**ことから，完成したソフトウェアを購入した場合やソフトウェアの開発を他の者に委託した場合に**限って**，**税務上の繰延資産**として取り扱っていたところ，平成10年３月13日に「研究開発費等に係る会計基準」が公表され，当該会計基準が**平成11年４月１日以後**に**開始**する事業年度から適用されることとなったことから，税務上も，これを資産として計上する場合には，**無形固定資産**として処理することとされた。

第3章 損 金 77

3-2 繰延資産の償却費

1 会計上の取扱い

⑴ 具体的な取扱い等（平成18年 8 月11日付企業会計基準委員会実務対応
　報告第19号「繰延資産の会計処理に関する当面の取扱い」，以下「報告第
　19号」という。）

　報告第19号 3 ⑴～⑸では，以下の項目を繰延資産として取り扱う[3]として
いる。

費　目	定　　　　義	会　計　上　の　取　扱　い
株式交付費	株式募集のための広告費，金融機関の取扱手数料，証券会社の取扱手数料，目論見書・株券等の印刷費，変更登記の登録免許税，その他株式の交付等のために**直接**支出した費用	《原則》**支出時に費用処理**（営業外費用） 《例外》**財務活動**に係る株式交付費については，**繰延資産**に計上することができる。この場合には，株式交付の時から**3年以内**のその効果の及ぶ期間にわたって，**定額法**により償却をしなければならない。
社債発行費等（新株予約権の発行に係る費用を含む）	社債募集のための広告費，金融機関の取扱手数料，証券会社の取扱手数料，目論見書・社債券等の印刷費，社債の登記の登録免許税その他社債発行のために**直接**支出した費用	《原則》**支出時に費用処理**（営業外費用） 《例外》**繰延資産**に計上することができる。この場合には，社債の償還までの期間にわたり**利息法**により償却をしなければならない。なお，償却方法については，**継続適用**を条件として，**定額法**を採用することができる。 **（新株予約権の発行に係る費用）** 　**財務活動**に係るものについては社債発行費と同様に**繰延資産**として会計処理することができる。 　この場合には，新株予約権の発行のときから，**3年以内**のその効果の及ぶ期間にわたって，**定額法**により償却をしなければならない。ただし，新株予約権が社債に付されている場合で，当該新株予約権付社債を**一括法**により処理するときは，当該新株予約権付社債の発行に係る費用は，**社債発行費**として処理する。
創立費	会社の負担に帰すべき設立費用，例えば，定款及び諸規則作成のための費用，株式募集その他のための広告費，目論見書・株券等の印刷費，創立事務所の賃借料，設立事務に使用する使用人の給料，金融機関の取扱手数料，証券会社の取扱手数料，創立総会に関する費用その他会社設立事務に関する必要な費用，発起人が受ける報酬で定款	《原則》**支出時に費用処理**（営業外費用） 《例外》**繰延資産**に計上することができる。この場合には，会社の成立のときから**5年以内**のその効果の及ぶ期間にわたって，**定額法**により償却をしなければならない。

	に記載して創立総会の承認を受けた金額並びに設立登記の登録免許税等	
開業費	土地，建物等の賃借料，広告宣伝費，通信交通費，事務用消耗品費，支払利子，使用人の給料，保険料，電気・ガス・水道料等で，会社成立後営業開始時までに支出した開業準備のための費用	《原則》支出時に費用処理（営業外費用） 《例外》繰延資産に計上することができる。この場合には，開業のときから**5年以内**のその効果の及ぶ期間にわたって，**定額法**により償却をしなければならない。
開発費	新技術又は新経営組織の採用，資源の開発，市場の開拓等のために支出した費用，生産能率の向上又は生産計画の変更等により，設備の大規模な配置替えを行った場合等の費用 　ただし，**経常費の性格をもつもの**は開発費には**含まれない**。	《原則》支出時に費用処理（売上原価又は販売費及び一般管理費） 《例外》繰延資産に計上することができる。この場合には，支出のときから**5年以内**のその効果の及ぶ期間にわたって，**定額法その他の合理的な方法**により規則的に償却しなければならない。 　なお，「研究開発費等に係る会計基準」の対象となる**研究開発費**については，**発生時に費用として処理**しなければならない。

(2)　支出の効果が期待されなくなった繰延資産の会計処理

　支出の効果が期待されなくなった繰延資産は，その**未償却残高を一時に償却**しなければならない（報告第19号 3(6)）とされている。

2　税務上の取扱い

　法人税法上，**繰延資産**とは，法人が支出する費用（資産の取得に要した金額とされるべき費用及び前払費用を除く。）のうち**支出の効果**がその支出の日以後**1年以上**に及ぶもの（法法2二十四，法令14①）とされている。

(1)　会計上の繰延資産（法令14①一～五，64①一）

費　目	定　　　　　　　義	償却限度額
創立費	発起人に支払う報酬，設立登記のために支出する登録免許税その他法人の設立のために支出する費用で，**当該法人の負担に帰すべきもの**	各事業年度の所得の金額の計算上損金の額に算入する金額は，当該事業年度において償却費として**損金経理した金額**のうち，その**繰延資産の額**（既にした償却の額で各事業年度の所得の金額の計算上損金の額に算入されたものがある場合には，当該金額を控除した金額）
開業費	法人の設立後事業を開始するまでの間に開業準備のために**特別に**支出する費用	
開発費	新たな技術若しくは新たな経営組織の採用，資源の開発又は市場の開拓のために**特別に**支出する費用	
株式交付費	株券等の印刷費，資本金の増加の登記についての登録免許税その他自己の株式（出資を含む。）の交付のために支出する費用	
社債等発行費	社債券等の印刷費その他債券（新株予約権を含む。）の発行のために支出する費用	

会計上の繰延資産は，税務上**任意償却**とされるため**税務調整は必要ない**が，**損金経理**が**必要**であることから，**申告書だけで減算処理することは認め**られない。

⑵　税務上の繰延資産（法令14①六，64①二，法基通 8 - 1 - 3 ～ 8 - 1 - 12， 8 - 2 - 3 ）

　税務上の繰延資産とは，上記⑴に掲げるもののほか，次に掲げる費用で**支出の効果がその支出の日以後 1 年以上に及ぶもの**とし，その償却限度額は，当該事業年度において償却費として**損金経理**した金額のうち，その繰延資産の額をその繰延資産となる費用の**支出の効果の及ぶ期間の月数**で除して計算した金額に**当該事業年度の月数**を乗じて計算した金額とされており，具体的には，次のとおりである。

　なお，税務上の繰延資産は，会計上の繰延資産には該当しないため，実務においては「長期前払費用」等として資産計上し毎年の償却を行うか，支出時に全額を費用として処理し，税務上計算される各年の減価償却費の超過部分を申告調整する手続が行われる。

費　　　目	種　　　　類		細　　　目	償却期間
自己が便益を受ける公共的施設又は共同的施設の設置又は改良のために支出する費用	公共的施設等の負担金	公共的施設の設置等のために支出する費用	負担者専用のもの	その資産の耐用年数の 7 /10
			上記**以外**のもの	その資産の耐用年数の 4 /10
	共同的施設等の負担金	共同的施設の設置等のために支出する費用	**共同の用**に供されるもの等	その資産の耐用年数の 7 /10（土地取得部分は45年）
			共同用のアーケード等で一般の公衆の用にも供されるもの	**5 年**（その施設の耐用年数が 5 年未満であるときは，その耐用年数）
資産を賃借又は使用するために支出する権利金，立退料その他の費用	資産を賃借するための権利金等	建物を賃借するために支出する権利金等	**建物の新築**に際しその所有者に支払った権利金等で，賃借部分の建設費の**大部分**に相当し，その**存続期間中賃借できるもの**	その建物の耐用年数の 7 /10
			上記**以外**の権利金等で，**借家権**として転売できるもの	その建物の賃借後の見積残存耐用年数 7 /10
			その他の権利金等	**5 年**（その賃借期間が 5

				年未満で，契約更新時に再び権利金等の支払を要するときは，その賃借期間）
		電子計算機その他の機器の賃借に伴って支出する費用		その機器の耐用年数の7/10（その年数が賃借期間を超えるときはその賃借期間）
役務の提供を受けるために支出する**権利金その他の費用**	役務の提供を受けるための権利金等	ノウハウの頭金等		5年（有効期間が5年未満で，契約更新時に再び頭金等の支払を要するときは，その有効期間）
製品等の**広告宣伝の用に供する資産を贈与した**ことにより生ずる費用	広告宣伝用資産を贈与した費用	広告宣伝の用に供する資産を贈与したことにより生ずる費用		その資産の耐用年数の7/10（その年数が5年を超えるときは，5年）
上記のほか，**自己が便益を受けるために支出する費用**	その他自己が便益を受けるための費用	スキー場のゲレンデ整備費用		12年
		出版権の設定の対価		設定契約に定める**存続期間**（存続期間の定めがないときは3年）
		同業者団体等の加入金		5年
		職業運動選手等の契約金等		**契約期間**（契約期間がないときは3年）

⑶ 繰延資産の償却費の計算等

イ 償却費の計算（法令64①）

㈧ 会計上の繰延資産

繰延資産の額 − 既往年度の償却額

㈠ 税務上の繰延資産

$$繰延資産の額 \times \frac{その事業年度の月数}{償却期間の月数}$$

ロ 繰延資産となる費用のうち少額のものの損金算入（法令134）

均等償却すべき繰延資産となる費用を支出した場合，当該費用のうちその支出する金額が**20万円未満**であるものは，その支出する日の属する事業年度において**損金経理**をした金額は，少額な減価償却資産の場合と同様に，当該事業年度の所得の金額の計算上，損金の額に算入することとしている。

ハ　償却費として損金経理をした金額（法基通 8 - 3 - 2）

　繰延資産となるべき費用を支出した場合において，その**全部又は一部**を償却費**以外**の科目をもって**損金経理**をしているときにおいても，その損金経理をした金額は，「償却費として損金経理をした金額」に**含まれる**こととされている。

ニ　繰延資産の支出の対象となった資産が滅失した場合等の未償却残額の損金算入　（法基通 8 - 3 - 6）

　繰延資産とされた費用の支出の対象となった固定資産又は契約について，**滅失又は解約等**があった場合には，その滅失又は解約等があった日の属する事業年度において，当該繰延資産の**未償却残額**を損金の額に算入することとされている。

3 - 3　資産の評価損

1　会計上の取扱い

⑴　棚卸資産の会計処理（会計基準第 9 号）

イ　通常の販売目的で保有する棚卸資産（会計基準第 9 号 7.～ 8.）

　通常の販売目的（販売するための製造目的を含む。）で保有する棚卸資産は，**取得原価**をもって貸借対照表価額とし，期末における正味売却価額が取得原価よりも**下落**している場合には，当該**正味売却価額**をもって貸借対照表価額とする。この場合において，取得原価と当該正味売却価額との**差額は当期の費用**として処理するとされている。

　売却市場において市場価格が観察できないときには，**合理的に算定された価額**を売価とする。これには，期末前後での販売実績に基づく価額を用いる場合や，契約により取り決められた一定の売価を用いる場合を**含む**とされている。

ロ　トレーディング目的で保有する棚卸資産の評価基準（会計基準第 9 号15.～16.）

　トレーディング目的で保有する棚卸資産については，**時価**[4]をもって貸

借対照表価額とし，帳簿価額との**差額（評価差額）**は，**当期の損益**として処理するとされている。

　トレーディング目的で保有する棚卸資産として分類するための留意点や保有目的の変更の処理は，「金融商品に係る会計基準」における売買目的有価証券に関する取扱いに準ずるとされている。

⑵　有価証券の会計処理（会計基準第10号）

　第2章2-2《参考》を参照のこと。

　なお，減損会計に関する詳細については，第Ⅱ編第1章1-2を参照のこと。

2　税務上の取扱い

⑴　原則的な取扱い（法法33①⑥）

　法人税法は，内国法人がその有する資産の評価換えをしてその帳簿価額を**減額**した場合においても，その減額した部分の金額は，**原則**として，その内国法人の各事業年度の所得の金額の計算上，**損金の額に算入しない**としている。

　そして，評価換えにより減額された金額を損金の額に算入されなかった資産については，その評価換えをした日の属する事業年度以後の各事業年度の所得の金額の計算上，当該資産の帳簿価額は，その**減額がされなかったものとみなす**とされている。

⑵　例外的な取扱い（法法33②③④）

　その有する資産につき，①災害による著しい損傷により当該資産の価額がその帳簿価額を下回ることとなったこと等の事実が生じた場合，②更生計画認可の決定があったことにより会社更生法又は金融機関等の更生手続の特例等に関する法律の規定に従って行う評価換えをしてその帳簿価額を減額した場合，③内国法人について再生計画認可の決定があったことその他の事実が生じた場合において，その有する資産の価額につき一定の評定を行っているときに，当該資産の評価換えをして**損金経理**によりその帳簿価額を**減額**したときは，**例外的**に，その減額した部分の金額のうち，その評価換えの直前の当該資産の帳簿価額とその評価換えをした日の属する事業年度終了の時にお

ける当該資産の価額との**差額**に達するまでの金額は，その評価換えをした日の属する事業年度の所得の金額の計算上，**損金の額に算入する**としている。

(3) **特定の事実が生じた場合の評価損**（法令68①）

特定の事実が生じた場合の資産の評価損の損金算入（法法33②）に規定する**事実**は，**物損等の事実**（次に掲げる資産の区分に応じそれぞれに定める事実であって，当該事実が生じたことにより当該資産の価額がその帳簿価額を下回ることとなったものをいう。）及び**法的整理の事実**（更生手続における評定が行われることに準ずる特別の事実をいう。）とされている。

　イ　**棚卸資産**

　　(イ)　当該資産が**災害**により**著しく損傷**したこと

　　(ロ)　当該資産が**著しく陳腐化**したこと

　　(ハ)　(イ)又は(ロ)に**準ずる特別の事実**

　ロ　**有価証券**（法人税法第61条の3第1項第1号に規定する売買目的有価証券にあっては，(ロ)又は(ハ)に掲げる事実）

　　(イ)　法人税法施行令第119条の13第1項**第1号**から**第4号**までに掲げる有価証券（同第119条の2第2項第2号に掲げる株式又は出資に該当するものを除く。）の**価額が著しく低下**したこと

　　(ロ)　(イ)に規定する有価証券**以外**の有価証券について，その有価証券を**発行する法人の資産状態が著しく悪化**したため，その**価額が著しく低下**したこと

　　(ハ)　(ロ)に**準ずる特別の事実**

　ハ　**固定資産**

　　(イ)　当該資産が**災害**により**著しく損傷**したこと

　　(ロ)　当該資産が**一年以上**にわたり**遊休状態**にあること

　　(ハ)　当該資産がその**本来の用途に使用**することができないため他の用途**に使用**されたこと

　　(ニ)　当該資産の所在する**場所の状況が著しく変化**したこと

　　(ホ)　(イ)から(ニ)までに**準ずる特別の事実**

　ニ　**繰延資産**（法人税法施行令第14条第1項第6号（繰延資産の範囲）に掲げるもののうち他の者の有する固定資産を利用するために支出され

たものに限る。）

(イ) その繰延資産となる費用の支出の対象となった**固定資産**につきハ(イ)から(ニ)までに掲げる事実が生じたこと

(ロ) (イ)に**準ずる特別の事実**

(4) **特定の事実が生じた場合の評価損に係る取扱い**

イ **棚卸資産**

(イ) **評価損否認金等のある資産について評価損を計上した場合の処理**（法基通9-1-2）

　法人が評価損否認金又は償却超過額のある資産につき法人税法施行令第68条第1項に規定する事実が生じたため当該評価損否認金又は償却超過額の**全部又は一部**を**申告調整**により損金の額に算入した場合には，その損金の額に算入した金額は，評価損として損金経理をしたものとして**取り扱うこととされている。**

(ロ) **棚卸資産の著しい陳腐化の例示**（法基通9-1-4）

　上記(3)イ(ロ)の「当該資産が著しく陳腐化したこと」とは，棚卸資産そのものには物質的な欠陥がないにもかかわらず，**経済的な環境の変化に伴ってその価値が著しく減少し，その価額が今後回復しないと認められる状態にある**ことをいうのであるから，例えば，商品について次のような事実が生じた場合がこれに**該当する**とされている。

　A　いわゆる**季節商品で売れ残ったもの**について，**今後通常の価額では販売することができないことが既往の実績その他の事情に照らして明らかであること**

　B　当該商品と用途の面ではおおむね同様のものであるが，**型式，性能，品質等が著しく異なる新製品が発売**されたことにより，当該商品につき**今後通常の方法により販売することができないようになったこと**

(ハ) **棚卸資産について評価損の計上ができる「準ずる特別の事実」の例示**（法基通9-1-5）

　上記(3)イ(ハ)の「(イ)又は(ロ)に準ずる特別の事実」には，**例えば，破損，型崩れ，たなざらし，品質変化等**により**通常の方法によって販売するこ**

とができないようになったことが含まれるとされている。

㈡　棚卸資産について評価損の計上ができない場合（法基通9-1-6）

　棚卸資産の時価が単に物価変動，過剰生産，建値の変更等の事情によって低下しただけでは，法人税法施行令第68条第1項第1号に掲げる事実に該当しないとされている。

ロ　有価証券

㈠　市場有価証券等の著しい価額の低下の判定（法基通9-1-7）

　上記(3)ロ㈠の「有価証券の価額が著しく低下したこと」とは，当該有価証券の当該事業年度終了の時における価額がその時の帳簿価額のおおむね50%相当額を下回ることとなり，かつ，近い将来その価額の回復が見込まれないことをいうとされている。

㈡　市場有価証券等以外の有価証券の発行法人の資産状態の判定（法基通9-1-9）

　上記(3)ロ㈡の「有価証券を発行する法人の資産状態が著しく悪化したこと」には，次に掲げる事実がこれに該当するとされている。

　　A　当該有価証券を取得して相当の期間を経過した後に当該発行法人について次に掲げる事実が生じたこと

　　　㈠　特別清算開始の命令があったこと

　　　㈡　破産手続開始の決定があったこと

　　　㈢　再生手続開始の決定があったこと

　　　㈣　更生手続開始の決定があったこと

　　B　当該事業年度終了の日における当該有価証券の発行法人の1株又は1口当たりの純資産価額が当該有価証券を取得した時の当該発行法人の1株又は1口当たりの純資産価額に比しておおむね50%以上下回ることとなったこと

　なお，「著しい価額の低下の判定」については，上記㈠の市場有価証券等と同様である。（法基通9-1-11）

ハ　固定資産

㈠　固定資産について評価損の計上ができる「準ずる特別の事実」の例示（法基通9-1-16）

上記⑶ハ㋭の「㋑から㈁までに準ずる特別の事実」には，**例えば，法人の有する固定資産がやむを得ない事情**によりその取得の時から**1年以上事業の用に供されないため**，当該固定資産の**価額が低下**したと認められることが**含まれる**とされている。

㈁　**固定資産について評価損の計上ができない場合の例示**（法基通9－1－17）

法人税法第33条第2項の規定により固定資産の評価損が損金の額に算入されるのは，当該固定資産について法人税法施行令第68条第1項に規定する事実がある場合に限られるのであるから，当該固定資産の価額の低下が次のような事実に基づく場合には，法人税法第33条第2項の規定の**適用はない**とされている。

A　**過度の使用又は修理の不十分等**により当該固定資産が**著しく損耗**していること

B　当該固定資産について償却を行わなかったため**償却不足額**が生じていること

C　当該固定資産の**取得価額**がその**取得の時**における事情等により同種の資産の価額に比して**高い**こと

D　**機械及び装置が製造方法の急速な進歩等**により旧式化していること

3－4　役員の給与等

1　会計上の取扱い

会社法やその他の法律において，役員（取締役・理事・監査役・監事等，法律上の「機関」として定められているもの）と法人との関係は民法643条の委任規定に従うものとされ[5]，法人は委任者となり，役員は受任者となる。そして受任者である役員は，「特約がなければ，委任者に対して報酬を請求することができない[6]。」とされており，原則として無報酬となるが，株式会社において，取締役が報酬，賞与その他の職務執行の対価として財産

上の利益（以下「役員報酬」という。）を受ける場合，役員報酬のうちその額が確定しているものについてはその額等，一定の事項を定款に定める必要があり，定めていないときは，株主総会の決議により定める必要がある（会社法361①）。役員報酬については，一般的に，月額で支払う報酬と，臨時的に支払われる役員報酬に区分される。いずれにせよ，企業会計上は費用（販売費および一般管理費）として扱われる。

2　税務上の取扱い

(1)　法人税法における役員給与規定の趣旨

　［佐々木浩・長井伸二・一松旬，2006，ページ：323］によれば，わが国税制では，従来から役員給与の**支給の恣意性を排除**することが**適正な課税を実現する観点から不可欠**と考えており，具体的には，法人段階において損金算入される役員給与の**範囲**を職務執行の対価として相当とされる**範囲内に制限**することとされている。

　つまり法人税法においては，役員給与が職務執行の対価として**相当な範囲内であるか否かを個々の事例に応じて実質的に判定**することが困難であることを踏まえ，具体的には，従来の役員報酬に相当するものだけでなく，**事前の定めにより**役員給与の**支給時期・支給額**に対する**恣意性が排除されている**ものについて損金算入を認めることとするとともに，従来課税上の弊害が最も大きいと考えられた**法人の利益と連動する役員給与**についても，その**適正性**や**透明性**が**担保**されていることを**条件に損金算入を認める**こととしているのである。

(2)　法人税法上の役員の範囲（法法2十五，法令7，71①五）

　法人税法においては，一般の使用人に対する給与等の取扱いとは異なり，その対象とする役員の範囲を含めて，各種の「別段の定め」を規定している。

イ　役員の定義

　役員とは，法人の取締役，執行役，会計参与（**平成18年度税制改正により追加**），監査役，理事，監事及び清算人のほか，これら**以外の者で法人の経営に従事**している者のうち**一定の者**をいうとされている。

ロ　みなし役員

　法人税法においては，別の法律に定める役員のほかに，次に掲げるものは，役員として取り扱われ，各種の「別段の定め」が適用されることとなる。

(イ)　法人の**使用人**（職制上使用人としての地位のみを有する者に限る。以下(ロ)において同じ。）**以外の者**でその**法人の経営に従事**しているもの

　例えば，①取締役又は理事となっていない総裁，副総裁，会長，副会長，理事長，副理事長，組合長等，②合名会社，合資会社又は合同会社の業務を執行する社員，③人格のない社団等の代表者又は管理人，④法人が定款等で役員として定めている者のほか，相談役や顧問など，その法人内における地位や職務等からみて**実質的に**その**法人の経営に従事していると認められるものも含まれる**とされている（法基通9-2-1）。

(ロ)　**同族会社の使用人**のうち，次の要件の**全て**を満たしている者で，その**会社の経営に従事**しているもの

　A　その会社の株主グループ[7]につきその所有割合が最も大きいものから順次その順位を付し，その第1順位の株主グループ（同順位の株主グループが2以上ある場合には，その全ての株主グループ。）の所有割合を算定し，又はこれに順次第2順位及び第3順位の株主グループの所有割合を加算した場合において，その使用人が次に掲げる株主グループのいずれかに属していること。

　(A)　**第1順位**の株主グループの所有割合が**100分の50**を超える場合における当該株主グループ

　(B)　**第1順位及び第2順位**の株主グループの所有割合を合計した場合にその所有割合がはじめて**100分の50**を超えるときにおけるこれらの株主グループ

　(C)　**第1順位から第3順位**までの株主グループの所有割合を合計した場合にその所有割合がはじめて**100分の50**を超えるときにおけるこれらの株主グループ

　B　その使用人の属する**株主グループのその会社に係る所有割合が**

100分の10を超えていること。

　C　その**使用人**（その**配偶者**及びこれらの者の所有割合が100分の50を超える場合における**他の会社を含む**。）のその会社に係る所有割合が100分の5を超えていること。

　したがって，**同族会社**の場合，**株主でもなく**，**役員として登記されていない使用人であった**としても，現にその**会社の経営に従事**し，**その者の配偶者等**が，**一定数以上の株式を有する場合**には，みなし役員に該当する場合がある。

《事　例》みなし役員の判定

　同族会社の使用人で，上記(ロ)の A～C の3つの要件を全て満たしている者の例示

（A 及び B の判定）（例3の乙と丙は同順位のためいずれも第2順位となる。）

株主グループ	例1	例2	例3
甲	85%	45%	40%
乙	15%	30%	25%
丙		25%	25%
丁			10%

※　網掛けの株主グループに属する者で，会社の経営に従事している者が役員とみなされる。

（C の判定）（甲グループの株主）

内　　訳	例1	例2	例3
社　　長	40%｝	30%	30%｝
社長の妻	10%｝		5%｝
長　　男	15%｝	10%	○5%
長男の妻	5%｝		
次　　男	10%	○5%	
社長の弟	○5%		
合　　計	85%	45%	40%

※　例1及び例3の「代表者の妻」並びに例1の「長男の妻」は，㈿の要件を全て満たしているので，当該会社の経営に従事している場合には，役員とみなされることとなる。
　　なお，○印の株主は，所有割合が5％以下なので，役員とはみなされない。

ハ　使用人兼務役員（法法34⑥，法令71①）

　使用人としての職務を有する役員（以下「使用人兼務役員」という。）とは，役員のうち，部長，課長その他法人の**使用人としての職制上の地位**を有し，**かつ，常時使用人としての職務に従事**するものをいうとされ，次のものは**除かれている。**

㈕　社長，理事長，代表取締役，代表執行役，代表理事及び清算人

㈿　副社長，専務，常務その他これらに準ずる職制上の地位を有する役員

㈹　合名会社，合資会社及び合同会社の業務を執行する社員

㈸　取締役（指名委員会等設置会社の取締役及び監査等委員である取締役に限る。），会計参与及び監査役並びに監事

㈺　上記のほか，**同族会社の役員のうち次に掲げる要件の全て**を満たしている者

　　A　その会社の株主グループにつきその所有割合が最も大きいものから順次その順位を付し，その第1順位の株主グループ（同順位の株主グループが2以上ある場合には，その全ての株主グループ。）の所有割合を算定し，又はこれに順次第2順位及び第3順位の株主グループの所有割合を加算した場合において，その役員が次に掲げる株主グループのいずれかに属していること。

　　㈎　**第1順位**の株主グループの所有割合が**100分の50**を超える場合における当該株主グループ

　　㈏　**第1順位及び第2順位**の株主グループの所有割合を合計した場合にその所有割合がはじめて**100分の50**を超えるときにおけるこれらの株主グループ

　　㈐　**第1順位から第3順位**までの株主グループの所有割合を合計した場合にその所有割合がはじめて**100分の50**を超えるときにおけるこれらの株主グループ

B　その役員の属する**株主グループ**のその会社に係る所有割合が**100分の10を超えている**こと。

C　**その役員**（その**配偶者**及びこれらの者の所有割合が**100分の50を超える場合**における**他の会社を含む。**）のその会社に係る所有割合が**100分の5を超えている**こと。

なお，「**その他法人の使用人としての職制上の地位**」とは，支店長，工場長，営業所長，支配人，主任等法人の機構上定められている使用人たる職務上の地位をいうことから，**取締役等**で**総務担当**，**経理担当**というように使用人としての職制上の地位でなく，法人の特定の部門の職務を統括しているものは，使用人兼務役員には**該当しない**こととされている（法基通9-2-5）。

⑶　**役員給与**（法法34）

法人税法では，法人がその役員に対して支給する**給与**のうち次に掲げる給与の**いずれにも該当しない**ものの額は，その法人の各事業年度の所得の金額の計算上，**損金の額に算入しない**こととされている。

ただし，退職給与で業績連動給与に該当しないもの，使用人としての職務を有する役員に対して支給する当該職務に対するものについては，不相当に高額な部分を除き，原則として損金の額に算入される。

イ　**定期同額給与**（法法34①一，法令69①②）

定期同額給与とは，その支給時期が**1月以下の一定の期間ごと**である給与（「定期給与」[8]）で，当該事業年度の各支給時期における支給額が**同額**であるものとされ，**その他これに準ずるもの**として，次に掲げるものを**含む**とされている。

㈑　定期給与で，**次に掲げる改定**（「給与改定」）がされた場合における当該事業年度開始の日又は給与改定前の最後の支給時期の翌日から給与改定後の最初の支給時期の前日又は当該事業年度終了の日までの間の各支給時期における支給額が**同額**であるもの

A　当該事業年度開始の日の属する会計期間開始の日から**3月**（法第75条の2第1項各号の指定を受けている法人にあっては，その指定に係る月数に2を加えた月数）**を経過する日まで**（定期給与の額の

改定（継続して毎年所定の時期にされるものに限る。）が3月経過日等後にされることについて特別の事情[9]があると認められる場合にあっては，当該改定の時期）にされた定期給与の額の**改定**

B　当該事業年度において当該法人の役員の**職制上の地位の変更**，その役員の**職務の内容の重大な変更その他これらに類するやむを得ない事情**（「**臨時改定事由**」[10]）によりされたこれらの役員に係る定期給与の額の**改定**（Aに掲げる改定を除く。）

C　当該事業年度において当該法人の**経営の状況が著しく悪化**したことその他これに類する理由（「**業績悪化改定事由**」[11]）によりされた定期給与の額の**改定**（その定期給与の額を**減額**した改定に限り，A及びBに掲げる改定を除く。）

(ロ)　継続的に供与される経済的な利益のうち，その供与される利益の額が**毎月おおむね一定であるもの**[12]

ロ　事前確定届出給与（法法34①二，法令69③〜⑧）

事前確定届出給与とは，その役員の職務につき**所定の時期**に，**確定した額の金銭又は確定した数の株式**（出資を含む。）若しくは新株予約権若しくは確定した額の金銭債権に係る法人税法第54条第1項に規定する特定譲渡制限付株式若しくは同第54条の2第1項に規定する特定新株予約権を**交付する旨の定めに基づいて支給する給与**で，定期同額給与及び業績連動給与のいずれにも該当しないものをいうとされている。

また，次に掲げる場合に該当する場合には，それぞれ次に定める要件を満たすものに限るとされている。

(イ)　その給与が定期給与を支給しない役員に対して支給する給与（**同族会社に該当しない法人**が支給する給与で**金銭によるものに限る。**）**以外の給与**（株式又は新株予約権による給与で，将来の役務の提供に係るものを除く。）**である場合**（ただし，同族会社に該当しない法人が定期給与を支給しない役員に対して，例えば年俸等として金銭で支給する給与については，事前の届け出は不要である。）

届出期限（注）までに納税地の所轄税務署長に必要事項を記載した書類を届け出ていること

第3章　損金　93

㊂　**株式を交付する場合**

　当該株式が市場価格のある株式又は市場価格のある株式と交換される株式（当該法人又は関係法人が発行したものに限る。以下「適格株式」という。）であること

㊄　**新株予約権を交付する場合**

　当該新株予約権がその行使により市場価格のある株式が交付される新株予約権（当該法人又は関係法人が発行したものに限る。以下「適格新株予約権」という。）であること

（注）**届出期限**とは，それぞれ次のとおりである。

①　株主総会等の決議により法人税法第34条第1項第2号の役員の職務につき同号の定めをした場合における**当該決議をした日**（同日がその職務の執行の開始の日後である場合にあっては，当該開始の日）から**1月を経過する日**（同日が当該開始の日の属する会計期間開始の日から**4月**（同第75条の2第1項各号の指定を受けている法人にあっては，その指定に係る月数に3を加えた月数）を**経過する日後**である場合には**当該4月経過日等**とし，新たに設立した法人がその役員のその設立の時に開始する職務につき同第34条第1項第2号の定めをした場合にはその**設立の日以後2月を経過する日**とする。）

②　臨時改定事由により当該臨時改定事由に係る役員の職務につき法人税法第34条第1項第2号の**定めをした場合**（当該役員の当該臨時改定事由が生ずる直前の職務につき同号の定めがあった場合を除く。）における当該**臨時改定事由の内容に関する届出**については，次に掲げる日のうちいずれか遅い日

　　i　上記①に掲げる日

　　ii　臨時改定事由が生じた日から1月を経過する日

ハ　**業績連動給与**（法法34①三，法令69⑨～㉑，法規22の3⑥）

　法人（**同族会社**にあっては，同族会社以外の法人との間に当該法人による完全支配関係があるものに限る。）がその**業務執行役員**（注1）に対して支給する**業績連動給与**（金銭以外の資産が交付されるものにあっては，

適格株式又は適格新株予約権が交付されるものに**限る。**）（注２）で，**次に掲げる要件を満たすもの**（他の業務執行役員の全てに対して次に掲げる要件を満たす業績連動給与を支給する場合に**限る。**）

　(イ)　交付される金銭の額若しくは株式若しくは新株予約権の数又は交付される新株予約権の数のうち無償で取得され，若しくは消滅する数の算定方法が，①その給与に係る職務を執行する期間の開始の日（「職務執行期間開始日」）以後に終了する事業年度の**利益の状況を示す指標**（利益の額，利益の額に有価証券報告書に記載されるべき事項による調整を加えた指標その他の利益に関する指標（注３）として定めるもので，有価証券報告書に記載されるものに限る。），②職務執行期間開始日の属する事業年度開始の日以後の所定の期間若しくは職務執行期間開始日以後の所定の日における**株式の市場価格の状況を示す指標**（当該法人又は当該法人との間に完全支配関係がある法人の株式の市場価格又はその平均値その他の株式の市場価格に関する指標（注４）として定めるものに限る。）又は③職務執行期間開始日以後に終了する事業年度の**売上高の状況を示す指標**（売上高，売上高に有価証券報告書に記載されるべき事項による調整を加えた指標その他の売上高に関する指標（注５）として定めるもののうち，利益の状況を示す指標又は株式の市場価格の状況を示す指標と同時に用いられるもので，有価証券報告書に記載されるものに限る。）を基礎とした**客観的なもの**（次に掲げる要件を満たすものに限る。）であること

　　A　金銭による給与にあっては確定した額を，株式又は新株予約権による給与にあっては確定した数を，それぞれ**限度**としているものであり，かつ，他の業務執行役員に対して支給する業績連動給与に係る算定方法と**同様**のものであること。

　　B　政令で定める日までに，会社法第404条第３項の**報酬委員会**（その委員の過半数が独立社外取締役であるものに限るものとし，当該法人の業務執行役員と特殊の関係のある者がその委員であるものを除く。）が**決定**（当該報酬委員会の委員である独立社外取締役の全員が当該決定に係る当該報酬委員会の決議に賛成している場合にお

第3章 損金 95

ける当該決定に限る。）をしていることその他の適正な手続（注6）
を経ていること。

C　その内容が，上記Bに定める適正な手続の終了の日以後遅滞な
く，有価証券報告書に記載されていることその他の方法（注7）に
より開示されていること。

（注1）業務執行役員とは，上記Aの算定方法についての上記Bに掲
げる手続の終了の日において次に掲げる役員に該当する者とされて
いる。

　i　会社法第363条第1項各号に掲げる取締役

　ii　会社法第418条の執行役

　iii　i及びiiに掲げる役員に準ずる役員（例えば，取締役会を設置
　　していない会社の取締役，持分会社の業務を執行する社員等）

（注2）業績連動給与とは，①利益の状況を示す指標，②株式の市場
価格の状況を示す指標，③その他のその法人又は当該法人との間に
支配関係がある法人の業績を示す指標を基礎として算定される額又
は数の金銭又は株式若しくは新株予約権による給与及び法人税法第
54条第1項に規定する特定譲渡制限付株式若しくは承継譲渡制限付
株式又は同第54条の2第1項に規定する特定新株予約権若しくは承
継新株予約権による給与で無償で取得され，又は消滅する株式又は
新株予約権の数が役務の提供期間以外の事由により変動するものを
いうとされている。

（注3）利益に関する指標（iiからvまでに掲げる指標にあっては，
利益に関するものに限る。）

　i　職務執行期間開始日以後に終了する事業年度（「対象事業年
　　度」）における有価証券報告書に記載されるべき利益の額

　ii　iに掲げる指標の数値に対象事業年度における減価償却費の
　　額，支払利息の額その他の有価証券報告書に記載されるべき費用
　　の額を加算し，又は当該指標の数値から対象事業年度における受
　　取利息の額その他の有価証券報告書に記載されるべき収益の額を
　　減算して得た額

iii　ⅰ及びⅱに掲げる指標の数値の次に掲げる金額のうちに占める
　割合又は当該指標の数値を対象事業年度における有価証券報告書
　に記載されるべき発行済株式（自己が有する自己の株式を除く。）
　の総数で除して得た額
　（ⅰ）　対象事業年度における売上高の額その他の有価証券報告書に
　　　記載されるべき収益の額又は対象事業年度における支払利息の
　　　額その他の有価証券報告書に記載されるべき費用の額
　（ⅱ）　貸借対照表に計上されている総資産の帳簿価額
　（ⅲ）　（ⅱ）に掲げる金額から貸借対照表に計上されている総負債（新
　　　株引受権及び株式引受権に係る義務を含む。）の帳簿価額を控
　　　除した金額
　iv　ⅰからⅲに掲げる指標の数値が対象事業年度前の事業年度の当
　該指標に相当する指標の数値その他の対象事業年度において目標
　とする指標の数値であって既に確定しているもの（「確定値」）を
　上回る数値又はⅰからⅲに掲げる指標の数値の確定値に対する比
　率
　v　上記に掲げる指標に準ずる指標

（注4）株式の市場価格に関する指標（平成29年4月1日以後に支給
に係る決議（決議がない場合には支給）をする給与について適用）
　ⅰ　法人税法第34条第1項第3号イに規定する所定の期間又は所定
　の日における株式（同号に規定する法人又は当該法人との間に完
　全支配関係がある法人の株式に限る。）の市場価格又はその平均
　値
　ⅱ　ⅰに掲げる指標の数値が確定値（ⅰに規定する所定の期間以前
　の期間又はⅰに規定する所定の日以前の日における次に掲げる指
　標の数値その他の目標とする指標の数値であって既に確定してい
　るものをいう。）を上回る数値又はⅰに掲げる指標の数値の確定
　値に対する比率
　（ⅰ）　ⅰに掲げる指標に相当する指標の数値
　（ⅱ）　金融商品取引法第2条第16項に規定する金融商品取引所に上

場されている株式について多数の銘柄の価格の水準を総合的に表した指標の数値

iii　iに掲げる指標の数値にiに規定する所定の期間又は所定の日の属する事業年度における有価証券報告書に記載されるべき発行済株式の総数を乗じて得た額

iv　法人税法第34条第1項第3号イに規定する所定の期間又は所定の日における株式の市場価格又はその平均値が確定値（当該所定の期間以前の期間又は当該所定の日以前の日における当該株式の市場価格の数値で既に確定しているものをいう。）を上回る数値と当該所定の期間開始の日又は当該所定の日以後に終了する事業年度の有価証券報告書に記載されるべき支払配当の額を発行済株式の総数で除して得た数値とを合計した数値の当該確定値に対する比率

v　上記に掲げる指標に準ずる指標

（注5）**売上高に関する指標**（平成29年4月1日以後に支給に係る決議（決議がない場合には支給）をする給与について適用）

i　対象事業年度における有価証券報告書に記載されるべき売上高の額

ii　iに掲げる指標の数値から対象事業年度における有価証券報告書に記載されるべき費用の額を減算して得た額

iii　i及びiiに掲げる指標の数値が対象事業年度前の事業年度の当該指標に相当する指標の数値その他の対象事業年度において目標とする指標の数値であって既に確定しているもの（「確定値」）を上回る数値又はi及びiiに掲げる指標の数値の確定値に対する比率

iv　上記に掲げる指標に準ずる指標

（注6）**一定の適正な手続**

i　法人が**同族会社でない場合**における適正な手続は次に掲げるものとする。

（i）　当該法人の会社法第404条第3項の報酬委員会（「報酬委員

会」）の決定であって次に掲げる要件の全てを満たすもの

① 当該報酬委員会の委員の過半数が当該法人の独立社外取締役であること。

② 当該法人の業務執行役員に係る特殊関係者が当該報酬委員会の委員でないこと。

③ 当該報酬委員会の委員である独立社外取締役の全員が当該決定に係る当該報酬委員会の決議に賛成していること。

(ii) 当該法人（指名委員会等設置会社を除く。）の株主総会の決議による決定

(iii) 当該法人（指名委員会等設置会社を除く。）の報酬諮問委員会（取締役会の諮問に応じ，当該法人の業務執行役員の個人別の給与の内容を調査審議し，及びこれに関し必要と認める意見を取締役会に述べることができる３以上の委員から構成される合議体をいう。）に対する諮問その他の手続を経た取締役会の決議による決定であって次に掲げる要件の全てを満たすもの

① 当該報酬諮問委員会の委員の過半数が当該法人の独立社外取締役（当該法人の会社法第２条第16号に規定する社外監査役である独立職務執行者を含む。「独立社外取締役等」）であること。

② 当該法人の業務執行役員に係る特殊関係者が当該報酬諮問委員会の委員でないこと。

③ 当該報酬諮問委員会の委員である独立社外取締役等の全員が当該諮問に対する当該報酬諮問委員会の意見に係る決議に賛成していること。

④ 当該決定に係る給与の支給を受ける業務執行役員が③の決議に参加していないこと。

(iv) 上記に掲げる手続に準ずる手続

ii 法人が**同族会社である場合**における適正な手続は次に掲げるものとする。

(i) 当該法人との間に完全支配関係がある法人（同族会社を除

く。「完全支配関係法人」）の報酬委員会の決定（次に掲げる要件の全てを満たす場合における当該決定に限る。）に従ってする当該法人の株主総会又は取締役会の決議による決定

① 当該報酬委員会の委員の過半数が当該完全支配関係法人の独立社外取締役であること。

② 当該法人の業務執行役員及び当該法人又は当該完全支配関係法人の業務執行役員に係る特殊関係者（当該完全支配関係法人の業務執行役員を除く。）が当該報酬委員会の委員でないこと。

③ 当該報酬委員会の委員である当該完全支配関係法人の独立社外取締役の全員が当該報酬委員会の決定に係る決議に賛成していること。

(ii) 完全支配関係法人（指名委員会等設置会社を除く。）の報酬諮問委員会（取締役会の諮問に応じ，当該完全支配関係法人及び当該法人の業務執行役員の個人別の給与の内容を調査審議し，並びにこれに関し必要と認める意見を取締役会に述べることができる3以上の委員から構成される合議体をいう。）に対する諮問その他の手続を経た当該完全支配関係法人の取締役会の決議による決定（次に掲げる要件の全てを満たす場合における当該決定に限る。）に従ってする当該法人の株主総会又は取締役会の決議による決定

① 当該報酬諮問委員会の委員の過半数が当該完全支配関係法人の独立社外取締役（当該完全支配関係法人の社外監査役である独立職務執行者を含む。「独立社外取締役等」）であること。

② 当該法人の業務執行役員及び当該法人又は当該完全支配関係法人の業務執行役員に係る特殊関係者（当該完全支配関係法人の業務執行役員を除く。）が当該報酬諮問委員会の委員でないこと。

③ 当該報酬諮問委員会の委員である当該完全支配関係法人の

独立社外取締役等の全員が当該諮問に対する当該報酬諮問委員会の意見に係る決議に賛成していること。

④　当該完全支配関係法人の取締役会の決議による決定に係る給与の支給を受ける業務執行役員が③の決議に参加していないこと。

(iii)　上記に掲げる手続に準ずる手続

（注7）**その他の方法**

i　金融商品取引法第24条の5第1項に規定する半期報告書に記載する方法

ii　金融商品取引法第24条の5第4項に規定する臨時報告書に記載する方法

iii　金融商品取引所等に関する内閣府令（平成19年内閣府令第54号）第63条第2項第3号に掲げる事項を定めた金融商品取引法第2条第16項に規定する金融商品取引所の業務規程又はその細則を委ねた規則に規定する方法に基づいて行う当該事項に係る開示による方法

㈹　次に掲げる給与の**区分に応じそれぞれ次に定める要件**

A　Bに掲げる給与**以外**の給与

次に掲げる給与の区分に応じそれぞれ**次に定める日**（次に掲げる給与で2以上のもの（その給与に係る職務を執行する期間が同一であるものに限る。）が合わせて支給される場合には，それぞれの給与に係る次に定める日のうち最も遅い日）までに交付され，又は交付される見込みであること

(A)　**金銭**による給与

当該金銭の額の算定の基礎とした法人税法第34条第1項第3号イに規定する利益の状況を示す指標，株式の市場価格の状況を示す指標又は売上高の状況を示す指標（「業績連動指標」）の数値が**確定した日の翌日から1月を経過する日**

(B)　**株式又は新株予約権**による給与

当該株式又は新株予約権の数の算定の基礎とした業績連動指標の

第3章 損金 101

数値が**確定した日の翌日から2月を経過する日**

B 特定新株予約権又は承継新株予約権による給与で，無償で取得され，又は消滅する新株予約権の数が役務の提供期間**以外の事由**により**変動**するもの

当該特定新株予約権又は当該承継新株予約権に係る特定新株予約権が上記(イ)Bの**手続の終了の日の翌日から1月を経過する日**までに交付されること

(ハ) **損金経理**をしていること（法人税法第34条第1項第3号の給与の見込額として損金経理により引当金勘定に繰り入れた金額を取り崩す方法により経理していることを**含む**。）

ニ **過大な役員給与の損金不算入**（**法法34②**）

役員に対して支給する給与**のうち**，定期同額給与，事前確定届出給与及び業績連動給与，退職給与で業績連動給与に該当しないもの[13]並びに使用人兼務役員に対して支給する使用人部分の給与は，原則として，各事業年度の所得の金額の計算上損金の額に算入されるが，**不相当に高額な部分の金額**は，損金の額に算入しないこととされている。

(イ) **過大な役員給与の額**（法令70）

過大な役員給与の額は，**次に掲げる金額の合計額**とされている。

A 退職給与**以外**の給与：次に掲げる金額のうち**いずれか多い金額**

(a) 各事業年度においてその役員に対して支給した給与**のうち**，退職給与以外のものの額（Cに掲げる金額に相当する金額を除く。）が，当該役員の**職務の内容**，その法人の**収益**及びその**使用人に対する給与の支給の状況**，その法人と**同種の事業**を営む法人でその**事業規模**が**類似**するものの**役員に対する給与の支給の状況等**に照らし，当該役員の職務に対する対価として相当であると認められる金額を**超える場合**における**その超える部分の金額**（その役員の数が2以上である場合には，これらの役員に係る当該超える部分の金額の合計額）

(b) **定款の規定**又は株主総会，社員総会若しくはこれらに準ずるものの**決議**により，役員に対する給与として支給することができる

金銭その他の資産について，金銭の額の限度額若しくは算定方法，その内国法人の株式若しくは新株予約権の数の上限又は金銭以外の資産（「支給対象資産」という。）の内容（「限度額等」という。）を定めている内国法人が，各事業年度においてその役員（当該限度額等が定められた給与の支給の対象となるものに限る。）に対して支給した給与の額（法人税法第34条第6項に規定する使用人としての職務を有する役員（Cにおいて「使用人兼務役員」という。）に対して支給する給与のうちその使用人としての職務に対するものを含めないで当該限度額等を定めている内国法人については，当該事業年度において当該職務に対する給与として支給した金額（Cに掲げる金額に相当する金額を除く。）のうち，その内国法人の他の使用人に対する給与の支給の状況等に照らし，当該職務に対する給与として相当であると認められる金額を除く。）の合計額が当該事業年度に係る当該限度額及び当該算定方法により算定された金額，当該株式又は新株予約権（当該事業年度に支給されたものに限る。）の当該上限及びその支給の時（法人税法施行令第71条の3第1項（確定した数の株式を交付する旨の定めに基づいて支給する給与に係る費用の額等）に規定する確定数給与（「確定数給与」という。）にあっては，同項の定めをした日）における一単位当たりの価額により算定された金額並びに当該支給対象資産（当該事業年度に支給されたものに限る。）の支給の時における価額（確定数給与にあっては，同項に規定する交付決議時価額）に相当する金額の合計額を超える場合におけるその超える部分の金額（Cに掲げる金額がある場合には，当該超える部分の金額からCに掲げる金額に相当する金額を控除した金額）

B 退職給与

　各事業年度においてその退職した役員に対して支給した退職給与（法人税法第34条第1項又は第3項の規定の適用があるものを除く。）の額が，当該役員のその法人の業務に従事した期間，その退職の事

情，その法人と**同種**の事業を営む法人でその**事業規模**が**類似**するもの
の役員に対する退職給与の**支給の状況**等に**照らし**，その退職した役員
に対する退職給与として相当であると認められる金額を**超える場合**に
おける**その超える部分の金額**

C　使用人兼務役員の使用人としての職務に対する**賞与**

　　使用人兼務役員の使用人としての職務に対する賞与で，**他の使用人**
に対する賞与の支給時期と異なる時期に支給したものの額

㈡　**使用人兼務役員の取扱い**

A　使用人兼務役員に支給した**使用人分**の給料，手当等（法基通
9 - 2 -21）

　　上記㈠ A (a)の「その役員に対して支給した給与の額」には，いわ
ゆる役員報酬のほか，当該役員が使用人兼務役員である場合に当該役
員に対して支給するいわゆる使用人分の給料，手当等を**含む**こととさ
れている。

B　使用人兼務役員に支給した**退職給与**（法基通 9 - 2 -30）

　　退職した使用人兼務役員に対して支給すべき退職給与を役員分と使
用人分とに**区分**して**支給**した場合においても，上記㈠ B の適用につ
いては，その**合計額**によりその支給額が不相当に高額であるかどうか
を**判定**することとされている。

ホ　**隠蔽，仮装経理等により支給する役員給与の損金不算入**（法法34③）

　事実を隠蔽し，又は**仮装**して経理をすることによりその役員に対して支
給する給与の額は，その法人の各事業年度の所得の金額の計算上，**損金の**
額に算入しないこととされている。

ヘ　**過大な使用人給与の損金不算入**（法法36）

　その役員と**特殊の関係のある使用人**（注１）に対して支給する給与（債
務の免除による利益その他の経済的な利益を**含む**。）の額のうち**不相当に**
高額な部分の金額（注２）は，その法人の各事業年度の所得の金額の計算
上，**損金の額に算入しない**こととされている。

（注１）特殊の関係のある使用人とは，次に掲げる者とされている。（法令
72）

i　役員の親族

　　ii　役員と事実上婚姻関係と同様の関係にある者

　　iii　i及びiiに掲げる者以外の者で役員から生計の支援を受けているもの

　　iv　ii及びiiiに掲げる者と生計を一にするこれらの者の親族

（注2）　過大な使用人給与の額（法令72の2）

　　各事業年度においてその使用人に対して支給した給与の額が，当該使用人の**職務の内容**，その法人の**収益**及び**他の使用人**に対する**給与の支給の状況**，その法人と**同種**の事業を営む法人でその**事業規模**が**類似**するものの使用人に対する**給与の支給の状況等**に照らし，当該使用人の職務に対する対価として相当であると認められる金額（退職給与にあっては，当該使用人のその法人の業務に従事した期間，その退職の事情，その法人と同種の事業を営む法人でその事業規模が類似するものの使用人に対する退職給与の支給の状況等に照らし，その退職した使用人に対する退職給与として相当であると認められる金額）を**超える場合**におけるその**超える部分の金額**とする。

3-5　寄附金の損金不算入

1　会計上の取扱い

　会計上，寄附金に係る**特段の取扱いはなく**，法人が「寄附」したと認める支出は，基本的に費用として取り扱われる。

　ただし，2(2)に述べる資産の低廉譲渡や経済的利益の無償贈与・供与等は，会計上の費用（あるいは収益）として認識されていないこともある。

2　税務上の取扱い

(1)　別段の定めの考え方

　一般的に，寄附とは**贈与**であり，無償で一定の財産を相手方に与える**意思表示**を行い，相手方がこれを**受諾**することにより，**成立**する行為であるとさ

れている。

このような寄附行為により支出される金銭等については，利益を追求する法人において，**直接的な反対給付はなく**，**事業関連性が希薄であるとともに**，当該寄附金の額を所得の金額の計算上，**無制限に損金の額に算入した場合には**，**納付すべき法人税の額が減少し**，結果的に国が法人に代わって寄附をしたのと同じこととなる。

一方で，法人として**事業を円滑に実施し**，**規模を拡大するためには**，地域への貢献や福祉活動も必要であり，**損金性が全く認められないわけではない**。

以上のとおり，寄附金の額について，**事業活動の必要性を客観的に判断することが極めて困難であるので**，法人税法では，その損金性を擬制し，**行政的便宜**と課税の公平の観点から，**統一的な限度額**（資本金等の金額及び所得金額を基礎として計算した金額）を設けて，**それを超える金額については損金の額に算入しないこととしている**[14]。

(2) 寄附金の範囲（法法37⑥⑦⑧）

上記(1)の趣旨から，法人税法上の寄附金の範囲は，次のとおり**一般的な寄附金よりも広く規定されている**。

イ　**寄附金の額**とは，寄附金，拠出金，見舞金その他いずれの名義をもってするかを問わず，内国法人が金銭その他の資産又は経済的な利益の贈与又は無償の供与をした場合における当該**金銭の額**若しくは**金銭以外の資産**のその**贈与の時**における**価額**又は当該**経済的な利益**のその**供与の時**における**価額**とされている。

ロ　法人が資産の譲渡又は経済的な利益の供与をした場合において，その譲渡又は供与の**対価の額**が当該資産のその**譲渡の時**における**価額**又は当該経済的な利益のその**供与の時**における**価額**に比して**低いとき**は，当該対価の額と当該価額との**差額のうち実質的に贈与**又は**無償の供与をした**と**認められる金額**も，寄附金の額に**含まれる**とされている。

ハ　法人が**特定公益信託**（公益信託ニ関スル法律第1条（公益信託）に規定する公益信託で信託の終了の時における信託財産がその信託財産に係る信託の委託者に帰属しないこと及びその信託事務の実施につき一定の

要件を満たすものであることについて証明がされたものをいう。）の信託財産とするために支出した金銭の額は，寄附金の額とみなされる。

(3) 寄附金の額から除かれるもの

イ　金銭その他の資産又は経済的な利益の贈与又は無償の供与であっても，広告宣伝及び見本品の費用その他これらに類する費用並びに交際費，接待費及び福利厚生費とされるべきもの（法法37⑦）

ロ　子会社等を整理する場合の損失負担等[15]，子会社等を再建する場合の無利息貸付け等[16]及び個人の負担すべき寄附金（負担すべき者の給与として取り扱われる）（法基通9-4-1，9-4-2，9-4-2の2）

(4) 寄附金の額の計算（法令78）

寄附金の額については，その支払がされるまでの間は，支出がなかったものとされていることから，寄附金の額について，次のような経理処理等を行ったものについては，それぞれ次のとおり支出した寄附金の額を計算することとされている。

イ　仮払経理した寄附金（法基通9-4-2の3）

法人が各事業年度において支払った寄附金の額を仮払金等として経理した場合には，当該寄附金はその支払った事業年度において支出したものとして法人税法第37条第1項又は第2項の規定を適用することとされている。

したがって，当該仮払寄附金の額については，申告書別表四の減算（留保）欄で，「仮払寄附金認容」等として所得金額から減算した上で，支出した寄附金の額に加えて限度額計算をするとともに，別表五（一）にマイナスの利益積立金（「仮払寄附金」等）として表示することとなる。

ロ　手形で支払った寄附金（法基通9-4-2の4）

寄附金の支払のための手形の振出し（裏書譲渡を含む。）は，現実の支払には該当しないこととされている。

したがって，当該未払寄附金の額については，申告書別表四の加算（留保）欄で，「未払寄附金否認」等として所得金額に加算した上で，支出した寄附金の額から控除して限度額計算をするとともに，別表五（一）に利益積立金の増加（「未払寄附金」等）として表示することとなる。

第3章 損金 107

⑸ 寄附金の損金算入限度額

損金算入限度額の計算は，支出した**法人の区分**に応じ，支出した寄附金の**内容**により，それぞれ次のように規定されている。（法法37③④，法令73，73の2，77の2）

イ　国等に対する寄附金及び指定寄附金

次の寄附金の額の合計額は，寄附金の額の合計額に**算入しないこととさ**れている。

㈤　**国又は地方公共団体**（港湾法の規定による港務局を含む。）に対する寄附金（その寄附をした者がその寄附によって設けられた設備を専属的に利用することその他特別の利益がその寄附をした者に及ぶと認められるものを除く。）の額

㈥　**公益社団法人，公益財団法人**その他**公益を目的とする事業を行う法人又は団体**に対する寄附金（当該法人の設立のためにされる寄附金その他の当該法人の設立前においてされる寄附金で一定のものを含む。）**のうち，次に掲げる要件を満たすと認められるものとして財務大臣が指定したものの額

A　広く一般に募集されること。

B　教育又は科学の振興，文化の向上，社会福祉への貢献その他公益の増進に寄与するための支出で緊急を要するものに充てられることが確実であること。

ロ　特定公益増進法人等に対する寄附金

公共法人，公益法人等（別表第二に掲げる一般社団法人及び一般財団法人を除く。）その他**特別の法律により設立された法人**[17]のうち，教育又は科学の振興，文化の向上，社会福祉への貢献その他公益の増進に著しく寄与するものとして定めるものに対する当該法人の主たる目的である業務に関連する寄附金（上記イの寄附金に該当するものを除く。）[18]の額があるときは，当該寄附金の額の合計額（当該合計額が当該事業年度終了の時の資本金等の額又は当該事業年度の所得の金額を基礎として計算した金額を超える場合には，当該計算した金額に相当する金額）は，寄附金の額の合計額に**算入しないこととされている。**

ハ　一般の寄附金に係る損金算入限度額及び特定公益増進法人等に対する寄附金の特別損金算入限度額の計算

法人等の区分		一般寄附金の損金算入限度額	特定公益増進法人等に対する寄附金の特別損金算入限度額
普通法人，協同組合等，人格のない社団等	資本又は出資を有するもの	（所得基準額＋資本金基準額）×1／4 ・所得基準額＝所得の金額（注1）×2.5／100 ・資本金基準額＝資本金等の額（注2）×当期の月数／12×2.5／1,000	（所得基準額＋資本金基準額）×1／2 ・所得基準額＝所得の金額×6.25／100 ・資本金基準額＝資本金等の額（注3）×当期の月数／12×3.75／1,000
	資本又は出資を有しないもの	所得の金額×1.25／100	所得の金額×6.25／100
非営利型の一般社団法人，一般財団法人		所得の金額×1.25／100	所得の金額×6.25／100
認可地縁団体，管理組合法人，団地管理組合法人，政党等，防災街区整備事業組合，特定非営利活動法人，マンション建替組合及びマンション敷地売却組合		所得の金額×1.25／100	所得の金額×6.25／100
公益法人等	公益社団法人，公益財団法人	所得の金額×50／100（注3）	
	私立学校法第3条に規定する学校法人，社会福祉法人，更生保護法人，社会医療法人，認定特定非営利活動法人（注4）	所得の金額×50／100 （注）算出した金額が年200万円未満の場合は200万円	
	その他	所得の金額×20／100	

（注1）**所得の金額**とは，申告書別表四の仮計（23の①欄）の金額に，支出した寄附金額を**加算**した金額とする。

（注2）資本金基準額の計算において，資本金等の額が**ゼロに満たない場合**には**ゼロ**とする。
　　　　また，資本金等の額は，令和4年4月1日以後に開始する事業年度より，資本金の額及び資本準備金の額の合計額若しくは出資金の額となる。

（注3）公益社団法人・公益財団法人について，**公益法人特別限度額**（みなし寄附金額がある場合において，その事業年度の公益目的事業の実施に必要な金額をいい，その金額がみなし寄附金額を超える場合には，みなし寄附金額に相当する金額）が，（所得の金額×50／100）を**超えるとき**は，公益法人特別限度額に相当する金額

第3章　損　金　109

（注4）私立学校法第3条に規定する学校法人には，同法第64条第4項の規定により設立された法人で，学校教育法第124条に規定する専修学校を設置しているものが含まれる。

(6)　100％グループ内の法人間の寄附金の取扱い（法法37②）

　法人が各事業年度において当該法人との間に**完全支配関係**（法人による完全支配関係に限る。）がある他の法人に対して支出した**寄附金の額**（同第25条の2の規定を適用しないとした場合に当該他の法人の各事業年度の所得の金額の計算上益金の額に算入される同条第2項に規定する受贈益の額に対応するものに限る。）は，当該法人の各事業年度の所得の金額の計算上，**損金の額に算入しない**こととされている。

　一方，法人が各事業年度において当該法人との間に**完全支配関係**（法人による完全支配関係に限る。）がある他の法人から受けた**受贈益の額**（同第37条の規定を適用しないとした場合に当該他の法人の各事業年度の所得の金額の計算上損金の額に算入される同条第7項に規定する寄附金の額に対応するものに限る。）は，当該法人の各事業年度の所得の金額の計算上，**益金の額に算入しない**こととされている（法法25の2①）。

(7)　国等に対する寄附金に係る取扱い

イ　国等に対する寄附金（法基通9－4－3）

　国等に対する寄附金とは，国等において**採納**されるものをいうのであるが，国立又は公立の学校等の施設の建設又は拡張等の目的をもって設立された後援会等に対する寄附金であっても，その目的である施設が完成後遅滞なく国等に帰属することが明らかなものは，これに**該当する**こととされている。

ロ　最終的に国等に帰属しない寄附金（法基通9－4－4）

　国等に対して採納の手続を経て支出した寄附金であっても，その寄附金が特定の団体に交付されることが**明らか**であるなど，**最終的に国等に帰属しない**と認められるものは，国等に対する寄附金には**該当しない**こととされている。

ハ　公共企業体等に対する寄附金（法基通9－4－5）

　日本中央競馬会等のように**全額政府出資**により設立された法人又は日本下水道事業団等のように**地方公共団体の全額出資**により設立された法人に

対する寄附金は，国等に対する寄附金には**該当しない**こととされている。

《設　例》寄附金の損金不算入額の計算

　甲株式会社の令和6年4月1日から令和7年3月31日までの事業年度における次の資料から，寄附金の損金不算入額を計算しなさい。

　なお，同社は各金額をいずれも雑損失勘定に計上している。

1　経費等の明細

日付	金額（円）	支出の相手方	経費等の内容	備　　　　考
6.5.20	100,000	都立A高校	図書館拡張費用	
6.9.9	50,000	B町内会	消防資金	
6.12.8	200,000	C株式会社	贈与	C社と当社との間に完全支配関係はない。
7.3.29	40,000	D神社	社殿改築資金	未払金勘定に計上

2　C社に対する贈与の内容は，当社保有の土地（帳簿価額 200,000円，時価 1,000,000円）を贈与したものであり，次のとおりの経理処理をしている。

　（借方）　雑損失　　200,000　／　（貸方）　土　地　　200,000

3　上記以外で計算に必要な事項

　(1)　当期末の資本金の額及び資本準備金の額の合計額は 60,000,000円である。

　(2)　確定した決算による当期純利益は 4,810,000円であり，加算，減算事項は設例以外にはない。

《解　答》

　設例の寄附金に対する取扱いを示すと，次のとおりである。

支出の相手方	寄　附　金　に　対　す　る　取　扱　い
都立A高校	国立・公立の学校等の施設の建設や拡張等のためにされる寄附金は，国等に対する寄附金としての典型的なものである。

第3章　損　金　111

B 町内会	町内会は，地方公共団体ではないから，国等に対する寄附金に該当せず，一般の寄附金となる。
C 株式会社	贈与した資産の贈与の時の時価 1,000,000円が寄附金の額となる。
D 神社	神社に対する社殿改築資金は，指定寄附金に該当するものを除き一般の寄附金に該当するのであるが，「支出した寄附金」とは現金等を交付したものをいい，現実に支払われるまでの間は寄附金の支出がなかったものとされる。 　したがって，この金額は申告書別表四で加算するとともに，損金不算入額の計算の対象となる寄附金から除外する。

1　以上をまとめると，当期の寄附金の額は次のようになる。

指定寄附金等　　都立 A 高校　　　　100,000円

一般の寄附金　　B 町内会　　　　　　50,000円

　　　　　　　　C 株式会社　　1,000,000円　　1,050,000円

寄附金の合計　　　　　　　　1,150,000円

2　損金算入限度額は，次のように計算される。

① $60,000,000円 \times \dfrac{12}{12} \times \dfrac{2.5}{1,000} = 150,000円$………**資本金基準額**

② $(\underset{(土地譲渡益)}{4,810,000円} + \underset{(雑損失否認)}{800,000円} + \underset{(D 神社への未払寄附金)}{200,000円} + 40,000円 - \underset{(寄附金認容)}{1,000,000円} + \underset{(寄附金の合計)}{1,150,000円}) \times \dfrac{2.5}{100}$

　$= 150,000円$………**所得基準額**

③ $(150,000円 + 150,000円) \times \dfrac{1}{4} = 75,000円$………**損金算入限度**

3　したがって，損金不算入額は

③ $1,150,000円 - \underset{(A 高校への寄附金)}{100,000円} - \underset{(損金算入限度額)}{75,000円} = 975,000円$となる。

　なお，以上の計算結果を**申告書別表四，別表五（一）及び別表十四（二）**で示すと，次のようになる。

※　C社に対する贈与について

〈会社の仕訳〉　　雑損失　　200,000　／　土　地　　200,000

〈税務上の仕訳〉　現　金　1,000,000　／　土　地　　200,000

　　　　　　　　　　　　　　　　　　　　　　譲渡益　　800,000

　　　　　　　　寄附金　1,000,000　／　現　金　1,000,000

　⇒　税務上は，まず，C社に対し当該土地を時価（1,000,000円）で譲渡した上で，当該対価の額（現金1,000,000円）をC社に寄附したと考える。

【別表四】（簡易様式）（令6・4・1以後終了事業年度分）

所得の金額の計算に関する明細書（簡易様式）	事業年度	6・4・1 7・3・31	法人名	甲　株式会社		
区　　　　　　　　　　分		総　　額	処		分	
			留　　保	社　外　流　出		
		①	②	③		
当　期　利　益　又　は　当　期　欠　損　の　額	1	円 4,810,000	円 4,810,000	配当 その他	円	
損金経理をした法人税及び地方法人税（附帯税を除く。）	2					
損金経理をした道府県民税及び市町村民税	3					
損金経理をした納税充当金	4					
損金経理をした附帯税（利子税を除く。）、加算金、延滞金（延納分を除く。）及び過怠税	5			その他		
減　価　償　却　の　償　却　超　過　額	6					
役　員　給　与　の　損　金　不　算　入　額	7			その他		
交　際　費　等　の　損　金　不　算　入　額	8			その他		
通算法人に係る加算額（別表四付表「5」）	9			外※		
未　払　寄　附　金　否　認	10	40,000	40,000			
譲　渡　収　益　計　上　漏　れ		800,000			800,000	
雑　　損　　失　　否　　認		200,000			200,000	
小　　　　　　　　　計	11	1,040,000	40,000	外※	1,000,000	
減　価　償　却　超　過　額　の　当　期　認　容　額	12					
納　税　充　当　金　から　支　出　した　事　業　税　等　の　金　額	13					
受取配当等の益金不算入額（別表八（一）「5」）	14			※		
外国子会社から受ける剰余金の配当等の益金不算入額（別表八（二）「26」）	15			※		
受　贈　益　の　益　金　不　算　入　額	16			※		
適格現物分配に係る益金不算入額	17			※		
法人税等の中間納付額及び過誤納に係る還付金額	18					
所得税額等及び欠損金の繰戻しによる還付金額等	19			※		
通算法人に係る減算額（別表四付表「10」）	20			※		

区分		総額	留保	社外流出	
寄　附　金　認　容	21	1,000,000			1,000,000
小　　　　　計	22	1,000,000		外※	1,000,000
仮　　　計　　　(1)＋(11)－(22)	23	4,850,000	4,850,000	外※	0
対象純支払利子等の損金不算入額（別表十七（二の二）「29」又は「34」）	24			その他	
超過利子額の損金算入額（別表十七（二の三）「10」）	25	△		※	△
仮　　　計　　　((23)から(25)までの計)	26	4,850,000	4,850,000	外※	
寄附金の損金不算入額（別表十四（二）「24」又は「40」）	27	975,000		その他	975,000
法人税額から控除される所得税額（別表六（一）「6の③」）	29			その他	
税額控除の対象となる外国法人税の額（別表六（二の二）「7」）	29			その他	
税額控除の対象となる外国法人税の額（別表六（二の二）「7」）	30			その他	
分配時調整外国税相当額及び外国関係会社等に係る控除対象所得税額等相当額（別表六（五の二）「5の②」）＋別表十七（三の六）「1」）	31			その他	
合　　　計　　　(26)＋(27)＋(29)＋(30)＋(31)	34	5,825,000	4,850,000	外※	975,000
中間申告における繰戻しによる還付に係る災害損失欠損金額の益金算入額	37			※	
非適格合併又は残余財産の全部分配等による移転資産等の譲渡利益額又は譲渡損失額	38			※	
差　　引　　計　　　(34)＋(37)＋(38)	39	5,825,000	4,850,000	外※	975,000
更生欠損金又は民事再生等評価替えが行われる場合の再生等欠損金の損金算入額（別表七（三）「9」又は「21」）	40	△		※	△
通算対象欠損金額の損金算入額又は通算対象所得金額の益金算入額（別表七の二「5」又は「11」）	41			※	
差　　引　　計　　　(39)＋(40)±(41)	43	5,825,000	4,850,000	外※	975,000
欠　損　金　等　の　当　期　控　除　額（別表七（一）「4の計」）＋（別表七（四）「10」）	44	△		※	△
総　　　　　計　　　(43)＋(44)	45	5,825,000	4,850,000	外※	975,000
残余財産の確定の日の属する事業年度に係る事業税及び特別法人事業税の損金算入額	51	△	△		
所　得　金　額　又　は　欠　損　金　額	52	5,825,000	4,850,000	外※	975,000

114

【別表五 (一)】 (令6.4.1以後終了事業年度分)

利益積立金額及び資本金等の額の計算に関する明細書	事業年度	6・4・1 7・3・31	法人名	甲　株式会社

Ⅰ 利益積立金額の計算に関する明細書

区　　　分		期首現在 利益積立金額	当期の増減		差引翌期首現在 利益積立金額 ①－②＋③
			減	増	
		①	②	③	④
利　益　準　備　金	1	円	円	円	円
積　立　金	2				
未　払　寄　附　金	3			40,000	40,000
	4				
	5				
	6				
	7				
	8				
	9				
	10				
	11				
	12				
	13				
	14				
	15				
	16				
	17				
	18				
	19				
	20				
	21				
	22				
	23				
	24				
繰越損益金（損は赤）	25				
納　税　充　当　金	26				
未納法人税等（退職年金等積立金に対するものを除く。）	未納法人税及び未納地方法人税（附帯税を除く。）	27	△	△	中間 △ 確定 △	△
	未納通算税効果額（附帯税の額に係る部分の金額を除く。）	29			中間 確定	
	未納道府県民税（均等割額を含む。）	30	△	△	中間 △ 確定 △	△
	未納市町村民税（均等割額を含む。）	30	△	△	中間 △ 確定 △	△

第3章　損金　115

差 引 合 計 額	31			

Ⅱ 資 本 金 等 の 額 の 計 算 に 関 す る 明 細 書

区　　　分		期首現在資本金等の額 ①	当 期 の 増 減		差引翌期首現在資本金等の額 ①－②＋③ ④
			減 ②	増 ③	
資 本 金 又 は 出 資 金	32	60,000,000円	円	円	60,000,000円
資 本 準 備 金	33				
	34				
	35				
差 引 合 計 額	36	60,000,000			60,000,000

【別表十四（二）】（令6.4.1以後開始事業年度分）

寄附金の損金算入に関する明細書

事業年度 6・4・1 〜 7・3・31　法人名 甲 株式会社

公益法人等以外の法人の場合						公 益 法 人 等 の 場 合				
一般寄附金の損金算入限度額の計算	支出した寄附金の額	指 定 寄 附 金 等 の 金 額 （41の計）	1	100,000円	損金算入限度額の計算	支出した寄附金の額	長 期 給 付 事 業 へ の 繰 入 利 子 額	25	円
		特定公益増進法人等に対する寄附金額（42の計）	2				同 上 以 外 の み な し 寄 附 金 額	26	
		そ の 他 の 寄 附 金 額	3	1,050,000			そ の 他 の 寄 附 金 額	27	
		計 (1)+(2)+(3)	4	1,150,000			計 (25)+(26)+(27)	28	
		完全支配関係がある法人に対する寄附金額	5				所 得 金 額 仮 計 （別表四「26の①」）	29	
		計 (4)+(5)	6				寄 附 金 支 出 前 所 得 金 額 (28)+(29)（マイナスの場合は0）	30	
		所 得 金 額 仮 計 （別表四「26の①」）	7	4,850,000			同上の 20又は50/100 相当額　50/100 相当額が年200万円に満たない場合（当該法人が公益社団法人又は公益財団法人である場合を除く。）は、年200万円	31	
		寄 附 金 支 出 前 所 得 金 額 (6)+(7)（マイナスの場合は0）	8	6,000,000					
		同上の 2.5又は1.25/100 相当額	9	150,000					
		期末の資本金の額及び資本準備金の額の合計額又は出資金の額（別表五（一）「32の④」＋「33の④」）	10	60,000,000			公社団法人又は公益財団法人の公益法人特別限度額（別表十四（二）付表「3」）	32	
		同上の月数換算額 (10)× 12/12	11	60,000,000			長期給付事業を行う共済組合等の損金算入限度額（(25)と融資額の年5.5%相当額のうち少ない金額）	33	
		同上の 2.5/1,000 相当額	12	150,000			損 金 算 入 限 度 額 (31)、((31)と(32)のうち多い金額)又は((31)と(33)のうち多い金額)	34	
		一 般 寄 附 金 の 損 金 算 入 限 度 額 ((9)+(12))× 1/4	13	75,000					
		寄附金支出前所得金額の 6.25/100 相当額 (8)× 6.25/100	14			指 定 寄 附 金 等 の 金 額 （41の計）	35	
		期末の資本金等の額及び資本準備金の額の合計額又は出資金の額の月数換算額の 3.75/1,000 相当額 (11)× 3.75/1,000	15				国 外 関 連 者 に 対 す る 寄 附 金 額 及 び 完 全 支 配 関 係 が あ る 法 人 に 対 す る 寄 附 金 額	36	
		特定公益増進法人等に対する寄附金の特別損金算入限度額 ((14)+(15))× 1/2	16				(28)の寄附金額のうち同上の寄附金以外の寄附金額 (28)-(36)	37	
		特定公益増進法人等に対する寄附金の損金算入額 (2)と((14)又は(16))のうち少ない金額	17			損金不算入額	同上のうち損金の額に算入されない金額 (37)-(34)-(35)	38	
		指 定 寄 附 金 等 の 金 額 (1)	18	100,000			国外関連者に対する寄附金額及び完全支配関係がある法人に対する寄附金額 (36)	39	
		国 外 関 連 者 に 対 す る 寄 附 金 額 及 び 本 店 等 に 対 す る 内 部 寄 附 金 額	19				計 (38)+(39)	40	
	損金不算入額	(4)の寄附金のうち同上の寄附金以外の寄附金額 (4)-(19)	20	1,150,000					
		同上のうち損金の額に算入されない金額 (20)-((9)又は(13))-(17)-(18)	21	975,000					
		国 外 関 連 者 に 対 す る 寄 附 金 額 及 び 本 店 等 に 対 す る 内 部 寄 附 金 額 (19)	22						
		完全支配関係がある法人に対する寄附金額 (5)	23						
		計 (21)+(22)+(23)	24	975,000					

指 定 寄 附 金 等 に 関 す る 明 細					
寄 附 し た 日	寄 附 先	告 示 番 号	寄 附 金 の 使 途	寄 附 金 額	41
令和 6 年 5 月20日	都立 A 高校			100,000	円
	計			100,000	
特定公益増進法人若しくは認定特定非営利活動法人等に対する寄附金又は認定特定公益信託に対する支出金の明細					
寄附した日又は支出した日	寄 附 先 又 は 受 託 者	所 在 地	寄附金の使途又は認定特定公益信託の名称	寄附金額又は支出金額	42
					円
	計				
その他の寄附金のうち特定公益信託（認定特定公益信託を除く。）に対する支出金の明細					
支 出 し た 日	受 託 者	所 在 地	特定公益信託の名称	支 出 金 額	
					円

3-6　法人税等の損金不算入

1　会計上の取扱い

　固定資産税・自動車税・印紙税等は，企業活動における**一種の活動費**と考えられることから，一部，資産の取得価額を構成するもの以外は，**原則として負担すべき事業年度**で租税公課として**費用に計上**することとされている。

　また，**企業会計基準委員会**は，**平成29年 3 月16日付**で，主として法人税，地方法人税，住民税及び事業税（以下「法人税，住民税及び事業税等」という。）に関する会計処理及び開示を定めることを目的として，「法人税，住民税及び事業税等に関する会計基準」（企業会計基準第27号）（以下「会計基準第27号」という。）を公表した。

　具体的には，当事業年度の所得等に対する法人税，住民税及び事業税等については，法令に従い算定した額（税務上の欠損金の繰戻しにより還付を請求する法人税額及び地方法人税額を含む。）を**損益に計上**することとされている。

　なお，同基準においては，**更正等**による**追徴**及び**還付**に係る会計処理についても定められている（会計基準第27号 6 .～ 8 .）。

第3章　損金　117

　また，「所得等に対する法人税，住民税及び事業税等」には，所得に対する法人税，地方法人税，住民税及び事業税（所得割）のほかに，住民税（均等割）及び事業税（付加価値割及び資本割）を含むものとするとされている。

2　税務上の取扱い

　法人税法は，1に述べた金額を損金の額に算入するか否かについて，その性質により区分しており，主として，企業活動の成果である所得の金額を基礎として負担するものや罰則的な意味合いを有するものについては損金不算入とし，それを限定列挙している。

　一方で，法人税法第22条第3項第2号に規定する販売費，一般管理費その他の費用である資産の取得や保有，取引量等に応じて負担する租税公課については損金算入されることとなる。

(1)　損金の額に算入されない法人税等（法法38〜41の2，55）

　イ　法人が納付する法人税（延滞税，過少申告加算税，無申告加算税及び重加算税を除く。）の額及び地方法人税（延滞税，過少申告加算税，無申告加算税及び重加算税を除く。）の額

　ロ　相続税法第9条の4（受益者等が存しない信託等の特例），第66条（人格のない社団又は財団等に対する課税）又は第66条の2（特定の一般社団法人等に対する課税）の規定による贈与税及び相続税

　ハ　法人が次に掲げる国税又は地方税を納付し，又は納入したことにより生じた損失の額（その納付又は納入に係る求償権につき生じた損失の額を含む。）

　　(イ)　国税徴収法第33条，第35条から第39条まで又は第41条第1項（合名会社等の社員の第二次納税義務等）の規定により納付すべき国税（その滞納処分費を含む。）

　　(ロ)　地方税法第11条の2，第11条の4から第11条の8まで又は第12条の2第2項（合名会社等の社員の第二次納税義務等）の規定により納付し，又は納入すべき地方税

　ニ　法人が法人税法第23条の2第1項に規定する外国子会社から受ける同

項に規定する剰余金の配当等の額（「剰余金の配当等の額」）につき同項の規定の適用を受ける場合（剰余金の配当等の額の計算の基礎とされる金額に対して外国法人税（同第69条第1項に規定する外国法人税をいう。）が課される場合として定める場合を含む。）には，当該剰余金の配当等の額（同第23条の2第2項の規定の適用を受ける部分の金額を除く。）に係る外国源泉税等の額（剰余金の配当等の額を課税標準として所得税法第2条第1項第45号に規定する源泉徴収の方法に類する方法により課される外国法人税の額及び剰余金の配当等の額の計算の基礎とされる金額を課税標準として課されるものとして定める外国法人税の額をいう。）

ホ　法人が法人税法第68条第1項に規定する所得税の額につき同項又は同第78条第1項若しくは同第133条第1項の規定の適用を受ける場合には，これらの規定による控除又は還付をされる金額に相当する金額

ヘ　法人が法人税法第69条第1項に規定する控除対象外国法人税の額につき同条又は同第78条第1項若しくは同第133条第1項の規定の適用を受ける場合には，当該控除対象外国法人税の額

ト　法人が支払を受ける集団投資信託の収益の分配に係る所得税の額に係る法人税法第69条の2第1項に規定する分配時調整外国税相当額につき同項の規定の適用を受ける場合には，その支払を受ける収益の分配に係る所得税の額に係る当該分配時調整外国税相当額

チ　法人が，その所得の金額若しくは欠損金額又は法人税の額の計算の基礎となるべき事実の全部又は一部を隠蔽し，又は仮装することにより，その法人税の負担を減少させ，又は減少させようとする場合の，その隠蔽仮装行為に要する費用の額又はその隠蔽仮装行為により生ずる損失の額

リ　法人が隠蔽仮装行為によりその納付すべき法人税以外の租税の負担を減少させ，又は減少させようとする場合の，その隠蔽仮装行為に要する費用の額又はその隠蔽仮装行為により生ずる損失の額

ヌ　法人が隠蔽仮装行為により確定申告書の提出等した場合の当該確定申告書に係る事業年度の原価の額，費用の額及び損失の額

第3章　損金　119

ル　国税に係る延滞税，過少申告加算税，無申告加算税，不納付加算税及び重加算税並びに印紙税法の規定による過怠税並びに地方税法の規定による延滞金，過少申告加算金，不申告加算金及び重加算金

ヲ　①罰金及び科料（通告処分による罰金又は科料に相当するもの及び外国又はその地方公共団体が課する罰金又は科料に相当するものを含む。）並びに過料，②国民生活安定緊急措置法の規定による課徴金及び延滞金，③私的独占の禁止及び公正取引の確保に関する法律の規定による課徴金及び延滞金（外国若しくはその地方公共団体又は国際機関が納付を命ずるこれらに類するものを含む。），④金融商品取引法第6章の2の規定による課徴金及び延滞金，⑤公認会計士法の規定による課徴金及び延滞金，⑥不当景品類及び不当表示防止法の規定による課徴金及び延滞金及び⑦医薬品，医薬機器等の品質，有効性及び安全性の確保に関する法律の規定による賦課金及び延滞金[19]

ワ　内国法人が供与をする刑法第198条に規定する賄賂又は不正競争防止法第18条第1項（外国公務員等に対する不正の利益の供与等の禁止）に規定する金銭その他の利益に当たるべき金銭の額及び金銭以外の資産の価額並びに経済的な利益の額の合計額に相当する費用又は損失の額（その供与に要する費用の額又はその供与により生ずる損失の額を含む。）

⑵　**損金の額に算入される法人税等の例示（法法38①②，55④二）**

　法人税法第38条から第41条の2において損金の額に算入しないとされているもの**以外**については，原則として損金の額に算入されることとなり，法人税法においては，次のようなものを規定している。

イ　退職年金等積立金に対する法人税

ロ　国税通則法第35条第2項（申告納税方式による国税等の納付）の規定により納付すべき金額のうち同第19条第4項第2号ハ（修正申告）又は同第28条第2項第3号ハ（更正又は決定の手続）に掲げる金額に相当する法人税

ハ　法人税法第75条第7項（同第75条の2第8項又は第10項において準用する場合を含む。）の規定による利子税

ニ　イに掲げる法人税に係る地方法人税

ホ　国税通則法第35条第2項の規定により納付すべき金額のうち同第19条
　　第4項第2号ハ又は同第28条第2項第3号ハに掲げる金額に相当する地
　　方法人税

ヘ　地方法人税法第19条第4項（確定申告）において準用する法人税法第
　　75条第7項（同第75条の2第8項又は第10項において準用する場合を含
　　む。）の規定による利子税

ト　退職年金等積立金に対する法人税に係る地方税法の規定による道府県
　　民税及び市町村民税

チ　地方税法第65条，第72条の45の2又は第327条の規定により徴収され
　　る延滞金

⑶　損金の額に算入される租税公課の損金算入時期

イ　原則（法基通9−5−1）

　法人税法第22条第3項第2号に規定する販売費，一般管理費その他の費
用である租税公課についても，期末までに**債務が確定**していることが要件
とされることから，租税公課についても，その租税債務が**具体的に確定し
た事業年度**において損金の額に算入することとなるので，各租税公課の**納
税方式**に従って，それぞれ次のとおり損金算入時期が定められている。

　㈠　**申告納税方式による租税**（消費税，酒税，地価税，事業税，事業所
　　税等）

　　納税申告書に記載された税額については当該**納税申告書が提出された
　　日**（その年分の地価税に係る納税申告書が地価税法第25条に規定する申
　　告期間の開始の日前に提出された場合には，当該納税申告書に記載され
　　た税額については当該申告期間の開始の日）の属する事業年度とし，更
　　正又は決定に係る税額については当該**更正又は決定があった日**の属する
　　事業年度

　　ただし，次に掲げる場合には，それぞれ次によることとされている。

　　A　収入金額又は棚卸資産の評価額のうちに申告期限未到来の納付す
　　　べき酒税等に相当する金額が含まれている場合又は製造原価，工事
　　　原価その他これらに準ずる原価のうちに申告期限未到来の納付すべ
　　　き事業に係る事業所税若しくは地価税に相当する金額が含まれてい

る場合において，法人が当該金額を損金経理により未払金に計上し
たときの当該金額については，当該損金経理をした事業年度

　　B　法人が，申告に係る地価税につき地価税法第28条第1項及び第3
　　項並びに同条第5項の規定により読み替えて適用される国税通則法
　　第35条第2項に定めるそれぞれの納期限の日又は実際に納付した日
　　の属する事業年度において損金経理をした場合には，当該事業年度

㈑　**賦課課税方式による租税**（固定資産税，不動産取得税，自動車税，
都市計画税等）

　賦課決定のあった日の属する事業年度

　ただし，法人がその納付すべき税額について，その納期の開始の日
（納期が分割して定められているものについては，それぞれの納期の開
始の日とする。）の属する事業年度又は実際に納付した日の属する事業
年度において損金経理をした場合には，当該事業年度

㈔　**特別徴収方式による租税**（軽油引取税，ゴルフ場利用税等）

　納入申告書に係る税額についてはその**申告の日**の属する事業年度と
し，更正又は決定による不足税額については当該**更正又は決定があった
日**の属する事業年度

　ただし，申告期限未到来のものにつき収入金額のうち納入すべき金額
が含まれている場合において，法人が当該金額を損金経理により未払金
に計上したときの当該金額については，当該損金経理をした事業年度

㈕　**利子税**並びに地方税法第65条第1項，第72条の45の2第1項又は第
327条第1項の規定により徴収される**延滞金**

　納付の日の属する事業年度

　ただし，法人が当該事業年度の期間に係る未納の金額を損金経理によ
り未払金に計上したときの当該金額については，当該損金経理をした事
業年度

ロ　**例外（法基通9-5-2）**

　当該事業年度の直前の事業年度（「直前年度」）分の事業税及び特別法人
事業税の額（同9-5-1により直前年度の損金の額に算入される部分の金
額を除く。）については，同9-5-1にかかわらず，当該事業年度終了の

日までにその全部又は一部につき**申告，更正又は決定**（「申告等」）**がされていない場合であっても**，当該事業年度の損金の額に算入することができることとされている。

この場合において，当該事業年度の法人税について更正又は決定をするときは，当該損金の額に算入する事業税の額は，直前年度の所得金額又は収入金額（地方税法第72条の2第1項第3号に掲げる事業にあっては，所得金額及び収入金額）に同法第72条の24の7に係る標準税率を乗じて計算し，当該損金の額に算入する特別法人事業税の額は，直前年度の所得金額又は収入金額に同条に係る標準税率を乗じて得た金額に特別法人事業税及び特別法人事業譲与税に関する法律第7条各号に掲げる法人の区分に応じ当該各号の税率を乗じて計算するものとし，その後当該事業税及び特別法人事業税につき申告等があったことにより，その損金の額に算入した事業税及び特別法人事業税の額につき過不足額が生じたときは，その過不足額は，当該申告等又は納付のあった日の属する事業年度の益金の額又は損金の額に算入することとされている。

(4) 法人税，住民税，事業税等及び租税公課の経理処理と申告書別表四及び別表五（一）の調整

会計上，租税公課及び法人税，住民税，事業税等は，原則として負担すべき事業年度で損益に計上することとされていることから，法人税法上，**損金の額に算入されないものについては，必ず申告調整が必要**となる。

また，損金の額に算入されない法人税，道府県民税，市町村民税の**還付金**は，**益金の額に算入されない**（法法26）ことから，当該還付金についても**申告調整が必要**となる。

イ　損金経理により納付した場合

(イ)　損金不算入の租税公課は，所得の金額に**加算**する。

(ロ)　損金の額に算入される租税公課は，申告調整は**不要**である。

ロ　仮払金処理をした場合

まず，仮払金処理した金額を，**一旦，全額減額**することにより，イの損金経理をした場合と**同様の状態**にした上で，

(イ)　損金不算入の租税公課は，所得の金額に**加算**する。

第3章　損　金　**123**

(ロ)　損金の額に算入される租税公課は，**処理不要**（減算したまま）である。

ハ　納税充当金から支出した場合

すでに**加算**されている納税充当金の額から支出したこととなるので，

(イ)　損金不算入の租税公課は，加算税及び延滞税等の一定のものを**除き，処理不要**である。

(ロ)　損金の額に算入される租税公課は，所得の金額から**減算**する。

　　例えば，事業税の額について納税充当金を取り崩して支出した場合には，申告書別表四の13欄において減算することになる。

（注1）租税公課の**種類の違い**による**申告調整の違い**

①　損金不算入の租税公課の**うち**，法人税，地方法人税，道府県民税，市町村民税等の金額は，**社外に流出**しているにもかかわらず，申告書別表四で申告調整する場合には，処分欄の「**留保**」に記載するとともに，当該金額を別表五（一）の利益積立金額として記載したのち，**確定**した未納法人税等の額を**控除**して計算することとされている。

②　一方，加算税や延滞税等のように，罰則的又は制裁的な見地から法人税法第55条の規定により損金不算入とされている租税公課については，そのまま「**社外流出**」として処理することとされている。

（注2）　**法人税等の還付金**を**収益勘定**で経理した場合

①　納付時に損金の額に算入されている租税公課は，そのまま益金となるので，**処理不要**である。

②　納付時に損金不算入の租税公課については，所得の金額から**減算**することとなるが，当該還付金の**内訳**により，次のとおり処理することとなる。

　　i　法人税，法人住民税の本税相当額は，別表四の「18欄」の「総額」及び「**留保**」に記載する。

　　ii　一方，加算税等又は所得税等の還付金及び欠損金の繰戻し還付金については，別表四の「19欄」の「総額」及び「**社外流出**」に記載する。

3-7 貸倒引当金及び貸倒損失

1 貸倒引当金

(1) 会計上の取扱い

　会計上は，企業会計原則において基本的な考え方を定め，**企業会計基準委員会が平成18年8月11日付で公表した会計基準第10号において，債務者の状況に応じて，債権を3つに区分し，区分された債権それぞれについて，具体的な貸倒見積高の算定方法**を定めている。

イ　企業会計原則注解（注18）

　企業会計原則注解（注18）は，**将来の特定の費用又は損失であって，その発生が当期以前の事象に起因し，発生の可能性が高く，かつ，その金額を合理的に見積る**ことが**できる場合**には，当期の負担に属する金額を当期の**費用又は損失**として**引当金**に繰入れ，当該引当金の残高を貸借対照表の負債の部又は資産の部に記載するものとするとされている。

ロ　会計基準第10号（14.27. 及び28.）

　会計基準第10号14. は，受取手形，売掛金，貸付金その他の債権の貸借対照表価額は，取得価額から貸倒見積高に基づいて算定された**貸倒引当金を控除**した金額とするとし，債権を債権金額より**低い価額**又は**高い価額**で取得した場合において，取得価額と債権金額との**差額の性格**が**金利の調整**と認められるときは，**償却原価法**に基づいて算定された価額から貸倒見積高に基づいて算定された**貸倒引当金を控除**した金額としなければならないとしている。そして，同27. 及び28. において，次のとおり，債務者の財政状態及び経営成績等に応じ**債権の額を3つに分類**した上で，それぞれの**貸倒見積高の計算方法**を定めている。

第3章　損金　125

債権の分類（債務者の区分）		貸　倒　見　積　高
一般債権	経営状態に重大な問題が生じていない債務者に対する債権	債権全体又は同種・同類の債権ごとに，債権の状況に応じて求めた**過去の貸倒実績率等合理的な基準**により貸倒見積高を算定する。
貸倒懸念債権	経営破綻の状態には至っていないが，債務の弁済に重大な問題が生じているか又は生じる可能性の高い債務者に対する債権	債権の状況に応じて，次の**いずれかの方法**により貸倒見積高を算定する。ただし，同一の債権については，債務者の財政状態及び経営成績の状況等が変化しない限り，同一の方法を継続して適用する。 ①　債権額から担保の処分見込額及び保証による回収見込額を**減額**し，その残額について債務者の財政状態及び経営成績を**考慮**して貸倒見積高を算定する方法 ②　債権の元本の回収及び利息の受取りに係る**キャッシュ・フローを合理的に見積ることができる債権**については，債権の元本及び利息について元本の回収及び利息の受取りが見込まれるときから当期末までの期間にわたり当初の約定利子率で割り引いた金額の総額と債権の帳簿価額との**差額**を貸倒見積高とする方法
破産更生債権等	経営破綻又は実質的に経営破綻に陥っている債務者に対する債権	債権額から担保の処分見込額及び保証による回収見込額を**減額**し，その**残額**を貸倒見積高とする。 （注）破産更生債権等の貸倒見積高は，原則として，貸倒引当金として処理する。ただし，債権金額又は取得価額から直接減額することもできる。

⑵　税務上の取扱い

　イ　別段の定めの考え方

　　法人税法第22条第3項において，損金の額に算入される販売費等の費用は，償却費を除き，**原則**として，その事業年度終了の日までに**債務の確定したものに限って**おり，**将来**その発生が予測される費用や損失を**見積もって**，損金の額に算入することは**認めない**こととしている。

　　しかしながら，当期に計上した収益に対応する費用の**全て**が当該事業年度に必ず発生するとは**限らず**，将来発生する事象により認識される費用も**存在する**。

　　また，上記⑴の**会計上の取扱い**も踏まえ，税務上も**同様の観点**から，一

定の限度額を定めた上で，その**範囲内の金額を損金経理**により引当金として繰り入れた時には，当該金額を**損金の額に算入**することとしている。

　ただし，その適用対象法人は資本金若しくは出資金が１億円以下の普通法人や，協同組合，銀行業，保険業等に限られている。

ロ　**貸倒引当金の経理方法（法法52①②⑩）**

　貸倒引当金として損金の額に算入される金額は，損金経理により繰り入れた金額（120）のうち，**繰入限度額（100）**に達するまでの金額に限られる。（法法52①②）

　これを仕訳で示すと次のとおりとなる。

　（借方）貸倒引当金繰入額　　　120　（貸方）貸倒引当金　　　　　120

　また，**当期**に繰り入れた貸倒引当金の金額は，**翌期**にその**全額**を益金の額に算入する（法法52⑩）とともに，新たに**翌期**の引当金の金額（90）を損金経理により引き当てることとなる。〔**洗い替え法**〕[20]

　これを仕訳（**翌期**）で示すと次のとおりとなる。

　（借方）貸倒引当金　　　　　　120　（貸方）貸倒引当金戻入益　120
　（借方）貸倒引当金繰入額　　　　90　（貸方）貸倒引当金　　　　　90

　したがって，当期の**繰入限度超過額（20）**は，**当期**の所得の金額の計算上**加算（留保）**され，**翌期**の洗い替え処理により，**翌期**の所得の金額から**減算（留保）**されることになる。

ハ　**貸倒引当金の適用対象法人及び対象金銭債権（法法52①②⑨，法令96⑤⑨）**

　適用対象法人及び対象金銭債権は次のとおりである。

適　用　対　象　法　人	対　象　金　銭　債　権
イ　普通法人[21]のうち，資本金の額若しくは出資金の額が**１億円以下**であるもの[22]又は資本若しくは出資を有しないもの	金銭債権[23]の額
ロ　公益法人等又は協同組合等	
ハ　人格のない社団等	
ニ　銀行法第２条第１項に規定する銀行	
ホ　保険業法第２条第２項に規定する保険会社	

ヘ　ニ又はホに準ずる一定の法人	
ト　法人税法第64条の2第1項の規定により売買があったものとされる同項に規定するリース資産の対価の額に係る金銭債権を有する法人その他の金融に関する取引に係る金銭債権を有する法人［表4］（イからへに掲げる法人を除く。）	リース資産の対価の額に係る金銭債権［表4］の額

ニ　貸倒引当金の繰入限度額の計算

(イ)　個別評価金銭債権

A　繰入限度額（法法52①，法令96①，法規25の2，25の3）

　個別評価金銭債権とは，更生計画認可の決定に基づいて弁済を猶予され，又は賦払により弁済されることその他の一定の事実が生じていることにより，その一部につき**貸倒れその他これに類する事由**による**損失が見込まれるもの**（当該金銭債権に係る債務者に対する他の金銭債権がある場合には，当該他の金銭債権を含む。）とされ，その**損失の見込額**として，各事業年度において**損金経理**により貸倒引当金勘定に繰り入れた金額については，当該繰り入れた金額のうち，当該事業年度終了の時において当該個別評価金銭債権の取立て又は弁済の見込みがないと認められる部分の金額を基礎として計算した金額に**達するまでの金額**は，当該事業年度の所得の金額の計算上，**損金の額に算入する**とされている。

　なお，「**貸倒れその他これに類する事由**」には，売掛金，貸付金その他これらに類する金銭債権の貸倒れのほか，例えば，保証金や前渡金等について返還請求を行った場合における当該返還請求債権が回収不能となったときがこれに**含まれる**とされている。（法基通11-2-3）

　また，法人税法施行令第96条第1項の規定を整理すると次のとおりである。

繰　入　事　由	繰　入　限　度　額
《1号該当》 当該事業年度終了の時において有する金銭債権に係る債務者について生じた次に掲げる事	当該金銭債権の額のうち当該事由が生じた日の属する事業年度終了

由に基づいてその**弁済を猶予**され，又は**賦払により弁済**されること (A)　更生計画認可の決定 (B)　再生計画認可の決定 (C)　特別清算に係る協定の認可の決定 (D)　再生計画認可の決定に準ずる事実等 (E)　(A)から(C)までに掲げる事由に**準ずるもの**として法令の規定による整理手続によらない関係者の協議決定で次に掲げるもの 　　a　債権者集会の協議決定で合理的な基準により債務者の負債整理を定めているもの 　　b　行政機関，金融機関その他第三者のあっせんによる当事者間の協議により締結された契約で内容がaに準ずるもの	の日の**翌日から5年を経過する日**までに弁済されることとなっている金額以外の金額（担保権の実行（注）その他によりその取立て又は弁済（「取立て等」）の見込みがあると認められる部分の金額を除く。） （注）**担保権の実行により取立て等の見込みがあると認められる部分の金額**とは，質権，抵当権，所有権留保，信用保険等によって担保されている部分の金額をいうとされている。（法基通11-2-5）
《2号該当》 当該事業年度終了の時において有する金銭債権に係る債務者につき，**債務超過の状態が相当期間**（注）継続し，かつ，その営む事業に**好転の見通しがないこと，災害，経済事情の急変等により多大な損害が生じたことその他の事由**により，当該金銭債権の一部の金額につきその取立て等の見込みがないと認められること（1号に該当するものを除く。） （注）「**相当期間**」とは，「**おおむね1年以上**」とし，その債務超過に至った事情と事業好転の見通しをみて，同号に規定する事由が生じているかどうかを判定するとされている。（法基通11-2-6）	当該一部の金額に相当する金額 （回収不能見込額）
《3号該当》 当該事業年度終了の時において有する金銭債権に係る債務者につき**次に掲げる事由**が生じていること（1号及び2号に該当するものを除く。） (A)　更生手続開始の申立て (B)　再生手続開始の申立て (C)　破産手続開始の申立て (D)　特別清算開始の申立て (E)　(A)から(D)までに掲げる事由に**準ずる次の**もの 　　a　手形交換所（手形交換所のない地域にあっては，当該地域において手形交換業務を行う銀行団を含む。）による取引停	当該金銭債権の額（当該金銭債権の額のうち，当該債務者から受け入れた金額があるため実質的に債権とみられない部分の金額及び担保権の実行，金融機関又は保証機関による保証債務の履行その他により取立て等の見込みがあると認められる部分の金額を除く。）の**100分の50に相当する金額**

止処分
　b　電子記録債権法第2条第2項に規定す
　　る電子債権記録機関（次に掲げる要件を
　　満たすものに限る。）による取引停止処
　　分
　(a)　金融機関（預金保険法第2条第1項
　　　各号に掲げる者をいう。）の総数の100
　　　分の50を超える金融機関に業務委託
　　　（電子記録債権法第58条第1項の規定
　　　による同法第51条第1項に規定する電
　　　子債権記録業の一部の委託をいう。）
　　　をしていること。
　(b)　電子記録債権法第56条に規定する業
　　　務規程に，業務委託を受けている金融
　　　機関は，その取引停止処分を受けた者
　　　に対して資金の貸付け（当該金融機関
　　　の有する債権を保全するための貸付け
　　　を除く。）をすることができない旨の
　　　定めがあること。

《4号該当》	
当該事業年度終了の時において有する金銭債権に係る債務者である**外国の政府，中央銀行又は地方公共団体の長期にわたる債務の履行遅滞**によりその金銭債権の**経済的な価値が著しく減少**し，**かつ**，その**弁済を受けることが著しく困難**であると認められること	当該金銭債権の額（当該金銭債権の額のうち，これらの者から受け入れた金額があるため実質的に債権とみられない部分の金額及び保証債務の履行その他により取立て等の見込みがあると認められる部分の金額を**除く**。）の100分の50に相当する金額

　B　回収不能見込み額の算定（法基通11-2-7）
　　上記A《2号該当》の「**当該一部の金額に相当する金額**」とは，
　その金銭債権の額から担保物の処分による回収可能額及び人的保証に
　係る回収可能額などを**控除**して算定するのであるが，次に掲げる場合
　には，**人的保証に係る回収可能額の算定**上，回収可能額を**考慮しない
　こと**ができるとされている。
　　(A)　保証債務の**存否に争い**のある場合で，そのことにつき**相当の理
　　　　由**のあるとき
　　(B)　保証人が**行方不明**で，**かつ**，当該保証人の有する資産について
　　　　評価額以上の質権，抵当権（「質権等」）が**設定**されていること等

により当該資産からの**回収が見込まれない**場合

(C) 保証人について**上記A《3号該当》**に掲げる事由が生じている場合

(D) 保証人が**生活保護**を受けている場合（それと同程度の収入しかない場合を含む。）で，**かつ**，当該保証人の有する資産について**評価額以上の質権等が設定**されていること等により当該資産からの**回収が見込まれないこと**

(E) 保証人が**個人**であって，次の**いずれにも該当**する場合

　　a 当該保証人が有する資産について**評価額以上**の質権等が**設定**されていること等により，当該資産からの**回収が見込まれないこと**

　　b 当該保証人の**年収額**[24]（その事業年度終了の日の直近1年間における収入金額をいう。）が当該保証人に係る保証債務の額の合計額[25]（当該保証人の保証に係る金銭債権につき担保物がある場合には当該金銭債権の額から当該担保物の価額を控除した金額をいう。）の**5%未満であること**

C 実質的に債権とみられない部分の金額（法基通11-2-9）

上記A**《3号該当》**の「**当該金銭債権の額のうち，当該債務者から受け入れた金額があるため実質的に債権とみられない部分の金額**」とは，次に掲げるような金額がこれに**該当する**とされている。

(A) **同一人**に対する売掛金又は受取手形と買掛金がある場合のその売掛金又は受取手形の金額**のうち**買掛金の金額に相当する金額

(B) **同一人**に対する売掛金又は受取手形と買掛金がある場合において，当該買掛金の支払のために他から取得した受取手形を裏書譲渡したときのその売掛金又は受取手形の金額**のうち**当該裏書譲渡した手形（支払期日の到来していないものに限る。）の金額に相当する金額

(C) **同一人**に対する売掛金とその者から受け入れた営業に係る保証金がある場合のその売掛金の額**のうち**保証金の額に相当する金額

(D) **同一人**に対する売掛金とその者から受け入れた借入金がある場

第3章　損　金　131

合のその売掛金の額のうち借入金の額に相当する金額

(E)　**同一人**に対する完成工事の未収金とその者から受け入れた未成工事に対する受入金がある場合のその未収金の額のうち受入金の額に相当する金額

(F)　**同一人**に対する貸付金と買掛金がある場合のその貸付金の額の**うち買掛金の額に相当する金額**

(G)　**使用人**に対する貸付金とその使用人から受け入れた預り金がある場合のその貸付金の額の**うち預り金の額に相当する金額**

(H)　**専ら融資を受ける手段**として他から受取手形を取得し，その見合いとして借入金を計上した場合のその受取手形の金額のうち借入金の額に相当する金額

(I)　**同一人**に対する未収地代家賃とその者から受け入れた敷金がある場合のその未収地代家賃の額の**うち敷金の額に相当する金額**

D　関係書類の保存（法令96②，法規25の4）

　その有する金銭債権について上記Aに掲げる事実が生じている場合においても，①当該事実が生じていることを証する書類及び②担保権の実行，保証債務の履行その他により取立て又は弁済の見込みがあると認められる部分の金額がある場合には，その金額を**明らかにする書類の保存がされていないとき**は，当該金銭債権に係る上記Aの規定の適用については，**当該事実は生じていないものとみなす**とされている。

《**設　例**》個別評価金銭債権に係る貸倒引当金の繰入限度額の計算

　次の資料に基づき，当期（令和2年4月1日から令和3年3月31日まで）の個別評価金銭債権に係る貸倒引当金の繰入限度額を計算しなさい。

　得意先A社は，令和2年10月9日に手形交換所の取引停止処分を受け期末現在に至っており，同社に対する当期末の債権及び債務の状況は，次のとおりである。

　売掛金　　8,000,000円

買掛金　　2,000,000円

《解　答》

個別評価金銭債権の額：8,000,000円（①）

実質的に債権とみられない部分の金額：2,000,000円（②）

繰入限度額：（①－②）×50％＝3,000,000円

（ロ）　**一括評価金銭債権**

A　**繰入限度額**（法法52②，法令96⑥）

　一括評価金銭債権とは，その有する売掛金，貸付金その他これらに準ずる金銭債権（個別評価金銭債権を除く。）をいい，その金銭債権の**貸倒れによる損失の見込額**として，各事業年度において**損金経理**により貸倒引当金勘定に繰り入れた金額については，当該繰り入れた金額のうち，当該事業年度終了の時において有する一括評価金銭債権の額及び最近における売掛金，貸付金その他これらに準ずる金銭債権の貸倒れによる損失の額を基礎として計算した**次の金額に達するまでの金額**は，当該事業年度の所得の金額の計算上，**損金の額に算入する**とされている。

（算　式）

期末の一括評価金銭債権
の帳簿価額の合計額　　　×　　貸倒実績率（注1，2）
　　　　　　　　　　　　　　（小数点以下4位未満切上げ）

（注1）貸倒実績率の計算

$$\frac{\left[\begin{array}{l}\text{その事業年度開}\\\text{始の日前3年以}\\\text{内に開始した各}\\\text{事業年度の売掛}\\\text{債権等の貸倒損}\\\text{失の額}\end{array} + \begin{array}{l}\text{その各事業年}\\\text{度の個別評価}\\\text{分の貸倒引当}\\\text{金の繰入額の}\\\text{損金算入額}\end{array} - \begin{array}{l}\text{その各事業年度}\\\text{の個別評価分の}\\\text{貸倒引当金の戻}\\\text{入額の益金算入}\\\text{額}\end{array}\right] \times \dfrac{12}{\text{左の各事業年度}\ \text{の月数の合計額}}}{\begin{array}{l}\text{その事業年度開始の日前3年以内に開始した各事業年度}\\\text{終了の時における一括評価金銭債権の帳簿価額の合計額}\end{array} \div \begin{array}{l}\text{左の各事業年}\\\text{度の数}\end{array}}$$

（注2）中小企業者等の特例（措法57の9，措令33の7）

　中小法人（注），**公益法人等**又は**協同組合等**及び**人格のない社団等**（「中小企業者等」）の一括評価金銭債権に係る貸倒引当金の繰入限度

額の計算において，期末の一括評価金銭債権の**帳簿価額**（債務者から受け入れた金額があるためその全部又は一部が**実質的に債権とみられない部分の金額がある場合には，当該金額を控除した額**）の合計額に乗ずる割合は貸倒実績率ではなく，次に掲げる繰入率（「**法定繰入率**」）を採用することができるとされている。

i　卸売及び小売業（飲食店業及び料理店業を含み，割賦販売小売業を除く。）…1,000分の10

ii　製造業（電気業，ガス業，熱供給業，水道業及び修理業を含む。）…1,000分の8

iii　金融及び保険業…1,000分の3

iv　割賦販売小売業並びに包括信用購入あっせん業及び個別信用購入あっせん業…1,000分の7[26]

v　その他の事業…1,000分の6

（注）**中小法人**とは，期末資本金の額又は出資金の額が**1億円を超える**普通法人，資本金の額又は出資金の額が**5億円以上**である法人等との間にその法人による**完全支配関係**がある普通法人，**完全支配関係**がある**複数**の大法人に発行済み株式等の全部を保有されている法人，投資法人，特定目的会社，受託法人，保険業法に規定する相互会社及び外国相互会社を**除いた**法人とされている。

　　なお，平成31年4月1日以後に開始する事業年度からは，中小法人のうち**適用除外事業者**（措法42の4⑧八）は適用対象から**除かれる**こととされている。

（注3）**公益法人等**又は**協同組合等の特例**

　平成31年3月31日までの間に開始する事業年度については，法定繰入率又は貸倒実績率により計算した金額の**110%**に相当する金額を繰入限度額とすることができるとされていた。

　しかし，**令和元年度の税制改正**により，経過措置を付した上で，この割増特例措置が**廃止**された。

B　一括評価金銭債権の額

　(A)　売掛金，貸付金に準ずる債権（法基通11-2-16）

「**その他これらに準ずる金銭債権**」には，次のような債権が含まれるとされている。

a　未収の譲渡代金，未収加工料，未収請負金，未収手数料，未収保管料，未収地代家賃等又は貸付金の未収利子で，益金の額に算入されたもの

b　他人のために立替払をした場合の立替金（(B)の d に該当するものを除く。）

c　未収の損害賠償金で益金の額に算入されたもの

d　保証債務を履行した場合の求償権

e　通算税効果額に係る未収金

(B)　**売掛債権等に該当しない債権**（法基通11-2-18）

a　預貯金及びその未収利子，公社債の未収利子，未収配当その他これらに類する債権

b　保証金，敷金（借地権，借家権等の取得等に関連して無利息又は低利率で提供した建設協力金等を含む。），預け金その他これらに類する債権

c　手付金，前渡金等のように資産の取得の代価又は費用の支出に充てるものとして支出した金額

d　前払給料，概算払旅費，前渡交際費等のように将来精算される費用の前払として一時的に仮払金，立替金等として経理されている金額

e　金融機関における他店為替貸借の決済取引に伴う未決済為替貸勘定の金額

f　証券会社又は証券金融会社に対し，借株の担保として差し入れた信用取引に係る株式の売却代金に相当する金額

g　雇用保険法，労働施策の総合的な推進並びに労働者の雇用の安定及び職業生活の充実等に関する法律，障害者の雇用の促進等に関する法律等の法令の規定に基づき交付を受ける給付金等の未収金

h　仕入割戻しの未収金

第3章　損　金　135

i　保険会社における代理店貸勘定（外国代理店貸勘定を含む。）
の金額

j　法人税法第61条の5第1項に規定する未決済デリバティブ取
引に係る差金勘定等の金額

k　法人がいわゆる特定目的会社（SPC）を用いて売掛債権等の
証券化を行った場合において，当該特定目的会社の発行する証
券等のうち当該法人が保有することとなったもの

《設　例》一括評価金銭債権に係る貸倒引当金の繰入限度額の計算

次の資料に基づき，一括評価金銭債権に係る貸倒引当金の繰入限度額を計
算しなさい。

イ　甲は繊維製品の卸売を営む資本金 10,000,000円の株式会社で，事業年
度は令和6年4月1日から令和7年3月31日である。

なお，繰入率は，法定繰入率（1,000分の10）を選択する。

ロ　当期は損金経理により 250,000円を貸倒引当金に繰り入れている。

ハ　A商店に対し期末に売掛金 4,500,000円と買掛金 500,000円を有してい
る。

ニ　B商店の売掛代金として受け取った受取手形 5,000,000円があるが，
同店に対し支払手形1,500,000円を振り出している。

ホ　貸付金として 500,000円を計上しているが，内容は社員に対する給料
の前払金である。

《解　答》

一括評価金銭債権の額の計算を示すと，次のとおりである。

（単位：円）

資産の内訳		帳簿残高	売掛債権等に該当しない債権	実質的に債権とみられない額	貸倒引当金の対象となる金銭債権の額
売掛金	A商店	4,500,000	—	500,000	4,000,000
受取手形	B商店	5,000,000	—	1,500,000	3,500,000

貸付金	前払給料	500,000	500,000	—	—
合　　計		10,000,000	500,000	2,000,000	7,500,000

したがって，繰入限度額は

$$7,500,000円 \times \frac{10}{1,000} = 75,000円であり，$$

繰入限度超過額は

250,000円 − 75,000円 = 175,000円となる。

これを，**申告書別表四，別表五（一）**及び**別表十一（一の二）**で示すと，次のようになる。

【別表四】（簡易様式）（令6・4・1以後終了事業年度分）

所得の金額の計算に関する明細書（簡易様式）			事業年度	6・4・1 7・3・31	法人名	甲　株式会社	
区　　　分			総　額	処			分
				留　保	社　外　流　出		
			①	②	③		
当 期 利 益 又 は 当 期 欠 損 の 額		1	円	円	配当		円
					その他		
加	損金経理をした法人税及び地方法人税（附帯税を除く。）	2					
	損金経理をした道府県民税及び市町村民税	3					
	損 金 経 理 を し た 納 税 充 当 金	4					
	損金経理をした附帯税（利子税を除く。），加算金，延滞金（延納分を除く。）及び過怠税	5			その他		
	減 価 償 却 の 償 却 超 過 額	6					
	役 員 給 与 の 損 金 不 算 入 額	7			その他		
	交 際 費 等 の 損 金 不 算 入 額	8			その他		
算	通算法人に係る加算額（別表四付表「5」）	9			外※		
	貸 倒 引 当 金 繰 入 限 度 超 過 額	10	175,000	175,000			
	小　　　　計	11			外※		

第3章　損金　137

【別表五（一）】（令6.4.1以後終了事業年度分）

利益積立金額及び資本金等の額の計算に関する明細書	事業年度	6・4・1 7・3・31	法人名	甲　株式会社

Ⅰ　利　益　積　立　金　額　の　計　算　に　関　す　る　明　細　書

区　　分		期首現在 利益積立金額 ①	当　期　の　増　減		差引翌期首現在 利益積立金額 ①－②＋③ ④
			減 ②	増 ③	
利　益　準　備　金	1	円	円	円	円
積　　立　　金	2				
貸　倒　引　当　金	3			175,000	175,000
	4				
	5				
	6				

【別表十一（一の二）】（令6.4.1以後終了事業年度分）

一括評価金銭債権に係る貸倒引当金の損金算入に関する明細書	事業年度	6・4・1 7・3・31	法人名	甲　株式会社

当　期　繰　入　額	1	円 250,000	貸倒実績率の計算	前3年内事業年度（設立事業年度である場合には当該事業年度）の(2)の合計額	9	円
繰入限度額の計算	期末一括評価金銭債権の帳簿価額の合計額 (23の計)	2	9,500,000		$\dfrac{(9)}{前3年以内事業年度における事業年度の数}$	10	
	貸　倒　実　績　率　(16)	3			売掛債権等の貸倒れによる損失の額の合計額	11	
	実質的に債権とみられないものの額を控除した期末一括評価金銭債権の帳簿価額の合計額 (25の計)	4	円 7,500,000		別表十一（一）「19の計」の合計額	12	
	法　定　の　繰　入　率	5	$\dfrac{10}{1,000}$		別表十一（一）「24の計」の合計額	13	
	繰　入　限　度　額 ((2)×(3)) 又は((4)×(5))	6	円 75,000		貸倒による損失の額等の合計額 (11)＋(12)－(13)	14	
	公益法人等・協同組合等の繰入限度額 (6)×$\dfrac{102}{100}$	7			$(14)×\dfrac{12}{前3年内事業年度における事業年度の月数の合計}$	15	
	繰　入　限　度　超　過　額 (1)－(6)又は(7)	8	円 175,000		貸倒実績率 (小数点以下4位未満切上げ)　$\dfrac{(15)}{(10)}$	17	

一　括　評　価　金　銭　債　権　の　明　細

勘定科目	期末残高 17	売掛債権等とみなされる額及び貸倒否認額 18	(17)のうち税務上貸倒れがあったものとみなされる額及び売掛債権等に該当しないものの額 19	個別評価の対象となった売掛債権等の額及び非適格合併等により合併法人等に移転する売掛債権等の額 20	法第52条第1項第3号に該当する法人の令第96条第9項各号の金銭債権以外の金銭債権の額 21	完全支配関係がある他の法人に対する売掛債権等の額 22	期末一括評価金銭債権の額 (17)＋(18)－(19)－(20)－(21)－(22) 23	実質的に債権とみられないものの額 24	差引期末一括評価金銭債権の額 (23)－(24) 25
売掛金	円 4,500,000	円	円	円	円	円	円 4,500,000	円 500,000	円 4,000,000
受取手形	5,000,000						5,000,000	1,500,000	3,500,000
貸付金	500,000		500,000						

計	10,000,000		500,000				9,500,000	2,000,000	7,500,000

基準年度の実績により実質的に債権とみられないものの額を計算する場合の明細				
平成27年4月1日から平成29年3月31日までの間に開始した各事業年度末の一括評価金銭債権の額の合計額	26	円	債権からの控除割合　　　　　　(27) (小数点以下3位未満切捨て)　　(26)	28
同上の各事業年度末の実質的に債権とみられないものの額の合計額	27		実質的に債権とみられないものの額 (23の計)×(28)	29	円

2　貸倒損失

(1)　会計上の取扱い

　会計上，貸倒損失については，**平成12年1月31日付**で公表された**金融商品会計に関する実務指針**（会計制度委員会報告第14号）の123.において，次のとおり定められている。

　「債権の回収可能性がほとんどないと判断された場合には，貸倒損失額を債権から直接減額して，当該貸倒損失額と当該債権に係る前期貸倒引当金残高のいずれか少ない金額まで貸倒引当金を取り崩し，当期貸倒損失額と相殺しなければならない。

　なお，この場合に，当該債権に係る前期末の貸倒引当金が当期貸倒損失額に不足する場合，当該不足額をそれぞれの債権の性格により原則として営業費用又は営業外費用に計上する。」

(2)　税務上の取扱い

　税務上，法人の有する金銭債権について貸倒れが生じた場合の貸倒損失は，法人税法第22条第3項の規定により，**貸倒れの事実が発生した事業年度**において**損金の額に算入する**こととされているが，**貸倒れの事実認定には困難な面もある**ことから，法人税基本通達では，その**判断基準を3つに区分して**その**取扱い**を定めている。

イ　金銭債権の全部又は一部の切捨てをした場合の貸倒れ（法基通9－6－1）

　法人の有する金銭債権について**次に掲げる事実が発生した場合には**，その金銭債権の額のうち次に掲げる金額は，その事実の発生した日の属する事業年度において貸倒れとして損金の額に算入するとしている。

　(イ)　**更生計画認可の決定**又は**再生計画認可の決定**があった場合において，これらの決定により**切り捨てられることとなった部分の金額**

(ロ) 特別清算に係る協定の認可の決定があった場合において，この決定により切り捨てられることとなった部分の金額

(ハ) 法令の規定による整理手続によらない関係者の協議決定で次に掲げるものにより切り捨てられることとなった部分の金額

　　A　債権者集会の協議決定で合理的な基準[27]により債務者の負債整理を定めているもの

　　B　行政機関又は金融機関その他の第三者[28]のあっせんによる当事者間の協議により締結された契約でその内容がAに準ずるもの

(ニ) 債務者の債務超過の状態が相当期間継続し，その金銭債権の弁済を受けることができないと認められる場合において，その債務者に対し書面[29]により明らかにされた債務免除額

ロ　回収不能の金銭債権の貸倒れ（法基通9-6-2）

　法人の有する金銭債権につき，その債務者の資産状況，支払能力等からみてその全額[30]が回収できないことが明らかになった[31]場合には，その明らかになった事業年度において貸倒れとして損金経理をすることができるとし，この場合において，当該金銭債権について担保物があるときは，その担保物を処分した後でなければ貸倒れとして損金経理をすることはできないとされている。

　なお，保証債務は，現実にこれを履行した後でなければ貸倒れの対象にすることはできないとされている。

ハ　一定期間取引停止後弁済がない場合等の貸倒れ（法基通9-6-3）

　債務者について次に掲げる事実が発生した場合には，その債務者に対して有する売掛債権（売掛金，未収請負金その他これらに準ずる債権をいい，貸付金その他これに準ずる債権を含まない。）について法人が当該売掛債権の額から備忘価額を控除した残額を貸倒れとして損金経理をしたときは，これを認めるとされている。

(イ) 債務者との取引を停止した時[32]（最後の弁済期又は最後の弁済の時が当該停止をした時以後である場合には，これらのうち最も遅い時）以後1年以上経過した場合（当該売掛債権について担保物のある場合を除く。）

㈹　法人が同一地域の債務者について有する当該売掛債権の総額がその取立てのために要する旅費その他の費用に**満たない**場合において，当該債務者に対し支払を**督促**したにもかかわらず**弁済がない**とき

《設　例》弁済猶予等があった場合の貸倒損失と個別評価金銭債権に係る貸倒引当金

　次の資料に基づき，当期（令和6年4月1日から令和7年3月31日まで）の貸倒損失の計上額及び個別評価金銭債権に係る貸倒引当金の繰入限度額を計算しなさい。

1　当社が貸付金30,000,000円を有していたA社が，経営不振のため倒産寸前となったことから，債権者集会が開かれ，令和6年12月に次のとおりの決議が行われた。

　　なお，当該貸付金には抵当権により担保されている金額が5,000,000円ある。

⑴　当社の債権金額のうち，25％（7,500,000円）を免除する。

⑵　同債権金額のうち，15％（4,500,000円）の弁済を，令和12年12月31日まで猶予する。

⑶　残額の18,000,000円については，令和7年12月1日を第1回目の弁済期日とし，毎年12月1日に1,800,000円を10回の年賦により均等で弁済することとする。

2　当社の期末資本金額は，50,000,000円であり，株主は全て個人である。

《解　答》

1　貸倒損失の額：債務免除額の7,500,000円

2　個別評価金銭債権に係る貸倒引当金の繰入限度額（単位：円）

$(30,000,000 - 7,500,000) - 1,800,000 \times 5 - 5,000,000 = 8,500,000$

第3章 損金 141

```
貸付金    30,000,000
┌─────────────────┐
│ 債務免除  7,500,000 │ ⇒  貸倒損失
│                 │    ┌──────────────────┐
│                 │    │ 弁済猶予   4,500,000 │   ┌──────────────────┐   ┌──────────────────┐
│                 │    ├──────────────────┤   │ 5年経過後に弁済等さ │   │ 担保   5,000,000 │
│                 │    │ 分割弁済（5年超）    │   │ れる金額          │   ├──────────────────┤
│                 │    │        9,000,000 │   │ 13,500,000       │   │ 繰入限度額        │
│                 │    ├──────────────────┤   └──────────────────┘   │        8,500,000 │
│                 │    │ 分割弁済（5年以内）   │                        └──────────────────┘
│                 │    │        9,000,000 │
└─────────────────┘    └──────────────────┘
```

3-8　交際費等の損金不算入

1　会計上の取扱い

　会計上，交際費等に係る**特段の取扱いはなく**，支出した交際費等の額は，原則として**費用**として計上される。

2　税務上の取扱い

(1)　別段の定めの考え方

　交際費等も，事業と直接の関連がある限り損金の額に算入されるべき性質のものである。

　しかし，法人の支出する交際費等の中には事業と関連性の少ないものもあり，また，交際費等の損金算入を無制限に認めると，いたずらに法人の冗費・濫費を増大するおそれがあるため（前掲［金子宏，2022年，ページ：431〜432]），租税特別措置法において交際費等の損金不算入の額について規定している。

(2)　交際費等の範囲（措法61の4⑥，措令37の5）

　交際費等とは，交際費，接待費，機密費その他の費用で，法人が，その得意先，仕入先その他事業に関係のある者等に対する**接待，供応，慰安，贈答その他これらに類する行為**（「接待等」）のために支出するもの（次に掲げる費用のいずれかに該当するものを除く。）をいうとされている。

　交際費等から**除かれる費用**は，次のとおりである。

　　イ　専ら従業員の慰安のために行われる運動会，演芸会，旅行等のために

通常要する費用

ロ　交際費等のうち飲食その他これに類する行為のために要する費用（専ら当該法人の法人税法第2条第15号に規定する役員若しくは従業員又はこれらの親族に対する接待等のために支出するものを除く。以下「**飲食費**」という。）であって，その支出する金額を基礎として計算した金額（**飲食費として支出する金額を当該飲食費に係る飲食その他これに類する行為に参加した者の数で除して計算した金額**）が10,000円以下（**令和6年度の税制改正により，令和6年4月1日以後に支出するものから適用され，同日以前に支出したものは5,000円以下**）の費用

ハ　カレンダー，手帳，扇子，うちわ，手拭いその他これらに類する**物品を贈与するために通常要する費用**

ニ　**会議に関連して**，茶菓，弁当その他これらに類する**飲食物を供与するために通常要する費用**

ホ　新聞，雑誌等の**出版物又は放送番組を編集**するために行われる**座談会**その他記事の**収集のために**，又は**放送のための取材に通常要する費用**

(3)　**交際費等の額から除かれる飲食費の適用要件**（措規21の18の4）

その飲食費につき，**次に掲げる事項を記載した書類を保存**する必要がある。

イ　その飲食等のあった**年月日**

ロ　その飲食等に参加した得意先，仕入先その他事業に関係のある者等の**氏名又は名称及びその関係**

ハ　その飲食等に参加した者の**数**

ニ　その費用の**金額**並びにその飲食店，料理店等の**名称及びその所在地**

ホ　その他**飲食費であることを明らかにするために必要な事項**

(4)　**交際費等の額とその他の費目**

イ　**交際費等の額から除かれる主な費用**（措通61の4(1)-1）

主として次に掲げるような性質を有するものは交際費等には**含まれない**とされている。

(イ)　寄附金

(ロ)　値引き及び割戻し

(ハ) 広告宣伝費

(ニ) 福利厚生費

(ホ) 給与等

ロ　寄附金と交際費等との区分（措通61の4(1)－2）

事業に**直接関係のない者**に対して**金銭，物品等**の**贈与**をした場合において，それが寄附金であるか交際費等であるかは**個々の実態により判定**すべきであるが，**金銭**でした**贈与**は**原則**として**寄附金**とするものとし，次のようなものは交際費等に**含まない**とされている。

(イ) 社会事業団体，政治団体に対する拠金

(ロ) 神社の祭礼等の寄贈金

ハ　売上割戻し等と交際費等との区分（措通61の4(1)－3）

法人がその**得意先**である**事業者**に対し，**売上高**若しくは**売掛金の回収高**に**比例**して，又は**売上高の一定額ごと**に**金銭**で**支出**する**売上割戻しの費用**及びこれらの基準のほかに，**得意先の営業地域の特殊事情，協力度合い等**を**勘案**して**金銭**で**支出**する**費用**は，交際費等に**該当しない**とされている。

ニ　情報提供料等と交際費等との区分（措通61の4(1)－8）

法人が**取引に関する情報の提供**又は**取引の媒介，代理，あっせん等**の**役務の提供**（「情報提供等」）を行うことを**業としていない者（当該取引に係る相手方の従業員等を除く。）**に対して**情報提供等の対価**として**金品**を**交付**した場合であっても，その金品の交付につき，例えば**次の要件の全て**を満たしている等，その金品の交付が**正当な対価**の支払であると認められるときは，その**交付に要した費用**は交際費等に**該当しない**とされている。

(イ) その金品の交付が**あらかじめ締結された契約**に基づくものであること。

(ロ) 提供を受ける**役務の内容**が**当該契約**において**具体的に明らか**にされており，**かつ**，これに基づいて**実際に役務の提供を受けていること**。

(ハ) その交付した金品の**価額**がその提供を受けた役務の内容に照らし**相当**と認められること。

ホ　広告宣伝費と交際費等との区分（措通61の4(1)－9）

不特定多数の者に対する**宣伝的効果を意図する**ものは，広告宣伝費の性

質を有するものとし，次のようなものは交際費等に含まれないとされている。

(イ) 製造業者又は卸売業者が，抽選により，一般消費者に対し金品を交付するために要する費用又は一般消費者を旅行，観劇等に招待するために要する費用

(ロ) 製造業者又は卸売業者が，金品引換券付販売に伴い，一般消費者に対し金品を交付するために要する費用

(ハ) 製造業者又は販売業者が，一定の商品等を購入する一般消費者を旅行，観劇等に招待することをあらかじめ広告宣伝し，その購入した者を旅行，観劇等に招待する場合のその招待のために要する費用

(ニ) 小売業者が商品の購入をした一般消費者に対し景品を交付するために要する費用

(ホ) 一般の工場見学者等に製品の試飲，試食をさせる費用（これらの者に対する通常の茶菓等の接待に要する費用を含む。）

(ヘ) 得意先等に対する見本品，試用品の供与に通常要する費用

(ト) 製造業者又は卸売業者が，自己の製品又はその取扱商品に関し，これらの者の依頼に基づき，継続的に試用を行った一般消費者又は消費動向調査に協力した一般消費者に対しその謝礼として金品を交付するために通常要する費用

(注) 医薬品の製造業者（販売業者を含む。）における医師又は病院，化粧品の製造業者における美容業者又は理容業者，建築材料の製造業者における大工，左官等の建築業者，飼料，肥料等の農業用資材の製造業者における農家，機械又は工具の製造業者における鉄工業者等は，いずれもこれらの製造業者にとって一般消費者には当たらないとされている。

ヘ 福利厚生費と交際費等との区分（措通61の4(1)-10)

社内の行事に際して支出される金額等で，次のようなものは交際費等に含まれないとされている。

(イ) 創立記念日，国民祝日，新社屋落成式等に際し従業員等におおむね一律に社内において供与される通常の飲食に要する費用

第3章 損金　145

　　(ロ)　従業員等（従業員等であった者を含む。）又はその**親族等**の慶弔，
　　　禍福に際し**一定の基準**に従って支給される**金品**に要する費用
　ト　**給与等と交際費等との区分**（措通61の4(1)-12）
　　従業員等に対して支給する次のようなものは，給与の性質を有するもの
　として交際費等に**含まれない**とされている。
　　(イ)　**常時給与**される**昼食等**の費用
　　(ロ)　自社の製品，商品等を**原価以下**で従業員等に**販売**した場合の**原価に**
　　　達するまでの費用
　　(ハ)　機密費，接待費，交際費，旅費等の名義で支給したもの**のうち**，そ
　　　の法人の**業務のために使用したことが明らかでないもの**
(5)　**交際費等に含まれる費用の例示**（措通61の4(1)-15）
　　次のような費用は，原則として交際費等の金額に**含まれる**とされている。
　イ　会社の**何周年記念**又は**社屋新築記念**における**宴会費，交通費及び記念**
　　品代並びに**新船建造**又は**土木建築等**における**進水式，起工式，落成式等**
　　におけるこれらの費用（これらの費用が主として上記(4)へに該当するも
　　のである場合の費用を**除く**。）
　　　ただし，進水式，起工式，落成式等の**式典の祭事**のために通常要する
　　費用は，交際費等に**該当しない**。
　ロ　**下請工場，特約店，代理店等**となるため，又はするための**運動費等**の
　　費用
　　　ただし，これらの取引関係を結ぶために相手方である**事業者**に対して
　　金銭又は**事業用資産**を**交付**する場合のその費用は，交際費等に**該当しな**
　　い。
　ハ　**得意先，仕入先等社外の者**の慶弔，禍福に際し支出する**金品等**の費用
　ニ　**得意先，仕入先その他事業に関係のある者**（製造業者又はその卸売業
　　者と直接関係のないその製造業者の製品又はその卸売業者の扱う商品を
　　取り扱う販売業者を**含む**。）等を旅行，観劇等に**招待**する費用（卸売業
　　者が製造業者又は他の卸売業者から受け入れるホの負担額に相当する金
　　額を**除く**。）
　ホ　**製造業者又は卸売業者**がその製品又は商品の**卸売業者**に対し，**当該卸**

売業者が小売業者等を旅行，観劇等に招待する費用の全部又は一部を負担した場合のその負担額

ヘ　いわゆる総会対策等のために支出する費用で総会屋等に対して会費，賛助金，寄附金，広告料，購読料等の名目で支出する金品に係るもの

ト　建設業者等が高層ビル，マンション等の建設に当たり，周辺の住民の同意を得るために，当該住民又はその関係者を旅行，観劇等に招待し，又はこれらの者に酒食を提供した場合におけるこれらの行為のために要した費用

　　ただし，周辺の住民が受ける日照妨害，風害，電波障害等による損害を補償するために当該住民に交付する金品は，交際費等に該当しない。

チ　スーパーマーケット業，百貨店業等を営む法人が既存の商店街等に進出するに当たり，周辺の商店等の同意を得るために支出する運動費等（営業補償等の名目で支出するものを含む。）の費用

　　ただし，その進出に関連して支出するものであっても，主として地方公共団体等に対する寄附金の性質を有するもの及び法人税法施行令第14条第1項第6号イに掲げる費用の性質を有するものは，交際費等に該当しない。

リ　得意先，仕入先等の従業員等に対して取引の謝礼等として支出する金品の費用

ヌ　建設業者等が工事の入札等に際して支出するいわゆる談合金その他これに類する費用

ル　イからヌまでに掲げるもののほか，得意先，仕入先等社外の者に対する接待，供応に要した費用で上記(4)イの(イ)から(ホ)までに該当しない全ての費用

(6)　交際費等の損金不算入額の計算（措法61の4①，②）（交際費等の損金不算入額の推移は［表5］のとおりである。）

イ　法人が，平成26年4月1日から令和9年3月31日までの間に開始する各事業年度において支出する交際費等の額は，原則として損金の額に算入されないが，平成26年4月1日以後に開始する事業年度においては，交際費等のうち接待飲食費（注）の額の100分の50に相当する金額は，

損金の額に算入することとされている。

　ただし，**令和2年4月1日以後に開始**する事業年度においては，**令和2年度の税制改正**により，資本金の額又は出資金の額が**100億円を超える法人**については，接待飲食費の額の100分の50に相当する金額を損金算入ができる**特例を適用しない**こととされた。

（注）**接待飲食費**とは，交際費等のうち**飲食費**であって，法人税法上で整理・保存が義務付けられている帳簿書類に，飲食費に係る飲食等のあった年月日等の**所定の事項**（上記(3)の(イ)〜(ホ)の事項（(ハ)を除く。））を**記載**することにより，**飲食費であることを明らかにしている**ものをいうとされている。

　また，資本金の額又は出資金の額が**1億円以下の法人**（普通法人[33]のうちその事業年度終了の日において，法人税法第66条第6項第2号又は第3号に掲げる法人に該当するもの（以下「大法人の子会社等」という。）を**除く**。）については，**定額控除限度額**を超える金額が損金の額に算入されないこととなる。この場合の定額控除限度額は，**年800万円**に事業年度の月数を乗じてこれを12で除して計算した金額となる。

　なお，接待飲食費の額の50/100相当額の損金算入と定額控除限度額までの損金算入の**いずれかを選択適用**することができることとされている。

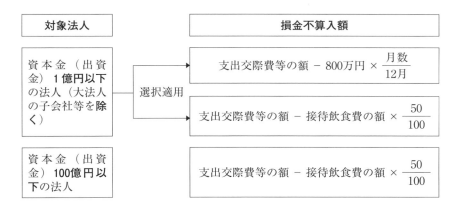

ロ　**資本又は出資を有しない法人・公益法人等・人格のない社団等の定額控除限度額（措令37の４）**

　資本又は出資を有しない法人・公益法人等・人格のない社団等の場合は，次の**区分**に応じ，それぞれ掲げられた方法により計算した**金額**をもって**期末資本金等の金額**とし，その金額に応じて定額控除限度額を求めることとされている。

区　　　分		期　末　資　本　金　等　の　金　額
①	資本又は出資を有しない法人（③を除く。）	期末貸借対照表に計上された金額に基づき，次の算式により計算した金額 （総資産の帳簿価額－総負債の帳簿価額（－当期利益＋当期欠損金）×60/100 （注）貸借対照表に利益の額が計上されている場合にはその金額を**控除**し，欠損金の額が計上されている場合にはその金額を**加算**する。
②	公益法人等又は人格のない社団等	期末資本金又は出資金の額 $\times$ $\dfrac{\text{分母のうち収益事業に係る資産の価額}}{\text{期末総資産価額}}$
③	資本又は出資を有しない公益法人等又は人格のない社団等	①の金額 $\times$ $\dfrac{\text{分母のうち収益事業に係る資産の価額}}{\text{期末総資産価額}}$

《設　例》交際費等の損金不算入額の計算

　乙株式会社の当期（令和６年７月１日から令和６年12月31日まで）末の資本金の額 3,000万円，当期の交際費等の支出額が 500万円（うち接待飲食費の額が 300万円）であるとした場合，その交際費等の損金不算入額を計算しなさい。

　なお，乙株式会社は大法人の子会社等ではない。

《解　答》

　定額控除限度額は，800万円×6/12＝400万円となり，接待飲食費の50％相当額（300万円×50％＝150万円）を上回ることから，定額控除限度額を選択する方が有利となる。

　したがって，損金不算入額を計算すると，500万円－400万円＝100万円となる。

第3章　損金　149

【別表十五】（令6.4.1以後終了事業年度分）

交際費等の損金算入に関する明細書		事業年度	6・4・1 6・12・31	法人名	乙　株式会社
支　出　交　際　費　等　の　額 （8の計）	1	円 5,000,000	損金算入限度額 （2）又は（3）	4	円 4,000,000
支出接待飲食費損金算入基準額 （9の計）× $\frac{50}{100}$	2	1,500,000			
中小法人等の定額控除限度額 〔（1）と（（800万円× $\frac{6}{12}$ ）又は （別表十五付表「5」））の少 ない金額〕	3	4,000,000	損　金　不　算　入　額 （1）－（4）	5	1,000,000

支　出　交　際　費　等　の　額　の　明　細

科　　　　目	支　　出　　額	交際費等の額から 控除される費用の額	差引交際費等の額	（8）のうち接待 飲食費の額
	6	7	8	9
交　際　費	円 5,000,000	円	円 5,000,000	円 3,000,000

【別表四】（簡易様式）（令6・4・1以後終了事業年度分）

所得の金額の計算に関する明細書（簡易様式）		事業年度	6・4・1 7・3・31	法人名	甲　株式会社	

区　　　　　　　　　　　分		総　額	処		分	
			留　保	社　外　流　出		
		①	②	③		
当　期　利　益　又　は　当　期　欠　損　の　額	1	円	円	配当	円	
				その他		
加算	損金経理をした法人税及び地方法人税（附帯税を除く。）	2				
	損金経理をした道府県民税及び市町村民税	3				
	損　金　経　理　を　し　た　納　税　充　当　金	4				
	損金経理をした附帯税（利子税を除く。），加算金， 延滞金（延納分を除く。）及び過怠税	5			その他	
	減　価　償　却　の　償　却　超　過　額	6				
	役　員　給　与　の　損　金　不　算　入　額	7			その他	
	交　際　費　等　の　損　金　不　算　入　額	8	1,000,000		その他	1,000,000
	通算法人に係る加算額（別表四付表「5」）	9			外※	
		10				
	小　　　　　　　　　　　　　計	11			外※	

［表3］平成19年度以降の税制改正の概要

改正年度	概　　　　　　　　　　　要	適用時期等
平成19年度	**1　償却可能限度額及び残存価額の廃止等** 　⑴　**平成19年4月1日以後に取得をする減価償却資産**（令48の2，61） 　　**償却可能限度額**（取得価額の95％相当額）及び**残存価額**が廃止され，耐用年数経過時点に「**残存簿価1円**」まで償却できるようになった。	平成19年4月1日以後に取得する減価償却資産に適用
	⑵　**平成19年3月31日以前に取得した減価償却資産**（令48，61） 　　前事業年度までの各事業年度においてした償却費の累積額が，取得価額の95％相当額まで到達している減価償却資産については，その到達した事業年度の翌事業年度（平成19年4月1日以後に開始する事業年度に限る。）以後において，定められた限度額計算に基づく償却計算を行い，残存簿価1円まで償却できるようになった。	
	2　新たな償却方法の整備 　新たな減価償却制度は，**平成19年4月1日以後に取得をする減価償却資産**に適用される。なお，法人が平成19年3月31日以前に取得をし，かつ，平成19年4月1日以後に事業の用に供した減価償却資産については，当該事業の用に供した日において当該減価償却資産を取得したものとみなして，新たな減価償却制度を適用することとなる。	
	⑴　**定額法** 　**新たな定額法**は，減価償却資産の**取得価額**に，その償却費が**毎年同一**となるように当該資産の耐用年数に応じた「定額法の償却率」（耐用年数省令別表第十に規定）を乗じて計算した金額を，各事業年度の償却限度額として償却を行うこととなる（令48の2①一）。	
	⑵　**定率法** 　**新たな定率法**の導入によって，**定額法の償却率の2.5倍**に設定された「定率法の償却率」（耐用年数省令別表第十に規定）が適用され，従前の制度に比して，早い段階において多額の償却を行うことが可能となり（令48の2），具体的には，次のとおりである。 　　イ　**新たな定率法**は，減価償却資産の**取得価額**に，その償却費が**毎年一定の割合で逓減**する	

第 3 章　損　金　151

ように当該資産の耐用年数に応じた「定率法の償却率」（耐用年数省令別表第十に規定）を乗じて計算した金額（**調整前償却額**）を事業供用 1 年目の償却限度額として償却を行い，**2 年目以後**は，当該資産の**期首帳簿価額**（取得価額から既にした償却費の累積額を控除した後の金額）に「定率法の償却率」を乗じて計算した金額（調整前償却額）を各事業年度の償却限度額として償却を行うこととされた。

ロ　その後，各事業年度の「**調整前償却額**」が，当該減価償却資産の**取得価額**に「**保証率**」（耐用年数省令別表第十に規定）を乗じて計算した金額である「**償却保証額**」に**満たない場合**は，その最初に満たないこととなる事業年度の期首帳簿価額（取得価額から既にした償却費の累積額を控除した後の金額）である改定取得価額に，その償却費がその後**毎年同一**となるように当該資産の耐用年数に応じた「**改定償却率**」（耐用年数省令別表第十に規定）を乗じて計算した金額を，各事業年度の償却限度額として償却を行うこととされた（令48の 2 ①二）。

3　償却方法の選定手続

(1)　減価償却資産の償却方法の選定

平成19年 4 月 1 日以後に取得をする減価償却資産の償却方法について，**平成19年 3 月31日以前**に取得したものと**区分**した上で，資産の種類ごとや事務所又は船舶ごとに選定し，確定申告書の提出期限までに，その有する減価償却資産と同一の区分に属する減価償却資産に係る当該区分ごとに採用する償却方法を記載した「減価償却資産の償却方法の届出書」を納税地の所轄税務署長に届け出ることとされている（令51①②）。

(2)　償却方法のみなし選定

平成19年 3 月31日以前に取得をされた減価償却資産について，「旧定額法」，「旧定率法」又は「旧生産高比例法」を選定している場合において，**平成19年 4 月 1 日以後**に取得をする減価償却資産で，同日前に取得をしたとしたならば，平成19年 3 月31日以前に取得をした資産と**同一の区分に属する**ものについては，上記(1)の届出書を**提出していないとき**は，それぞれが選定していた償却方法の区分に応じた選定をしたと**みなされ**，それぞれ

	「定額法」，「定率法」又は「生産高比例法」を適用することとされた（令51③）。	
	4　資本的支出の取得価額に関する規定の整備 既存の減価償却資産に対して平成19年4月1日以後に資本的支出を行った場合，その資本的支出は，その支出金額を固有の取得価額として，既存の減価償却資産と種類及び耐用年数を同じくする減価償却資産を新たに取得したものとされ，その種類と耐用年数に応じて償却を行っていくことになり，他方，既存の減価償却資産本体については，この資本的支出を行った後においても，現に採用されている償却方法により，償却を継続して行うこととなる（令55①）。	平成19年4月1日以後に支出する資本的支出に適用
平成20年度	**法定耐用年数の見直し及び耐用年数表における資産区分の大括り化** (1)　別表第一の有形減価償却資産に追加が行われた。 (2)　別表第二の機械及び装置の区分について，実態に即した使用年数を基に資産区分を整理し，390区分から55区分に改正された。 (3)　別表第四の減価償却資産に該当する生物の範囲にキウイフルーツ樹及びブルーベリー樹が追加されるとともに（法令13九），耐用年数の見直しが行われた。 (4)　旧別表第五「汚水処理用減価償却資産の耐用年数表」と旧別表第六「ばい煙処理用減価償却資産の耐用年数表」が統合され，新たに別表第五「公害防止用減価償却資産の耐用年数表」に改正された。 (5)　旧別表第七「農林業用減価償却資産の耐用年数表」は資産区分の見直しにより，別表第一及び別表第二に統合・整理されたことから，削除された。 (6)　旧別表第十一「平成19年3月31日以前に取得をされた減価償却資産の残存割合表」が，別表第九とされ，同表の「別表第四に掲げる生物」の欄が改正された。 (7)　旧別表第八「開発研究用減価償却資産の耐用年数表」は別表第六へ，旧別表第九「平成19年3月31日以前に取得をされた減価償却資産の償却率表」は別表第七へ，旧別表第十「平成19年4月1日以後に取得をされた減価償却資産の償却率，改定償却率及び保証率の表」は別表第八へそれぞれ改正されるとともに，償却方法の選	既存の減価償却資産を含め平成20年4月1日以後開始する事業年度分について適用（改正耐用年数省令附則2）。

第3章　損金　153

	定の単位について所要の整備が行われた（法規14）。	
平成23年6月	1　耐用年数の短縮（法令57①⑨⑮，61①，法規17三，18①二，②二，20②一　ロ） 耐用年数の短縮特例制度について，減価償却資産の使用可能期間のうち，いまだ経過していない期間（未経過使用可能期間）を基礎として，その償却限度額を計算することについて，所轄国税局長の承認を受けた場合には，その承認に係る未経過使用可能期間をもって耐用年数とすることとされた。 　また，その承認を受けた場合，定額法，生産高比例法などによる償却限度額等の計算の基礎となる取得価額には，承認を受けた日の属する事業年度の前事業年度までの償却額の累計額を含まないこととされたほか，所要の整備が行われた。	平成23年4月1日以後に開始する事業年度において平成23年6月30日以後に承認を受ける場合の償却限度額の計算に適用
	2　陳腐化した減価償却資産の償却限度額の特例の廃止（旧法令60の2，旧法規20の3）	平成23年3月31日前に開始した事業年度において償却限度額の特例の承認を受けた場合の償却限度額の計算については従前のとおり
平成23年12月	1　定率法の償却率等の見直し (1)　200％定率法の導入 定率法の償却率が見直され，平成24年4月1日以後に取得をする減価償却資産に適用される定率法の償却率が，定額法の償却率を2倍した償却率に引き下げられた（法令48の2①二ロ，耐用年数省令別表第十）。 　また，平成24年4月1日以後に取得をする減価償却資産に適用される「保証率」及び「改定償却率」についても，200％定率法の「償却率」の改正に合わせて見直された（耐用年数省令別表第十）。	平成24年4月1日以後に開始する事業年度の償却限度額の計算について適用
	(2)　改正事業年度の平成24年4月1日以後に取得をされた減価償却資産の250％定率法の適用 平成24年4月1日前に開始し，かつ，同日以後に終了する事業年度（「改正事業年度」）において，その有する減価償却資産の償却方法として定率法	

	を選定している法人が，同日からその事業年度終了の日までの期間内に減価償却資産を取得する場合には，その減価償却資産を平成24年3月31日以前に取得をしたものとみなして，250％定率法により償却することができることとされた。	
	⑶　平成19年4月1日から平成24年3月31日までの間に取得をされた減価償却資産の200％定率法の適用 法人が平成19年4月1日から平成24年3月31日までの間に取得をされた減価償却資産につき250％定率法を選定している場合において，平成24年4月1日の属する事業年度の確定申告書の提出期限（仮決算をした場合の中間申告書を提出する場合には，その中間申告書の提出期限）までに一定の事項を記載した届出書を所轄税務署長に提出したときは，その届出による法人の選択により，改正事業年度又は平成24年4月1日以後最初に開始する事業年度のいずれかの事業年度（「変更事業年度」）以後の各事業年度の償却限度額の計算については，その減価償却資産の全てを平成24年4月1日以後に取得をしたものとみなして200％定率法により償却することができることとされた。 　この特例の適用を受ける減価償却資産の耐用年数は，その減価償却資産の法定耐用年数及び未償却割合に対応する改正耐用年数省令附則別表（経過年数表）に定める経過年数を，その減価償却資産の法定耐用年数から控除した年数によることとされている。 　また，この耐用年数により償却保証額を計算する場合の減価償却資産の取得価額は，その減価償却資産の取得価額から変更事業年度の前事業年度までの各事業年度においてした償却の額の累積額を控除した金額となる。	
平成23年12月	2　資本的支出の取得価額の特例の整備 ⑴　新たな資産の取得とされる資本的支出の定率法の償却率 定率法を採用している場合において，平成24年4月1日以後に行われた資本的支出により新たに取得したものとされる追加償却資産は，200％定率法により償却を行うこととされた（法令48の2①二ロ，55①，耐用年数省令別表第十）。	平成24年4月1日以後に開始する事業年度の償却限度額の計算について適用
	⑵　平成19年4月1日から平成24年3月31日までの間に取得をされた減価償却資産に資本的支出	

第3章　損　金　155

	を行った場合の特例 定率法を採用している減価償却資産に資本的支出を行った場合の特例について，平成19年4月1日から平成24年3月31日までの間に取得をされた減価償却資産に対して平成24年4月1日以後に資本的支出を行った場合には適用がないこととされた（法令55④）。	
	(3)　経過措置 　イ　平成24年3月31日の属する事業年度の同日以前の期間内に資本的支出を行った場合において，定率法を採用している減価償却資産に資本的支出を行った場合の特例により新たに取得したものとされる一の減価償却資産は，平成24年4月1日以後に取得されたものとして200％定率法が適用されるのではなく，平成24年3月31日以前に取得されたものとして250％定率法により償却を行うこととされた。 　ロ　同一事業年度内に複数回の資本的支出を行った場合の特例の適用に当たって，改正事業年度において平成24年4月1日前の期間内に行った資本的支出により新たに取得したものとされる追加償却資産（「旧追加償却資産」）と同日以後に行った資本的支出により新たに取得したものとされる追加償却資産とは，異なる種類及び耐用年数の資産とみなすこととされた。	
平成25年度	耐用年数の見直し（耐用年数省令別表第二） 耐用年数省令別表第二の番号1から54までの区分によることのできないブルドーザー，パワーショベルその他の自走式作業用機械設備について，その耐用年数が8年（改正前17年）に短縮された。	平成25年4月1日以後に開始する事業年度分について適用
平成28年度	1　減価償却資産の償却方法の見直し 平成28年4月1日以後に取得をされた建物附属設備及び構築物並びに鉱業用減価償却資産のうち建物，建物附属設備及び構築物の償却の方法について，定率法が廃止された（法令48の2①一，三）。	平成28年4月1日以後に終了する事業年度の償却限度額の計算について適用
	2　資本的支出の取得価額の特例 平成28年3月31日の属する事業年度の同日以前の期間内に資本的支出がある場合において，資本的支出の取得価額の特例によりその事業年度の翌事業年度開始の時において新たに取得したものとされる減価	

	償却資産（建物附属設備及び構築物並びに鉱業用減価償却資産のうち建物，建物附属設備及び構築物に係る部分に限る。）については，**同日以前に取得をされた資産に該当するもの**として定率法により償却することとされた。	
令和4年度	**少額減価償却資産等の取得価額の損金算入特例に係る取扱いの整備** ①　少額減価償却資産の取得価額の損金算入制度（法令133），②一括償却資産の損金算入制度（法令133の2），③中小企業者等の少額減価償却資産の取得価額の損金算入特例（措法67の5）について，「貸付け（主な事業として行われるものを除く。）の用に供したものを除く。」とされ，原則として，貸付けの用に供した場合には，適用対象外とされた。	令和4年4月1日以後に取得等するものから適用

［表4］　その他の金融に関する取引に係る金銭債権を有する法人及び対象金銭債権

適　用　対　象　法　人	対　象　金　銭　債　権
イ　金融商品取引法第2条第9項に規定する金融商品取引業者（同法第28条第1項に規定する第一種金融商品取引業を行うものに限る。）に該当する内国法人	当該法人が行う金融商品取引法第35条第1項第2号（第一種金融商品取引業又は投資運用業を行う者の業務の範囲）に掲げる行為に係る金銭債権
ロ　質屋営業法第1条第2項に規定する質屋である内国法人	質屋営業法第十四条の帳簿に記載された質契約に係る金銭債権
ハ　割賦販売法第31条に規定する登録包括信用購入あっせん業者又は同法第35条の2の3第1項に規定する登録少額包括信用購入あっせん業者（注1）	割賦販売法第35条の3の56の規定により同法第35条の3の43第1項第6号に規定する基礎特定信用情報として同法第30条の2第3項に規定する指定信用情報機関に提供された同法第35条の3の56第1項第3号に規定する債務に係る金銭債権
ニ　割賦販売法第35条の2の23に規定する登録個別信用購入あっせん業者に該当する内国法人	
ホ　銀行法第2条第1項に規定する銀行の同条第8項に規定する子会社である同法第16条の2第1項第11号に掲げる会社のうち同法第10条第2項第5号に掲げる業務を営む内国法人	商業，工業，サービス業その他の事業を行う者から買い取った金銭債権（「買取債権」）で当該内国法人の左記のホからトまでに掲げる区分に応じそれぞれホからトまでに規定する業務として買い取ったもの

第3章　損金　157

ヘ　保険業法第2条第2項に規定する保険会社の同条第12項に規定する子会社である同法第106条第1項第12号に掲げる会社のうち同法第98条第1項第4号に掲げる業務を営む内国法人	
ト　ホ又はヘに規定する会社に準ずる一定の会社（注2）のうち，ホ又はヘに規定する業務に準ずる一定の業務（注2）を営む内国法人	
チ　貸金業法第2条第2項に規定する貸金業者に該当する内国法人	㈤　貸金業法第19条（同法第24条第2項において準用する場合を含む。）の帳簿に記載された同法第2条第3項に規定する貸付けの契約に係る金銭債権 ㈭　買取債権
リ　信用保証業を行う内国法人	当該法人の行う信用保証業に係る保証債務を履行したことにより取得した金銭債権

（注1）令和3年4月1日以降追加
（注2）**ホ又はヘに規定する会社に準ずる一定の会社**及び**一定の業務**（法規25の4の2）

一　定　の　法　人	一　定　の　業　務
イ　農業協同組合法第10条第1項第3号又は第10号の事業を行う農業協同組合の同法第11条の2第2項に規定する子会社である会社	同第10条第6項第6号に掲げる業務
ロ　農業協同組合法第10条第1項第3号の事業を行う農業協同組合連合会の同法第11条の2第2項に規定する子会社である同法第11条の66第1項第5号に掲げる会社	同第10条第6項第6号に掲げる業務
ハ　信用協同組合の協同組合による金融事業に関する法律第4条第1項に規定する子会社である同法第4条の2第1項第1号に掲げる会社	中小企業等協同組合法第9条の8第2項第10号に掲げる業務
ニ　中小企業等協同組合法第9条の9第1項第1号の事業を行う協同組合連合会の協同組合による金融事業に	中小企業等協同組合法第9条の8第2項第10号に掲げる業務

関する法律第 4 条第 1 項に規定する子会社である同法第 4 条の 4 第 1 項第 6 号に掲げる会社	
ホ　信用金庫の信用金庫法第32条第 6 項に規定する子会社である同法第54条の21第 1 項第 1 号に掲げる会社	同第53条第 3 項第 5 号に掲げる業務
ヘ　信用金庫連合会の信用金庫法第32条第 6 項に規定する子会社である同法第54条の23第 1 項第10号に掲げる会社	同第54条第 4 項第 5 号に掲げる業務
ト　長期信用銀行法第 2 条に規定する長期信用銀行の同法第13条の 2 第 2 項に規定する子会社である同条第 1 項第11号に掲げる会社	同第 6 条第 3 項第 4 号に掲げる業務
チ　長期信用銀行法第16条の 4 第 1 項に規定する長期信用銀行持株会社の同法第13条の 2 第 2 項に規定する子会社である同法第16条の 4 第 1 項第10号に掲げる会社	同第 6 条第 3 項第 4 号に掲げる業務
リ　労働金庫の労働金庫法第32条第 5 項に規定する子会社である同法第58条の 3 第 1 項第 1 号に掲げる会社	同第58条第 2 項第11号に掲げる業務
ヌ　労働金庫連合会の労働金庫法第32条第 5 項に規定する子会社である同法第58の 5 第 1 項第 6 号に掲げる会社	同第58条の 2 第 1 項第 9 号に掲げる業務
ル　銀行法第 2 条第13項に規定する銀行持株会社の同条第 8 項に規定する子会社である同法第52条の23第 1 項第10号に掲げる会社	同第10条第 2 項第 5 号に掲げる業務
ヲ　保険業法第 2 条第16項に規定する保険持株会社の同条第12項に規定する子会社である同法第271条の22第 1 項第12号に掲げる会社	同第98条第 1 項第 4 号に掲げる業務
ワ　農林中央金庫の農林中央金庫法第24条第 4 項に規定する子会社である同法第72条第 1 項第 8 号に掲げる会社	同第54条第 4 項第 5 号に掲げる業務

第 3 章 損 金　159

| カ　株式会社商工組合中央金庫の株式会社商工組合中央金庫法第23条第2項に規定する子会社である同法第39条第1項第6号に掲げる会社 | 同法第21条第4項第5号に掲げる業務 |

［表5］　交際費等の損金不算入額の推移

税制改正年度	改　　　正　　　内　　　容
昭和57年度	原則：全額損金不算入 　ただし，資本又は出資の金額が5,000万円以下の法人は定額控除限度額（資本金1,000万円以下の法人は年400万円，資本金1,000万円超5,000万円以下の法人は年300万円）の範囲内であれば，全額損金算入
平成6年度	資本又は出資の金額が5,000万円以下の法人は定額控除限度額のうち，10％相当額を損金不算入とした。
平成10年度	上記の損金不算入額が20％とされた。
平成14年度	資本金1,000万円超5,000万円以下の法人の定額控除限度額も年400万円とされた。
平成15年度	年400万円の定額控除限度額が認められる対象法人の範囲が，資本又は出資の金額が1億円以下の法人に拡充されるとともに，損金不算入割合が10％相当額に引き下げられた。
平成18年度	交際費等の範囲から1人当たり5,000円以下の一定の飲食費が除外された。
平成21年度	定額控除限度額が年600万円に引き上げられた。
平成22年度	定額控除限度額が認められる対象法人の範囲から，大法人による完全支配関係がある普通法人が除外された。
平成23年度	完全支配関係がある複数の大法人に発行済株式等の全部を保有されている法人については，中小企業者に係る定額控除の特例を適用しないこととされた。
平成25年度	損金不算入割合がゼロに引き下げられた。
平成26年度	交際費等の額のうち，接待飲食費の額の50％相当額を超える金額を損金不算入とすることとされた。
令和2年度	資本金の額等が100億円を超える法人につては，接待飲食費の額の50％相当額を超える金額を損金不算入とする特例を適用しないこととされた。
令和6年度	交際費等の範囲から除外される一定の飲食費に係る金額基準が

> 1人当たり10,000円以下に引き上げられた。

注

1 会計上，少額減価償却資産については，「中小企業の会計に関する指針」の33(3)で，「減価償却資産のうち取得価額が少額なものについては，その取得した事業年度において費用処理することができる。」と規定されている**のみ**である。

2 この会計基準の**整備の必要性**については，次のように記載されている。

　「研究開発は，企業の将来の収益性を左右する重要な要素であるが，近年，商品サイクルの**短期化**，新規技術に対するキャッチアップ期間の**短縮**及び研究開発の**広範化・高度化等**により，研究開発のための支出も**相当の規模**となっており，企業活動における研究開発の重要性が一層増大している。そのため，研究開発費の**総額**や研究開発の**内容等**の情報は，企業の経営方針や将来の収益予測に関する重要な投資情報として位置づけられている。

　研究開発費に類似する概念として，我が国には**試験研究費及び開発費**がある。しかし，試験研究費及び開発費は，その範囲が必ずしも明確でなく，また，**資産への計上が任意**となっていること等から，内外企業間の**比較可能性が阻害**されているとの指摘がなされている。

　このような状況を踏まえ，企業の研究開発に関する**適切な情報提供**，企業間の**比較可能性**及び**国際的調和**の観点から，研究開発費に係る会計基準を整備することが必要である。また，コンピュータの発達による高度情報化社会の進展の中で，企業活動における**ソフトウェアの果たす役割**が急速に重要性を増し，その制作のために支出する額も次第に多額になってきている。このソフトウェアの制作過程には研究開発に当たる活動が含まれているが，ソフトウェアについての明確な会計基準が存在せず，各企業において**区々の会計処理**が行われており，会計基準の整備が望まれている。

　このため，本基準では，ソフトウェア制作過程における研究開発の**範囲**を明らかにするとともに，ソフトウェア制作費に係る会計処理全体の**整合性**の観点から，研究開発費に該当しないソフトウェア制作費に係る会計処理についても明らかにすることとした。」

3 会社法上，繰延資産の項目は限定されていないが，報告第19号では，これまで限定列挙と解されていた繰延資産の項目を増やす検討は行っていない。したがって，5項目の繰延資産は，**結果として限定列挙**となる。なお，いわゆる**法人税法上の繰延資産**は，報告第19号における繰延資産には該当しないことになる。

　また，報告第19号では，繰延資産の考え方は企業会計原則に示されている考え方を**踏襲**しているものの，繰延資産の具体的な項目は，会社法などに対応するため，企業会計原則とは**異なるもの**がある。繰延資産の具体的な項目については，報告第19号の取扱いが企業会計原則の定めに**優先**することになる。

4 「時価」とは，企業会計基準第30号「時価の算定に関する会計基準」第5項に従い，算定日において市場参加者間で秩序ある取引が行われると想定した場合の，当該取引における資産の売却によって受け取る価格とする。

5 会社法第330条，農協法第30条の3等

6 民法第648条第1項

7 株主グループとは，その会社の一の株主等（その会社が自己の株式又は出資を有する場合のその会社を除く。）並びにその株主等と法人税法第2条第10号に規定する特殊の関係のある個人又は法人をいう（法令71②）とされている。

8 **定期給与**とは，あらかじめ定められた支給基準（慣習によるものを含む。）に基づいて，**毎日，毎週，毎月**のように月以下の期間を単位として**規則的**に**反復又は継続**して支給されるものを

いうのであるから，例えば，非常勤役員に対し年俸又は事業年度の期間俸を年1回又は年2回所定の時期に支給するようなものは，たとえその支給額が各月ごとの一定の金額を基礎として算定されているものであっても，同号に規定する定期同額給与には**該当しない**とされている（法基通9-2-12）。

9 **特別の事情**とは，例えば，法人の役員給与の額がその親会社の役員給与の額を**参酌**して決定されるなどの常況にあるため，当該親会社の定時株主総会の**終了後**でなければ当該法人の役員の定期給与の額の改定に係る決議ができない等の事情により定期給与の額の改定が**3月経過日等後**にされる場合をいうとされている（法基通9-2-12の2）。

10 **臨時改定事由**とは，例えば，定時株主総会後，次の定時株主総会までの間において**社長**が退任したことに伴い臨時株主総会の決議により**副社長**が**社長**に**就任**する場合や，**合併**に伴いその役員の職務の内容が**大幅**に**変更**される場合をいうとされ，この場合の役員の職制上の地位とは，定款等の規定又は総会若しくは取締役会の決議等により付与されたものをいうとされている（法基通9-2-12の3）。

11 **業績悪化改定事由**とは，経営状況が著しく悪化したことなどやむを得ず役員給与を減額せざるを得ない事情があることをいうのであるから，法人の**一時的な資金繰りの都合**や単に**業績目標値**に達しなかったことなどはこれに**含まれない**こととされている（法基通9-2-13）。

12 「**継続的に供与される経済的な利益のうち，その供与される利益の額が毎月おおむね一定であるもの**」とは，その役員が受ける経済的な利益の額が毎月おおむね一定であるものをいうのであるから，例えば，次に掲げるものはこれに該当するとされている（法基通9-2-11）。

1 次に掲げるもので，その額が**毎月おおむね一定**しているもの
 (1) 役員等に対して物品その他の資産を贈与した場合におけるその資産の価額に相当する金額
 (2) 役員等に対して所有資産を低い価額で譲渡した場合におけるその資産の価額と譲渡価額との差額に相当する金額
 (3) 役員等に対して無償又は低い対価で2の(1)及び(2)に掲げるもの以外の用役の提供をした場合における通常その用役の対価として収入すべき金額と実際に収入した対価の額との差額に相当する金額

2 **次に掲げる金額**（その額が毎月著しく変動するものを除く。）
 (1) 役員等に対してその居住の用に供する土地又は家屋を無償又は低い価額で提供した場合における通常取得すべき賃貸料の額と実際徴収した賃貸料の額との差額に相当する金額
 (2) 役員等に対して金銭を無償又は通常の利率よりも低い利率で貸し付けた場合における通常取得すべき利率により計算した利息の額と実際徴収した利息の額との差額に相当する金

3 役員等に対して機密費，接待費，交際費，旅費等の名義で支給したもののうち，その法人の**業務のために使用したことが明らかでないもの**で，**毎月定額**により支給される**渡切交際費**に係るもの

4 役員等のために**個人的費用**（毎月負担する住宅の光熱費，家事使用人給料等（その額が毎月著しく変動するものを除く。））を負担した場合におけるその費用の額に相当する金額

5 次に掲げる金額で**経常的に負担するもの**
 (1) 役員等が社交団体等の会員となるため又は会員となっているために要する当該社交団体の入会金，経常会費その他当該社交団体の運営のために要する費用で当該役員等の負担すべきものを法人が負担した場合におけるその負担した費用の額に相当する金額
 (2) 法人が役員等を被保険者及び保険金受取人とする生命保険契約を締結してその保険料の額の全部又は一部を負担した場合におけるその負担した保険料の額に相当する金額

13 **業績連動給与に連動しない退職給与の損金算入時期**（法基通9-2-28）
 退職した役員に対する退職給与の額の損金算入の時期は，株主総会の決議等によりその**額が具**

体的に確定した日の属する事業年度とする。ただし，その退職給与の額を**支払った日**の属する事業年度においてその支払った額につき**損金経理**をした場合には，**これを認める**とされている。

14 前掲［金子宏，2022年，ページ：415〜416］によれば，「寄附金が法人の純資産の減少の原因となることは事実であるが，それが法人の収益を生み出すのに必要な費用といえるかどうかは，きわめて判定の困難な問題である。もし，それが法人の事業に関連しない場合は，利益処分の性質をもつと考えるべきであろう。しかし，多くの場合，法人の支出した寄附金のうちどれだけが費用の性質をもち，どれだけが利益処分の性質をもつかを客観的に判定することが困難であるため，法人税法は，行政的便宜ならびに公平の維持の観点から，統一的な損金算入限度額を設け，寄附金のうちその範囲内の金額は費用として損金算入を認め，それをこえる部分の金額は損金に算入しないこととしている。」としている。

15 **子会社等を整理する場合の損失負担等**（法基通 9 − 4 − 1）

　法人がその子会社等の解散，経営権の譲渡等に伴い当該子会社等のために債務の引受けその他の損失負担又は債権放棄等（以下 9 − 4 − 1 において「損失負担等」という。）をした場合において，その損失負担等をしなければ今後より大きな損失を蒙ることになることが社会通念上明らかであると認められるためやむを得ずその損失負担等をするに至った等そのことについて相当な理由があると認められるときは，その損失負担等により供与する経済的利益の額は，寄附金の額に該当しないものとするとされている。

　(注) 子会社等には，当該法人と資本関係を有する者のほか，取引関係，人的関係，資金関係等において事業関連性を有する者が含まれる（以下 9 − 4 − 2 において同じ。）とされている。

16 **子会社等を再建する場合の無利息貸付け等**（法基通 9 − 4 − 2）

　法人がその子会社等に対して金銭の無償若しくは通常の利率よりも低い利率での貸付け又は債権放棄等（以下 9 − 4 − 2 において「無利息貸付け等」という。）をした場合において，その無利息貸付け等が例えば業績不振の子会社等の倒産を防止するためにやむを得ず行われるもので合理的な再建計画に基づくものである等その無利息貸付け等をしたことについて相当な理由があると認められるときは，その無利息貸付け等により供与する経済的利益の額は，寄附金の額に該当しないものとするとされている。

　(注) 合理的な再建計画かどうかについては，支援額の合理性，支援者による再建管理の有無，支援者の範囲の相当性及び支援割合の合理性等について，個々の事例に応じ，総合的に判断するのであるが，例えば，利害の対立する複数の支援者の合意により策定されたものと認められる再建計画は，原則として，合理的なものと取り扱うとされている。

17 令和 3 年 4 月 1 日以後に支出する寄附金について，特定公益増進法人の範囲に，定款にその地方独立行政法人の試験研究の成果を活用する事業又はその試験研究の成果の活用を促進する事業を実施する者に対する出資を行う旨の定めがある地方独立行政法人が追加された。

18 特定公益増進法人に対する寄附金の特別損金算入限度額の計算の対象から，令和 3 年 4 月 1 日以後に支出する出資に関する業務に充てられることが明らかなものが除外された。

　また，特別損金算入限度額の適用を受けるために保存することとされる書類に，その寄附金が主たる目的である業務に関連するものであることのほか，その寄附金が対象から除外される「出資に関する業務に充てられることが明らかな寄附金」でないことを証する書類の保存が必要となった。

19 医薬品，医療機器等の品質，有効性及び安全性の確保に関する法律の一部を改正する法律（令和元年法律第63号）附則第 1 条第 2 号に掲げる規定の施行の日（令和 3 年 8 月 1 日）から施行される。

20 法人が貸倒引当金につき当該事業年度の取崩額と当該事業年度の繰入額との差額を損金経理により繰り入れ又は取り崩して益金の額に算入している場合（差額補充法）においても，確定申告

書に添付する明細書にその相殺前の金額に基づく繰入れ等であることを明らかにしているときは，その相殺前の金額によりその繰入れ及び取崩しがあったものとして取り扱うこととされている（法基通11-1-1）。

　　なお，翌期の繰入額（90）を差額補充法により処理した場合の仕訳は，（借方）貸倒引当金30（貸方）貸倒引当金戻入益30のみであるが，当期の繰入限度額超過額（20）については，洗い替え法と同様に所得の金額から減算（留保）されることになる。

21　投資法人及び特定目的会社を除く。

22　法人税法第66条第5項第2号又は第3号に掲げる次の法人に該当するものを除く。

　ⅰ　大法人（資本金の額又は出資金の額が**5億円以上**である法人）との間に当該大法人による**完全支配関係**がある普通法人

　ⅱ　普通法人との間に完全支配関係がある全ての大法人が有する株式及び出資の全部を当該全ての大法人のうちいずれか一の法人が有するものとみなした場合において当該いずれか一の法人と当該普通法人との間に当該いずれか一の法人による**完全支配関係**があることとなるときの当該普通法人（ⅰに掲げる法人を除く。）

23　令和2年4月1日以後は，債券に表示されるべきものを除く。

　　また，令和4年4月1日以後に開始する事業年度においては，法人がその法人との間に完全支配関係がある他の法人に対して有する金銭債権は含まれないこととなる。

24　その算定が困難であるときは，当該保証人の前年（当該事業年度終了の日を含む年の前年をいう。）分の収入金額とすることが**できる**とされている。

25　当該保証人が他の債務者の金銭債権につき保証をしている場合には，当該他の債務者の金銭債権に係る保証債務の額の合計額を含めることが**できる**とされている。

26　令和3年4月1日以後開始する事業年度から，割賦販売法の登録少額包括信用購入あっせん業が追加され，繰入率が引き下げられた。なお，同日前に開始された事業年度については，従前の繰入率（1,000分の13）による。

27　「**合理的な基準**」とは，例えば，全ての債権者が有する貸金等について**同一の基準で切り捨てられた場合のその基準**をいい，特定の関係者等**のみ**が切り捨てるような場合は**該当しない**こととなる。

28　「**その他の第三者**」とは，**商社や主要取引先等**が考えられるとされている。

29　必ずしも当事者間の協議により締結された**契約による必要はなく**，債権者たる法人が債務者に対して書面により債務免除の事実を**明らかにしていれば足りる**とされていることから，**公正証書等の公証力のある書面によることを要しない**とされている。

30　本件取扱いは，法人税法第33条の資産の評価損の損金不算入の規定との関係から，金銭債権の**全額**が**回収不能**である場合に**限定**されており，金銭債権の**一部**が回収不能である場合に，その一部を貸倒れ処理することは**認められない**こととされている。

　　なお，法人税法第52条第1項の規定の適用に当たり，確定申告書に「個別評価金銭債権に係る貸倒引当金の損金算入に関する明細書」が添付されていない場合であっても，それが貸倒損失を計上したことに基因するものであり，かつ，当該確定申告書の提出後に当該明細書が提出されたときは，同条第4項の規定を適用し，当該貸倒損失の額を当該債務者についての個別評価金銭債権に係る貸倒引当金の繰入れに係る損金算入額として取り扱うことが**できる**とされている。（法基通11-2-2）

　　ただし，この場合には，同条第1項の規定の適用に関する**疎明資料の保存**がある場合に**限られる**。

31　「**その債務者の資産状況，支払能力等からみてその全額が回収できないことが明らかになった**」かどうかの**事実認定**は，**例えば**，債務者について破産，強制和議，強制執行，整理，死亡，行方

不明，債務超過，天災事故，経済事情の急変等の事実が発生したため回収の見込みがない場合の**ほか**，債務者についてこれらの事実が生じていない場合**であっても**，その資産状況等のいかんによっては，これに該当するものとして取り扱う等**弾力的に行われるべき**と考えられるとされている。[松尾公二，2023，ページ：1106]

32 「**取引の停止**」とは，継続的な取引を行っていた債務者につき，その資産状況，支払能力等が悪化したためにその後の取引を停止するに至った場合をいうのであるから，**例えば，不動産取引**のように，同一人に対し通常継続して行うことのないような取引を行った債務者に対して有する当該取引に係る売掛債権が1年以上回収できないとしても，この取扱いの**適用はない**とされている。

33 普通法人とは，公共法人（別表1に掲げる法人），公益法人等（別表2に掲げる法人）及び協同組合等（別表3に掲げる法人）以外の法人をいい，人格のない社団等を含まないとされている（法法2九）。

第II編

企業会計基準と法人税法の相違

企業会計基準に定められている会計処理の中には，法人税の課税所得の計算上，何ら調整が必要のないものと，そうでないものがある。

　税務調整を，個別の会計基準を前提とした会計処理に対する申告調整か否かという点で分類すると，例えば，次のように考えられるとしている［日本公認会計士協会東京会編，2023，ページ：26］。

分　類	申告調整の内容	会　計　基　準　・　制　度
会計基準を**前提とする**	企業会計基準に基づく計算が**税務上否認**される	資産除去債務に関する会計基準（企業会計基準18号）
		固定資産の減損に係る会計基準の適用指針（企業会計基準適用指針6号）
		税効果会計に係る会計基準（企業会計審議会）
		収益認識に関する会計基準（企業会計基準29号）
	会計基準が示す会計処理を**前提**とした**税務調整**を行う	会計上の変更及び誤謬の訂正に関する会計基準（企業会計基準24号）
	会計基準に基づく計算が税務上**固有の計算に修正**される	・事業分離等に関する会計基準（企業会計基準7号） ・企業結合に関する会計基準（企業会計基準21号）
会計基準を**前提としない**	会計上の利益が税務上**固有の計算により修正**される	税務上の繰延資産
		グループ法人税制
		連結納税

　以下，上記の「会計基準を前提とする」もののうち，「企業会計基準に基づく計算が税務上否認される」及び「会計基準が示す会計処理を前提とした税務調整を行う」について，企業会計上の処理を解説した上で，**税務上，どのような調整が行われるのか**を解説する。

第1章 企業会計基準に基づく計算が税務上否認される項目

1-1 資産除去債務

1 会計上の取扱い

(1) 資産除去債務の負債計上（会計基準第18号4.5.及び26.）

　資産除去債務[1]は，有形固定資産[2]の取得，建設，開発又は通常の使用によって発生した時に負債として計上するとし，資産除去債務の発生時に，当該債務の金額を合理的に見積ることができない場合には，これを計上せず，当該債務額を合理的に見積ることができるようになった時点で負債として計上するとしている。

　なお，通常の使用とは，有形固定資産を意図した目的のために正常に稼働させることをいい，有形固定資産を除去する義務が，不適切な操業等の異常な原因によって発生した場合には，資産除去債務として使用期間にわたって費用配分すべきものではなく，引当金の計上や「固定資産の減損に係る会計基準」（平成14年8月 企業会計審議会）の適用対象とすべきものと考えられるとしている。

(2) 資産除去債務の算定（会計基準第18号6.及び29.）

　資産除去債務はそれが発生したときに，有形固定資産の除去[3]に要する割引前の将来キャッシュ・フローを見積り，割引後の金額（割引価値）で算定するとしている。

　　イ　割引前の将来キャッシュ・フローは，合理的で説明可能な仮定及び予測に基づく自己の支出見積りによるとし，その見積金額は，生起する可能性の最も高い単一の金額又は生起し得る複数の将来キャッシュ・フローをそれぞれの発生確率で加重平均した金額とするとしている。

また，将来キャッシュ・フローには，有形固定資産の除去に係る作業のために直接要する支出の**ほか**，**処分に至るまでの支出**（例えば，保管や管理のための支出）も**含める**としている。

ロ　**割引率**は，貨幣の時間価値を反映した**無リスクの税引前の利率**とするとしている。

なお，有形固定資産自体を除去する義務はなくとも，当該有形固定資産に使用されている**有害物質自体の除去義務**は資産除去債務に**含まれる**とし，この場合に資産除去債務の計上の対象となるのは，当該有形固定資産の除去費用**全体ではなく**，有害物質の除去に**直接関わる費用**であるとしている。

(3)　**資産除去債務に対応する除去費用の資産計上と費用配分**（会計基準第18号7.〜9．及び48.）

資産除去債務に対応する**除去費用**は，資産除去債務を負債として計上した時に，当該負債の計上額と**同額**を関連する有形固定資産の帳簿価額に**加える**とし，資産計上された資産除去債務に対応する除去費用は，**減価償却を通じて**，当該有形固定資産の**残存耐用年数**にわたり，**各期に費用配分**するとしている。

また，資産除去債務が有形固定資産の稼働等に従って，**使用の都度発生する場合**には，資産除去債務に対応する除去費用を**各期**において**それぞれ資産計上**し，関連する有形固定資産の残存耐用年数にわたり，各期に費用配分するとしている。

なお，この場合には，上記の処理のほか，除去費用をいったん資産に計上し，当該計上時期と同一の期間に，資産計上額と同一の金額を費用処理することも**できる**としている。

さらに，時の経過による資産除去債務の**調整額**は，その**発生時の費用**として処理するとし，当該調整額は，期首の負債の帳簿価額に当初負債計上時の割引率を乗じて算定するとしている。すなわち，将来の支出見込額と当初計上する資産除去債務額との**差額**は，「時の経過による資産除去債務の調整額」として，当該金額を資産除去債務に**加算**していくとともに，**各期の利息費用**として計上することとしている。

第1章　企業会計基準に基づく計算が税務上否認される項目　　169

2　税務上の取扱い

　資産除去債務について，上記の会計処理及びその考え方に基づき，税務上の取扱いを次の3点から検討すると，次のとおりとなる。

⑴　減価償却資産の取得価額（法令54①一）

　資産計上された除却債務分の金額は，資産の購入に要した費用若しくは事業の用に供するために直接要するための費用に**該当しない**ことから，減価償却資産の取得価額に**算入することはできない。**

⑵　減価償却限度額（法令58）

　資産除去債務の額を**含めた会計上の償却額**は，税務上の取得価額に基づき計算された償却限度額を**超過する**こととなるので，当該償却超過額を**加算**（留保）することとなる。

⑶　利息費用の取扱い（法法22③，法基通2-2-12，7-3-1の2）

　利息費用は，固定資産を**取得するための借入金の利子でもなく，債務として確定しているものでもない**ことから，各事業年度の損金の額とは**認められず**，当該金額を**加算**（留保）することとなる。

《計算例》資産除去債務の具体的な計算と申告調整

　平成20年3月31日付「資産除去債務に関する会計基準の適用指針」（企業会計基準適用指針第21号）

〔前提条件〕

　Y社は，20X1年4月1日に設備を取得し，使用を開始した。当該設備の取得原価は10,000,000円，耐用年数は5年であり，Y社には当該設備を使用後に除去する法的義務がある。Y社が当該設備を除去するときの支出は1,000,000円と見積られている。

　20X6年3月31日に設備が除去された。当該設備の除去に係る支出は1,050,000円であった。資産除去債務は取得時にのみ発生するものとし，Y社は当該設備について残存価額0円で定額法により減価償却を行っている。割引率は3.0%とする。Y社の決算日は3月31日であるものとする。

〔会計処理〕（単位：円）

(1) 20X1年4月1日（設備の取得と関連する資産除去債務の計上）

（借方）有形固定資産 10,862,609 　（貸方）現金預金 10,000,000

資産除去債務(*1) 862,609

（*1）将来キャッシュ・フロー見積額 $1,000,000 \div (1.03)^5 = 862,609$

(2) 20X2年3月31日

イ　時の経過による資産除去債務の増加

（借方）費用（利息費用） 25,878 　（貸方）資産除去債務(*2) 25,878

（*2）20X1年4月1日における資産除去債務 $862,609 \times 3.0\% = 25,878$

ロ　設備と資産計上した除去費用の減価償却

（借方）費用（減価償却費）(*3) 2,172,522 　（貸方）減価償却累計額 2,172,522

（*3）設備の減価償却費 $10,000,000 \div 5$ 年＋除去費用資産計上額 $862,609 \div 5$ 年 $= 2,172,522$

(3) 20X3年3月31日

イ　時の経過による資産除去債務の増加

（借方）費用（利息費用） 26,655 　（貸方）資産除去債務(*4) 26,655

（*4）20X2年3月31日における資産除去債務 $(862,609 + 25,878) \times 3.0\% = 26,655$

ロ　設備と資産計上した除去費用の減価償却

（借方）費用（減価償却費）(*5) 2,172,522 　（貸方）減価償却累計額 2,172,522

（*5）設備の減価償却費 $10,000,000 \div 5$ 年＋除去費用資産計上額 $862,609 \div 5$ 年 $= 2,172,522$

第1章　企業会計基準に基づく計算が税務上否認される項目　171

(4)　20X4年3月31日

　イ　時の経過による資産除去債務の増加

　　(借方) 費　　　用 （利息費用）　　27,454　　(貸方) 資 産 除 去 債 務 (*6)　　27,454

　　(*6)　20X3年3月31日における資産除去債務（862,609＋25,878＋26,655）×3.0％＝27,454

　ロ　設備と資産計上した除去費用の減価償却

　　(借方) 費　　　用 （減価償却費） (*7)　2,172,522　　(貸方) 減 価 償 却 累 計 額　　2,172,522

　　(*7)　設備の減価償却費10,000,000÷5年＋除去費用資産計上額862,609÷5年＝2,172,522

(5)　20X5年3月31日

　イ　時の経過による資産除去債務の増加

　　(借方) 費　　　用 （利息費用）　　28,278　　(貸方) 資 産 除 去 債 務 (*8)　　28,278

　　(*8)　20X4年3月31日における資産除去債務（862,609＋25,878＋26,655＋27,454）×3.0％＝28,278

　ロ　設備と資産計上した除去費用の減価償却

　　(借方) 費　　　用 （減価償却費） (*9)　2,172,522　　(貸方) 減 価 償 却 累 計 額　　2,172,522

　　(*9)　設備の減価償却費10,000,000÷5年＋除去費用資産計上額862,609÷5年＝2,172,522

(6)　20X6年3月31日

　イ　時の経過による資産除去債務の増加

　　(借方) 費　　　用 （利息費用）　　29,126　　(貸方) 資 産 除 去 債 務 (*10)　　29,126

　　(*10)　20X5年3月31日における資産除去債務（862,609＋25,878＋26,655＋27,454＋28,278）×3.0％＝29,126

ロ　設備と資産計上した除去費用の減価償却

（借方）費　　用（＊11）2,172,521　（貸方）減価償却 2,172,521
　　　　（減価償却費）　　　　　　　　　　累計額

（＊11）設備の減価償却費　10,000,000÷5年＋除去費用資産計上額
　　　　862,609−172,522×4　＝2,172,521

ハ　設備の除去及び資産除去債務の履行

　設備の使用終了に伴い除去することとする。除去に係る支出が当初の見積りを上回ったため，差額を費用計上する。

（借方）減価償却 10,862,609　（貸方）有形固定 10,862,609
　　　　累計額　　　　　　　　　　　　　資産

（借方）資産除去（＊12）1,000,000　　　現金預金 1,050,000
　　　　債　務

　　　　費　　用 50,000
　　　　（履行差額）

（＊12）20X6年3月31日における資産除去債務　862,609＋25,878＋26,655
　　　　＋27,454＋28,278＋29,126＝　1,000,000

【税務調整】

　上記2のとおり，税務上は，20X1年4月1日に計上された資産除去債務862,609円と同額を関連する有形固定資産の帳簿価額に加えることは**認められず**，当該金額を**除いた税務上の取得価額**に基づき，耐用年数は5年（税法上の耐用年数と一致）で，定額法（償却率は0.200）による減価償却限度額を計算する。

　また，各期に計上される時の経過による資産除去債務の増加額である**利息相当額**についても，各期の所得の金額の計算上，**損金の額には算入されない**。

　したがって，20X6年3月31日において，設備の除去及び資産除去債務の履行が**実際に行われた時点**で，減価償却超過額及び利息費用の**清算**並びに資産除去債務の**実額の計上**を行うこととなる。

　以上のことから，20X1年4月1日，20X2年3月31日及び20X6年3月31日の**税法の考え方のみに基づいた場合**に行われたであろう**仕訳**並びに申告書別

第1章　企業会計基準に基づく計算が税務上否認される項目　173

表四及び別表五（一）の**記載例**を示すと次のとおりとなる。

⑴　**20X1年４月１日**

　　イ　**税法の考え方のみに基づいた場合に行われたであろう仕訳**

　　　（借方）有 形 固 定　　10,000,000　（貸方）現 金 預 金　　10,000,000
　　　　　　　資　　　産

　　ロ　**申告調整仕訳**

　　　（借方）資 産 除 去　　862,609　（貸方）有 形 固 定　　862,609
　　　　　　　債　　　務　　　　　　　　　　　　資　　　産

⑵　**20X2年３月期**

　　イ　**税法の考え方のみに基づいた場合に行われたであろう仕訳**

　　　（借方）減価償却費（＊1）　2,000,000　（貸方）減 価 償 却　　2,000,000
　　　　　　　　　　　　　　　　　　　　　　　　累 計 額

　　　（＊1）設備の減価償却費　10,000,000×0.200＝2,000,000

　　ロ　**申告調整仕訳（申告書別表記載科目）**

　　　（借方）資 産 除 去　　25,878　（貸方）利 息 費 用　　25,878
　　　　　　　債　　　務
　　　　　　　（利息費用否認（＊2））

　　　（＊2）資産除去債務の時の経過による増加額を申告調整（加算・留保）

　　　（借方）減 価 償 却　　172,522　（貸方）減価償却費　　172,522
　　　　　　　累 計 額
　　　　　　　（減価償却超過額）

⑶　**20X6年３月期**

　　イ　**税法の考え方のみに基づいた場合に行われたであろう仕訳**

　　　（借方）減 価 償 却　　10,000,000　（貸方）有 形 固 定　　10,000,000
　　　　　　　累 計 額　　　　　　　　　　　　　資　　　産

　　　（借方）固 定 資 産（＊3）　1,050,000　（貸方）現 金 預 金　　1,050,000
　　　　　　　除 却 損

　　　（＊3）設備を実際に除去した時点で実額を損金の額に算入

ロ　申告調整仕訳（申告書別表記載科目）

（借方）資 産 除 去 債 務　　29,126　（貸方）利 息 費 用　　29,126

（利息費用否認）

（借方）減価償却累計 額　　172,521　（貸方）減価償却費　　172,521

（減価償却超過額）

（借方）有 形 固 定 資 産　　862,609　（貸方）資 産 除 去 債 務（*4）　1,000,000

（減価償却超過額認容）

資 産 除 去 債 務　　137,391

（利息費用否認認容）

（*4）資産除去債務に係る過年度の申告調整額を清算

〈20X1年 4 月 1 日〉

【別表四】（簡易様式）（令 6 ・ 4 ・ 1 以後終了事業年度分）

所 得 の 金 額 の 計 算 に 関 す る 明 細 書 （ 簡 易 様 式 ）		事業年度	×1・4・1 ×2・3・31	法人名	Y 社
区　　　　　　　　　　分		総　額	処		分
			留　保	社外流出	
		①	②	③	
当 期 利 益 又 は 当 期 欠 損 の 額	1	円	円	配当	円
				その他	
加算	損金経理をした法人税及び地方法人税（附帯税を除く。）	2			
	損金経理をした道府県民税及び市町村民税	3			
	損 金 経 理 を し た 納 税 充 当 金	4			
	損金経理をした附帯税（利子税を除く。），加算金，延滞金（延納分を除く。）及び過怠税	5		その他	
	減 価 償 却 の 償 却 超 過 額	6			
	役 員 給 与 の 損 金 不 算 入 額	7		その他	
	交 際 費 等 の 損 金 不 算 入 額	8		その他	
	通算法人に係る加算額（別表四付表「5」）	9		外※	
	資 産 除 去 債 務	10	862,609	862,609	
	小 計	11		外※	
減 価 償 却 超 過 額 の 当 期 認 容 額		12			
納 税 充 当 金 か ら 支 出 し た 事 業 税 等 の 金 額		13			

第1章　企業会計基準に基づく計算が税務上否認される項目　175

	区分		総額	減	増	※
減	受取配当等の益金不算入額（別表八（一）「5」）	14				※
	外国子会社から受ける剰余金の配当等の益金不算入額（別表八（二）「26」）	15				※
	受 贈 益 の 益 金 不 算 入 額	16				※
	適 格 現 物 分 配 に 係 る 益 金 不 算 入 額	17				※
	法人税等の中間納付額及び過誤納に係る還付金額	18				
	所得税額等及び欠損金の繰戻しによる還付金額等	19				※
算	通算法人に係る減算額（別表四付表「10」）	20				※
	有 形 固 定 資 産 （ 設 備 ）	21	862,609	862,609		
	小　　　　　　　計	22				外※
	仮　　計　　(1)＋(11)−(22)	23				外※

【別表五（一）】（令6.4.1以後終了事業年度分）

利益積立金額及び資本金等の額の計算に関する明細書		事業年度	×1・4・1 ×2・3・31	法人名	Y　社

I　利　益　積　立　金　額　の　計　算　に　関　す　る　明　細　書

区　　　　　　分		期 首 現 在 利益積立金額	当 期 の 増 減		差引翌期首現在 利 益 積 立 金 額 ①−②＋③
			減	増	
		①	②	③	④
利　益　準　備　金	1	円	円	円	円
積　立　金	2				
有 形 固 定 資 産 （ 設 備 ）	3			△　862,609	△　862,609
資　産　除　去　債　務	4			862,609	862,609
	5				
	6				
	7				

〈20X2年3月期〉

【別表四】（簡易様式）（令6・4・1以後終了事業年度分）

所 得 の 金 額 の 計 算 に 関 す る 明 細 書 （ 簡 易 様 式 ）		事業年度	×1・4・1 ×2・3・31	法人名	Y　社

区　　　　　　分		総　額	処　　　　　分		
			留　保	社　外　流　出	
		①	②	③	
当 期 利 益 又 は 当 期 欠 損 の 額	1	円	円	配当	円
				その他	
損金経理をした法人税及び地方法人税（附帯税を除く。）	2				
損金経理をした道府県民税及び市町村民税	3				
損 金 経 理 を し た 納 税 充 当 金	4				

	区分		①	②	社外流出
加	損金経理をした附帯税（利子税を除く。），加算金，延滞金（延納分を除く。）及び過怠税	5			その他
	減価償却の償却超過額	6			
	役員給与の損金不算入額	7			その他
	交際費等の損金不算入額	8			その他
	通算法人に係る加算額（別表四付表「5」）	9			外※
	減価償却超過額	10	172,522	172,522	
算	利息費用否認		25,878	25,878	
	小　　計	11			外※
減	減価償却超過額の当期認容額	12			
	納税充当金から支出した事業税等の金額	13			
	受取配当等の益金不算入額（別表八（一）「5」）	14			※
	外国子会社から受ける剰余金の配当等の益金不算入額（別表八（二）「26」）	15			※
	受贈益の益金不算入額	16			※
	適格現物分配に係る益金不算入額	17			※
	法人税等の中間納付額及び過誤納に係る還付金額	18			
算	所得税額等及び欠損金の繰戻しによる還付金額等	19			※
	通算法人に係る減算額（別表四付表「10」）	20			※
		21			
	小　　計	22			外※
仮　　計　　(1)＋(11)－(22)		23			外※

【別表五（一）】（令6.4.1以後終了事業年度分）

利益積立金額及び資本金等の額の計算に関する明細書			事業年度	×1・4・1 ×2・3・31	法人名	Y　社

I　利益積立金額の計算に関する明細書					
区　　分		期首現在利益積立金額 ①	当期の増減 減 ②	当期の増減 増 ③	差引翌期首現在利益積立金額 ①－②＋③ ④
利　益　準　備　金	1	円	円	円	円
積　立　金	2				
有形固定資産（設備）	3	△　862,609			△　862,609
減価償却超過額	4			172,522	172,522
資産除去債務	5	862,609		25,878	888,487
	6				
	7				

第1章　企業会計基準に基づく計算が税務上否認される項目　177

〈20X6年3月期〉

【別表四】（簡易様式）（令6・4・1以後終了事業年度分）

所得の金額の計算に関する明細書（簡易様式）		事業年度 ×5・4・1 ×6・3・31		法人名 Y社	
区　　分		総　額	処　　　　分		
			留　保	社 外 流 出	
		①	②	③	
当 期 利 益 又 は 当 期 欠 損 の 額	1	円	円	配当	円
				その他	
加算	損 金 経 理 を し た 法 人 税 及 び 地 方 法 人 税（附帯税を除く。）	2			
	損 金 経 理 を し た 道 府 県 民 税 及 び 市 町 村 民 税	3			
	損 金 経 理 を し た 納 税 充 当 金	4			
	損金経理をした附帯税（利子税を除く。），加算金，延滞金（延納分を除く。）及び過怠税	5			その他
	減 価 償 却 の 償 却 超 過 額	6			
	役 員 給 与 の 損 金 不 算 入 額	7			その他
	交 際 費 等 の 損 金 不 算 入 額	8			その他
	通 算 法 人 に 係 る 加 算 額（別表四付表「5」）	9			外※
	減 価 償 却 超 過 額	10	172,521	172,521	
	利 息 費 用 否 認		29,126	29,126	
	小 計	11			外※
減算	減 価 償 却 超 過 額 の 当 期 認 容 額	12			
	納 税 充 当 金 か ら 支 出 し た 事 業 税 等 の 金 額	13			
	受 取 配 当 等 の 益 金 不 算 入 額（別表八（一）「5」）	14			※
	外国子会社から受ける剰余金の配当等の益金不算入額（別表八（二）「26」）	15			※
	受 贈 益 の 益 金 不 算 入 額	16			※
	適 格 現 物 分 配 に 係 る 益 金 不 算 入 額	17			※
	法 人 税 等 の 中 間 納 付 額 及 び 過 誤 納 に 係 る 還 付 金 額	18			
	所 得 税 額 等 及 び 欠 損 金 の 繰 戻 し に よ る 還 付 金 額 等	19			※
	通 算 法 人 に 係 る 減 算 額（別表四付表「10」）	20			※
	減 価 償 却 超 過 額 認 容	21	862,609	862,609	
	利 息 費 用 認 容		137,391	137,391	
	小 計	22			外※
	仮 計 (1)+(11)-(22)	23			外※

【別表五（一）】（令6.4.1以後終了事業年度分）

利益積立金額及び資本金等の額の計算に関する明細書		事業年度	×5・4・1 ×6・3・31	法人名	Y 社

Ⅰ 利 益 積 立 金 額 の 計 算 に 関 す る 明 細 書

区　　　　　分		期 首 現 在 利 益 積 立 金 額	当 期 の 増 減		差引翌期首現在 利 益 積 立 金 額 ①－②＋③
			減	増	
		①	②	③	④
利　益　準　備　金	1	円	円	円	円
積　立　金	2				
有形固定資産（設備）	3	△　　862,609	△　　862,609		0
減 価 償 却 超 過 額	4	690,088	862,609	172,521	0
資 産 除 去 債 務	5	970,874	1,000,000	29,126	0
	6				
	7				

1－2　固定資産に係る減損会計

1　会計上の取扱い

⑴　減損会計意見書の基本的考え方（第三）

　イ　事業用の固定資産については，通常，市場平均を超える成果を期待して事業に使われているため，市場の平均的な期待で決まる時価が変動しても，企業にとっての投資の価値がそれに応じて変動するわけではなく，また，投資の価値自体も，投資の成果であるキャッシュ・フローが得られるまでは実現したものではない。そのため，事業用の固定資産は取得原価から減価償却等を控除した金額で評価され，通常の損益計算においては，そのような資産評価に基づいて算定された費用等を用いて損益が計上されている。

　　しかし，事業用の固定資産であっても，その収益性が当初の予想よりも低下し，資産の回収可能性を帳簿価額に反映させなければならない場合がある。このような場合における固定資産の減損処理は，棚卸資産の評価減，固定資産の物理的な減失による臨時損失や耐用年数の短縮に伴う臨時償却などと同様に，事業用資産の過大な帳簿価額を減額し，将来

に損失を繰り延べないために行われる会計処理と考えることが適当である。これは，企業会計において，資産を評価の観点から，貨幣性資産と非貨幣性資産（又は費用性資産）に分類し，「前者は時価で，後者は原則として取得原価を付すが，投資価値が回収できなくなったことが明らかになった場合にはその回収可能価額で評価する。」という考え方からすれば当然である。

　よって固定資産に係る減損会計は，金融商品（貨幣性資産）に適用されている時価評価（資産価値の変動によって利益を測定することや，決算日における資産価値を貸借対照表に表示することを目的とするもの）とは異なり，**取得原価基準の下で行われる帳簿価額の臨時的な減額**である。

ロ　固定資産の帳簿価額を臨時的に減額する会計処理の一つとして，**臨時償却**がある。**臨時償却**とは，減価償却計算に適用されている耐用年数又は残存価額が，**予見することのできなかった原因等**により**著しく不合理**となった場合に，**耐用年数の短縮や残存価額の修正**に基づいて一時に行われる減価償却累計額の修正であり，固定資産の減損に係る会計とは別なものである。

ハ　**固定資産の減損**とは，**資産の収益性の低下により投資額の回収が見込めなくなった状態**であり，**減損処理**とは，そのような場合に，**一定の条件の下で回収可能性を反映させるように帳簿価額を減額する会計処理**である。

　減損処理は，本来，**投資期間全体を通じた投資額の回収可能性を評価**し，**投資額の回収が見込めなくなった時点で**，**将来に損失を繰り延べないために帳簿価額を減額する会計処理**と考えられるから，**期末の帳簿価額を当該資産の売却等による回収可能性だけを考慮して見直すだけで**は，収益性の低下による減損損失を**正しく認識することはできない**。帳簿価額の回収が見込めない場合であっても，過年度の回収額を考慮すれば投資期間全体を通じて投資額の回収が見込める場合もあり，また，過年度の減価償却などを修正したときには，修正後の帳簿価額の回収が見込める場合もあり得るからである。

⑵ 具体的な会計処理等

イ　減損会計の対象資産（適用指針第6号5. 及び6.）

　固定資産を対象に適用し（減損会計基準　一），当該固定資産には，**有形固定資産，無形固定資産**及び**投資その他の資産**が**含まれる**とされている。

　ただし，他の基準に減損処理に関する定めがある資産については，対象資産から**除かれる**（減損会計基準　一）とされている[4]。

ロ　資産のグルーピング（適用指針第6号7.）

　減損損失を認識するかどうかの判定と減損損失の測定において行われる資産のグルーピングは，他の資産又は資産グループのキャッシュ・フローから概ね独立したキャッシュ・フローを生み出す**最小の単位**で行う（減損会計基準　二6⑴）こととされている。

ハ　減損の兆候（適用指針第6号11.～15.）

　減損の兆候（資産又は資産グループに減損が生じている可能性を示す事象）がある場合には，当該資産又は資産グループについて，減損損失を認識するかどうかの**判定**を行う（減損会計基準　二1）こととし，**減損の兆候**としては，例えば，**次の事象**が考えられるとしている。

　㈠　資産又は資産グループが使用されている営業活動から生ずる損益又はキャッシュ・フローが，**継続してマイナスとなっているか**，又は，**継続してマイナスとなる見込み**である場合（減損会計基準　二1①）

　㈡　資産又は資産グループが使用されている**範囲**又は**方法**について，当該資産又は資産グループの回収可能価額を著しく**低下させる変化**が生じたか，又は，**生ずる見込み**である場合（減損会計基準　二1②）

　㈢　資産又は資産グループが使用されている**事業**に関連して，**経営環境が著しく悪化**したか，又は，**悪化する見込み**である場合（減損会計基準　二1③）

　㈣　資産又は資産グループの**市場価格が著しく下落**したこと（減損会計基準　二1④）

ニ　減損損失の認識（適用指針第6号18.）

　減損の兆候がある資産又は資産グループについて，当該資産又は資産グループから得られる**割引前将来キャッシュ・フローの総額**がこれらの**帳簿**

価額を下回る場合には，減損損失を**認識**する（減損会計基準 二 2(1)）として，減損損失を認識するかどうかを判定するために見積る**割引前将来キャッシュ・フローの総額**については，例えば，資産又は資産グループ中の**主要な資産の経済的残存使用年数が20年を超えるか否か**により，次のように計算することとしている。

　(イ)　資産又は資産グループ中の主要な資産の経済的残存使用年数が**20年を超えない場合**には，当該経済的残存使用年数経過時点における資産又は資産グループ中の主要な資産の**正味売却価額**を，当該経済的残存使用年数までの割引前将来キャッシュ・フローに**加算**する。

　(ロ)　資産又は資産グループ中の主要な資産の経済的残存使用年数が**20年を超える場合**には，**21年目以降に見込まれる将来キャッシュ・フロー**に基づいて算定された20年経過時点における**回収可能価額**を，20年目までの割引前将来キャッシュ・フローに**加算**する。

ホ　減損損失の測定（適用指針第6号25.及び26.）

　減損損失を認識すべきであると判定された資産又は資産グループについては，帳簿価額を**回収可能価額**（注）まで**減額**し，当該減少額を**減損損失**として当期の**損失**とする（減損会計基準 二3）としている。

　また，資産グループについて認識された減損損失は，帳簿価額に基づいて比例配分する方法のほか，各構成資産の時価を考慮した配分等合理的であると認められる方法により，当該資産グループの**各構成資産に配分**する（減損会計基準 二6(2)）こととされている。

（注）　i　**回収可能価額**とは，資産又は資産グループの**正味売却価額と使用価値のいずれか高い方**の金額をいう。

　　　　ii　**正味売却価額**とは，資産又は資産グループの**時価**から**処分費用見込額を控除**して算定される金額をいう。

　　　　iii　**時価**とは，**公正な評価額**をいう。通常，それは観察可能な**市場価格**をいい，市場価格が観察できない場合には**合理的に算定された価額**をいう。

　　　　iv　**使用価値**とは，資産又は資産グループの継続的使用と使用後の処分によって生ずると見込まれる将来キャッシュ・フローの**現在**

価値をいう。

ヘ　減損損失後の減価償却（適用指針第 6 号55.）

減損損失の**戻入れは行わず**，また，減損処理を行った資産については，減損損失を**控除**した帳簿価額に基づき減価償却を行う（減損会計基準　三 1 及び 2 ）こととされている。

2　税務上の取扱い

減損会計とは，資産の収益性の低下により投資額の回収が見込めなくなった場合に，一定の条件の下で回収可能性を反映させるように帳簿価額を減額（減損損失を計上）する会計処理をいい，減損損失を認識する場面としては，資産が生み出す営業損益が継続してマイナスになる場合，使用範囲又は方法について回収可能価額を著しく低下させる変化がある場合，資産の市場価格が帳簿価額から著しく下落した場合などとしている。

一方，税務上，固定資産に係る評価損の額が損金の額に算入できる場合は，災害による損傷など一定の場合に**限定**されていることから（法令68三），減損損失が会計上計上されたとしても，その**全部又は一部**が**税法上否認**されることとなる。

しかしながら，減損損失の計上も，減価償却資産については**臨時的な費用化**の一形態であることから，当該資産における減損損失の金額については，**償却費として計上したものと認めた上で**，当期の**償却限度額の範囲内で償却費として認容して差し支えないもの**とされている（法基通 7 - 5 - 1 (5)注書き）。

《計算例》減損会計の手順及び具体的な計算例

1　固定資産の減損の手順

減損会計を適用する場合の**手順**（減損会計基準　二 1 ～ 3 ）は，次のとおりである。

(1)　減損の兆候の把握

(2)　減損損失の認識

(3)　減損損失の測定

上記(1)の減損の兆候の把握，あるいは(2)の減損損失の認識の判定の結果，

第1章　企業会計基準に基づく計算が税務上否認される項目　　183

減損の兆候がない，あるいは**資産又は資産グループから得られる割引前CF**
≧資産又は資産グループの帳簿価額となる場合には減損処理は行わず，取得
原価での評価が**継続**される。

　一方，減損の兆候が認められ，**資産又は資産グループから得られる割引前**
CF＜資産又は資産グループの帳簿価額となる場合には，減損処理が行わ
れ，**帳簿価額を回収可能価額まで減額し，当該減少額を減損損失**として**当期**
の損失として処理することとなる。

2　具体的な計算例

　保有する機械について減損の兆候が見られたことから，次の条件に従って
減損損失の認識を行った上で，減損損失の測定を行いなさい。

　なお，当期の減価償却費はすでに計上しているものとし，減損損失の計上
額は機械勘定から直接減額する直接法によるものとする。

（前提条件）

　取得原価：20,000,000円，減価償却累計額：8,000,000円，残存年数：3
年，現時点における時価：8,400,000円，処分費用見込額：200,000円，今後
3年間の割引前CF：毎年3,600,000円，3年後の見積もり売却価額：0円，
割引率：2％

(1)　減損損失の認識

　減損損失を認識するかどうかの判定は，決算時点における割引前将来CF
と帳簿価額との比較によって行うこととなる。

　帳簿価額：取得原価20,000,000円－減価償却累計額8,000,000円

　　　　　　＝12,000,000円

　割引前将来CF：3,600,000円×3年＋0＝10,800,000円

　∴割引前CF：10,800,000円＜帳簿価額：12,000,000円

　　⇒　**減損損失を認識する**

(2)　減損損失の測定

　減損損失は，帳簿価額から回収可能価額（正味売却価額と使用価値のうち
いずれか大きい方）を控除して算定することとなる。

　正味売却価額：時価8,400,000円－処分費用見込額200,000円＝8,200,000円

使用価値：3,600,000円÷（1＋0.02）＋3,600,000円÷（1＋0.02)^2＋3,600,000円
　　　　　÷（1＋0.02)^3＝10,381,980円

回収可能価額：正味売却価額8,200,000円＜使用価値10,381,980円
　　　　　　　∴10,381,980円

減損損失：帳簿価額12,000,000円－回収可能価額10,381,980円＝1,618,020円
したがって，仕訳は次のようになる。

　　（借方）減 損 損 失　　　　1,618,020　　（貸方）機 械 装 置　　　　1,618,020

1－3　税効果会計

1　会計上の取扱い

　企業会計基準委員会は，平成30年2月16日付で，企業会計審議会が平成10年10月に公表した「税効果会計に係る会計基準」（以下「**税効果会計基準**」という。）及び「税効果会計に係る会計基準注解」（以下「**税効果会計基準注解**」という。）のうち開示に関する事項を改正することを**目的**として，「「税効果会計に係る会計基準」の一部改正」（企業会計基準第28号）（以下「**会計基準第28号**」という。）を公表するとともに，税効果会計基準を適用する際の指針を定めるものとして，「税効果会計に係る会計基準の適用指針」（企業会計基準適用指針第28号）（以下「**適用指針第28号**」という。）を公表した。

⑴　税効果会計基準及び税効果会計基準注解
　イ　目　的
　　税効果会計は，企業会計上の資産又は負債の額と課税所得計算上の資産又は負債の額に**相違**がある場合において，法人税その他利益に関連する金額を課税標準とする税金（以下「**法人税等**」という。）の額を**適切に期間配分**することにより，法人税等を控除する**前**の当期純利益と法人税等を**合理的に対応**させることを**目的**とする手続であるとされている。（税効果会計基準 第一）

　　なお，**法人税等**には，法人税のほか，都道府県民税，市町村民税及び利益に関連する金額を課税標準とする事業税が**含まれる**とされている。（税

効果会計基準注解 注1）

ロ　会計基準（税効果会計基準 第二 一）

　(イ)　法人税等については，一時差異に係る税金の額を適切な会計期間に
　　　配分し，計上しなければならないとし，**一時差異**とは，貸借対照表に
　　　計上されている資産及び負債の金額と課税所得計算上の資産及び負債
　　　の金額との**差額**をいうとされ，**例えば**，次のような場合に生じるとし
　　　ている。

　　A　収益又は費用の帰属年度が相違する場合

　　B　資産の評価換えにより生じた評価差額が直接資本の部に計上さ
　　　れ，かつ，課税所得の計算に含まれていない場合

　(ロ)　一時差異には，当該一時差異が解消するときにその期の課税所得を
　　　減額する効果を持つもの（以下「**将来減算一時差異**」（注1）とい
　　　う。）と，当該一時差異が解消するときにその期の課税所得を**増額**す
　　　る効果を持つもの（以下「**将来加算一時差異**」（注2）という。）とが
　　　あり，将来の課税所得と相殺可能な繰越欠損金等については，一時差
　　　異と同様に取り扱う（以下，一時差異及び繰越欠損金等を総称して
　　　「一時差異等」という。）とされている。

　（注1）**将来減算一時差異**には，例えば，貸倒引当金，退職給付引当金
　　　等の**引当金の損金算入限度超過額**，減価償却費の**損金算入限度超過
　　　額**，損金に算入されない棚卸資産等に係る**評価損等**があるとされてい
　　　る。（税効果会計基準注解 注2）

　（注2）**将来加算一時差異**には，例えば，**利益処分**により租税特別措置
　　　法上の**諸準備金等を計上した場合**などがあるとされている。（税効果
　　　会計基準注解 注3）

ハ　計上方法（税効果会計基準 第二 二）

　(イ)　一時差異等に係る税金の額は，将来の会計期間において回収又は支
　　　払が見込まれない税金の額を除き，**繰延税金資産**又は**繰延税金負債**と
　　　して計上しなければならない（注3）とし，繰延税金資産について
　　　は，将来の回収の見込みについて毎期見直しを行わなければならない
　　　（注4）とされている。

また，繰延税金資産又は繰延税金負債の金額は，回収又は支払が行われると見込まれる期の税率に基づいて計算する（注5）とされている。

（注3）重要性が乏しい一時差異等については，繰延税金資産及び繰延税金負債を計上しないことができるとされている。（税効果会計基準注解 注4）

（注4）繰延税金資産は，将来減算一時差異が解消されるときに課税所得を減少させ，税金負担額を軽減することができると認められる範囲内で計上するものとし，その範囲を超える額については控除しなければならないとされている。（税効果会計基準注解 注5）

（注5）法人税等について税率の変更があった場合には，過年度に計上された繰延税金資産及び繰延税金負債を新たな税率に基づき再計算するものとするとされている。（税効果会計基準注解 注6）

㈨　繰延税金資産と繰延税金負債の**差額**を期首と期末で比較した**増減額**は，当期に納付すべき**法人税等の調整額**として計上しなければならないとされている。

　　ただし，資産の評価換えにより生じた評価差額が直接資本の部に計上される場合には，当該評価差額に係る繰延税金資産又は繰延税金負債を当該評価差額から控除して計上するものとされている。

二　表示方法（会計基準第28号 2.）

税効果会計基準の「第三　繰延税金資産及び繰延税金負債等の表示方法」1及び2の定めについて，次のとおり**改正**された。

㈡　繰延税金資産は投資その他の資産の区分に表示し，繰延税金負債は固定負債の区分に表示する。

㈨　同一納税主体の繰延税金資産と繰延税金負債は，双方を相殺して表示する。

　　異なる納税主体の繰延税金資産と繰延税金負債は，双方を相殺せずに表示する。

⑵　一時差異等と申告調整項目との関係

日本公認会計士協会は，**平成10年10月30日付**で，企業会計審議会から税効

果会計基準が公表され，**平成10年12月21日付**で「財務諸表等の用語，様式及び作成方法に関する規則」（昭和38年11月27日大蔵省令第59号）及び「株式会社の貸借対照表，損益計算書，営業報告書及び附属明細書に関する規則」（昭和38年法務省令第31号）の改正が行われ，個別財務諸表にも税効果会計が適用されることとなったことから，**平成10年12月22日付**で，会計制度委員会報告第10号「個別財務諸表における税効果会計に関する実務指針」（以下「報告第10号」という。）を取りまとめ公表した。

イ　課税所得計算上の資産及び負債の金額（報告第10号5.）

　課税所得計算上の資産及び負債の金額とは，貸借対照表上の資産の額及び負債の額に，税務上の**加算額又は減算額**を**調整した後**の資産の額及び負債の額であり，**例えば，**貸借対照表上の棚卸資産の額に対し，税務上の加算額（会計上計上した評価減で損金の額に算入されない額）があれば，それを加算した後の棚卸資産の額が課税所得計算上の資産の金額となるとされている。

ロ　一時差異等に該当しない差異（報告第10号14.）

　税務上の**交際費等の損金算入限度超過額，損金不算入の罰科金，受取配当等の益金不算入額**のように，税引前当期純利益の計算において，費用又は収益として計上されるが，課税所得の計算上は，**永久に損金又は益金に算入されない項目**があり，これらの項目は，将来，課税所得の計算上で加算又は減算させる効果をもたないため一時差異等には該当せず，税効果会計の**対象とはならない**とされており，いわゆる「**永久差異**」と呼ばれている。

ハ　永久差異と申告調整

　税効果会計は，法人税等の額を適切に期間配分することにより，税引前当期純利益と法人税等の額を合理的に対応させることを目的とする手続であるものの，上記ロのとおり，**社外流出項目**に基因する課税所得の増減は，税効果会計の対象とならないため，税引前当期純利益と法人税等の額との対応関係を**ゆがめる要因**となっている。

　ただし，永久差異に該当する申告調整項目は，資産又は負債の項目を増減させないことから，税務上の利益積立金にも影響しないため，申告書別

表四において，処分欄の「**社外流出**」として調整することとなる。

⑶ **一時差異と繰延税金資産又は繰延税金負債及び税金費用との関係**（報告第10号34.）（将来減算一時差異の例示）

貸借対照表上では，将来減算一時差異に対しては**繰延税金資産**が，将来加算一時差異に対しては**繰延税金負債**が計上され，損益計算書上では**法人税等調整額**が計上されるとし，一時差異と繰延税金資産又は繰延税金負債及び税金費用との関係を例示すると，次のようになるとしている。

（前提条件）

イ　X1年において会計上，棚卸資産について100の評価損を計上したが，この棚卸資産評価損については税務上損金算入が認められないため，課税所得の計算上自己否認（加算）した。

ロ　当該棚卸資産はX2年に処分され，X1年に計上した会計上の評価損が税務上損金算入された。

ハ　X1年及びX2年における税効果会計適用前の損益計算書（該当部分）は，以下のとおりである。

（単位：円）

	X1年	X2年	法人税，住民税及び事業税等
…			法人税，住民税及び事業税等の額は，税引前当期純利益1,000に対し300であるが，棚卸資産評価損100に対する法人税等の額30を調整している。
棚卸資産評価損	100	−	
…			
税引前当期純利益	1,000	1,000	
法人税，住民税及び事業税等	330	270	
当期純利益	670	730	

ニ　上記法人税，住民税及び事業税等の計算は，以下のとおりである。

（単位：円）

	X1年	X2年
税引前当期純利益	1,000	1,000

棚卸資産評価損	（加算）	100	（減算）	△100
課税所得		1,100		900
法人税，住民税及び事業税等		330		270

　なお，単純化のため，税率は事業税の損金算入の影響を考慮した税率30％を使用しているが，事業税に係る一時差異は単純化のため考慮していない。

（税効果会計の適用）

　以上の前提条件に基づき，税効果会計を適用して棚卸資産評価損に係る繰延税金資産を計算すると，以下のとおりである。
- ・将来減算一時差異：棚卸資産評価損　　100
- ・繰延税金資産（100×30％）　　　　30

（税効果会計に係る仕訳）

　X1年　（借方）　繰延税金資産　　　30　　（貸方）　法人税等調整額　　30
　X2年　（借方）　法人税等調整額　　30　　（貸方）　繰延税金資産　　　30

（税効果会計を適用した場合の損益計算書）

　税効果会計を適用した場合の損益計算書（該当部分）は，以下のとおりである。

（単位：円）

	X1年		X2年	
税引前当期純利益		1,000		1,000
法人税，住民税及び事業税	330		270	
法人税等調整額	△　30		30	
差　引　（又　は　計）		300		300
当　期　純　利　益		700		700

〈分　析〉

X1年の法人税，住民税及び事業税等（申告税額）は330（1,100×30％）であり，税引前当期純利益に対応する税額300（1,000×30％）より30だけ大きくなっている。

これは，会計上で計上した棚卸資産評価損100が，税務上，損金不算入（課税所得の計算上加算）扱いされたことによる税金への影響額であるが，X2年において損金算入されるため，将来（X2年）の税金を減額する効果をもっている。

この税金の減額効果は，X1年における損益計算書上，法人税等調整額として税金費用の控除項目となり，貸借対照表上は「繰延税金資産」として計上することになる。

一方，X2年の法人税，住民税及び事業税は270（900×30％）であり，税引前当期純利益に対応する税額300（1,000×30％）より30少なくなっている。

これはX1年に損金不算入とした棚卸資産評価損100が，X2年に損金算入されたことにより実現した税効果である。つまり，当該税効果は，X1年に貸借対照表に計上した繰延税金資産30をX2年に取り崩し，X2年の損益計算書上に法人税等調整額として計上したことによるものである。

その結果，X1年，X2年とも税効果会計を適用した後の税金費用合計（法人税，住民税及び事業税等と法人税等調整額との合計）は，税引前当期純利益に対応する金額となる。

なお，将来加算一時差異の場合は，将来減算一時差異と反対の効果を有し，繰延税金負債を計上することになる。

2　税務上の取扱い

上記1のとおり，税効果会計は，損益計算書における当期の法人税等の額を，税引前当期純利益に対応させる手続であって，税務上，課税所得の計算には**一切影響させない**。すなわち，会計上計上される繰延税金資産及び繰延税金負債は，税務上は**ないもの**として取り扱われる。

第1章　企業会計基準に基づく計算が税務上否認される項目　　191

《検　証》申告書別表四及び別表五（一）の記載例

　上記1(3)の事例で税効果会計を適用した場合のX1年及びX2年の申告書別表四及び別表五（一）の記載（該当部分のみ）は，次のとおりとなる。

　X1年の「法人税等調整額」（貸方）30は，別表四において**減算**（留保）するとともに，別表五（一）において**「繰延税金資産」**として計上する。

　また，X2年の「法人税等調整額」（借方）30は，別表四において**加算**（留保）するとともに，別表五（一）の「繰延税金資産」の**残高**を**調整**する。

　したがって，税効果会計の導入により，税引後当期利益が増額（減額）された分だけ，法人税等の加算額が減額（増額）されるため，税効果会計は，課税所得の計算に**影響しない**こととなる。

【別表四】（簡易様式）（令6・4・1以後終了事業年度分）

所得の金額の計算に関する明細書（簡易様式）		事業年度 X1・・・		法人名		
区　分		総額	処分			
			留保	社外流出		
		①	②	③		
当期利益又は当期欠損の額	1	円 700	円 700	配当		円
				その他		
加算	損金経理をした法人税及び地方法人税（附帯税を除く。）	2				
	損金経理をした道府県民税及び市町村民税	3				
	損金経理をした納税充当金	4	330	330		
	損金経理をした附帯税（利子税を除く。），加算金，延滞金（延納分を除く。）及び過怠税	5			その他	
	減価償却の償却超過額	6				
	役員給与の損金不算入額	7			その他	
	交際費等の損金不算入額	8			その他	
	通算法人に係る加算額（別表四付表「5」）	9			外※	
	棚卸資産評価損否認	10	100	100		
	小　計	11	430	430	外※	
減算	減価償却超過額の当期認容額	12				
	納税充当金から支出した事業税等の金額	13				
	受取配当等の益金不算入額（別表八（一）「5」）	14			※	
	外国子会社から受ける剰余金の配当等の益金不算入額（別表八（二）「26」）	15			※	

減	受 贈 益 の 益 金 不 算 入 額	16				※	
	適 格 現 物 分 配 に 係 る 益 金 不 算 入 額	17				※	
	法人税等の中間納付額及び過誤納に係る還付金額	18					
	所得税額等及び欠損金の繰戻しによる還付金額等	19				※	
	通 算 法 人 に 係 る 減 算 額 （ 別 表 四 付 表 「 10 」）	20				※	
算	法 人 税 等 調 整 額	21	30		30		
	小 計	22	30		30	外※	
	仮 計 (1) + (11) − (22)	23	1,100		1,100	外※	

【別表五 （一）】（令6.4.1以後終了事業年度分）

| 利益積立金額及び資本金等の額の計算に関する明細書 | | 事業年度 | ・ ・
X1・ ・ | 法人名 | |

I 利 益 積 立 金 額 の 計 算 に 関 す る 明 細 書

区 分		期 首 現 在 利 益 積 立 金 額	当 期 の 増 減		差引翌期首現在 利 益 積 立 金 額 ① − ② + ③
			減	増	
		①	②	③	④
利 益 準 備 金	1	円	円	円	円
積 立 金	2				
棚 卸 資 産 評 価 損	3			100	100
繰 延 税 金 資 産	4			△ 30	△ 30
	5				
	6				
	7				
	8				
	9				
	10				
	11				
	12				
	13				
	14				
	15				
	16				
	17				
	18				
	19				
	20				
	21				
	22				
	23				

第1章　企業会計基準に基づく計算が税務上否認される項目　193

	24				
繰 越 損 益 金 （ 損 は 赤 ）	25			700	700
納 税 充 当 金	26			330	330

【別表四】（簡易様式）（令6・4・1以後終了事業年度分）

所 得 の 金 額 の 計 算 に 関 す る 明 細 書 （ 簡 易 様 式 ）		事業年度	X2・・	法人名	

区　　　　　　分		総　　額	処		分
			留　保	社 外 流 出	
		①	②	③	
当 期 利 益 又 は 当 期 欠 損 の 額	1	円 700	円 700	配 当 その他	円
損金経理をした法人税及び地方法人税（附帯税を除く。）	2				
損金経理をした道府県民税及び市町村民税	3				
損 金 経 理 を し た 納 税 充 当 金	4	270	270		
損金経理をした附帯税（利子税を除く。），加算金，延滞金（延納分を除く。）及び過怠税	5			その他	
減 価 償 却 の 償 却 超 過 額	6				
役 員 給 与 の 損 金 不 算 入 額	7			その他	
交 際 費 等 の 損 金 不 算 入 額	8			その他	
通算法人に係る加算額（別表四付表「5」）	9			外※	
法 人 税 等 調 整 額	10	30	30		
小　　　　　計	11	300	300	外※	
減 価 償 却 超 過 額 の 当 期 認 容 額	12				
納 税 充 当 金 か ら 支 出 し た 事 業 税 等 の 金 額	13				
受取配当等の益金不算入額（別表八（一）「5」）	14			※	
外国子会社から受ける剰余金の配当等の益金不算入額（別表八（二）「26」）	15			※	
受 贈 益 の 益 金 不 算 入 額	16			※	
適 格 現 物 分 配 に 係 る 益 金 不 算 入 額	17			※	
法 人 税 等 の 中 間 納 付 額 及 び 過 誤 納 に 係 る 還 付 金 額	18				
所 得 税 額 等 及 び 欠 損 金 の 繰 戻 し に よ る 還 付 金 額 等	19			※	
通算法人に係る減算額（別表四付表「10」）	20			※	
棚 卸 資 産 評 価 損 認 容	21	100	100		
小　　　　　計	22	100	100	外※	
仮　　　　計　　　　(1)＋(11)－(22)	23	900	900	外※	

【別表五（一）】（令6.4.1以後終了事業年度分）

利益積立金額及び資本金等の額の計算に関する
明細書

| 事業年度 | X2· · · · | 法人名 | |

Ⅰ 利益積立金額の計算に関する明細書

区　　　分		期首現在利益積立金額 ①	当期の増減 減 ②	当期の増減 増 ③	差引翌期首現在利益積立金額 ①－②＋③ ④
利 益 準 備 金	1	円	円	円	円
積 立 金	2				
棚 卸 資 産 評 価 損	3	100	100		0
繰 延 税 金 資 産	4	△ 30		30	0
	5				
	6				
	7				
	8				
	9				
	10				
	11				
	12				
	13				
	14				
	15				
	16				
	17				
	18				
	19				
	20				
	21				
	22				
	23				
	24				
繰 越 損 益 金 （ 損 は 赤 ）	25	700	700	1,400	1,400
納 税 充 当 金	26	330	330	270	270

1-4 収益認識基準

1 会計上の取扱い

(1) 経 緯

　我が国においては，企業会計原則の損益計算書原則に，「売上高は実現主義の原則に従い，商品等の販売又は役務の給付によって実現したものに限る。」とされているものの，**収益認識に関する包括的な会計基準はこれまで開発されていなかった。**

　一方，国際会計基準審議会（IASB）及び米国財務会計基準審議会（FASB）は，共同して収益認識に関する包括的な会計基準の開発を行い，**平成26年5月**に「顧客との契約から生じる収益」（IASBにおいてはIFRS第15号，FASBにおいてはTopic 606）を公表した。

　これらの状況を踏まえ，**企業会計基準委員会**では，**平成27年3月**に開催された第308回企業会計基準委員会において，我が国における収益認識に関する包括的な会計基準の開発に向けた検討に着手することが決定され，**平成28年2月**に「収益認識に関する包括的な会計基準の開発についての意見の募集」を公表した後，**平成30年3月30日**に「収益認識に関する会計基準」（企業会計基準第29号）（以下「会計基準第29号」という。）及び「収益認識に関する会計基準の適用指針」（企業会計基準適用指針第30号）（以下「適用指針第30号」という。）を公表した。

　ただし，企業会計基準委員会が公表した資料において，「中小企業においては，「中小企業の会計に関する指針」（日本税理士会連合会，日本公認会計士協会，日本商工会議所，企業会計基準委員会の4団体により公表）又は「中小企業の会計に関する基本要領」が用いられる（ただし，企業会計基準を適用することは妨げられない。）。」と記載されているとおり，「収益認識に関する会計基準」は，**全ての法人に対して強制適用されるものではないと**されている［藤田泰弘・小竹義範・髙橋龍太・鎌田絢子・石田良，2018，ページ：268］。

(2)　基本的な考え方

　「収益認識に関する会計基準」及び「収益認識に関する会計基準の適用指針」の基本となる原則は，**約束した財又はサービスの顧客への移転を，当該財又はサービスと交換に企業が権利を得ると見込む対価の額で描写するように収益を認識する**ことである（会計基準第29号16.）とされており，基本となる原則に従って収益を認識するために，次の**5つのステップを適用**することとされている。（会計基準第29号17.）

　　ステップ1：顧客との**契約**を識別する。（会計基準第29号19.～31.）
　　ステップ2：契約における**履行義務**を識別する。（会計基準第29号32.～34.）
　　ステップ3：**取引価格**を算定する。（会計基準第29号47.～64.）
　　ステップ4：契約における履行義務に取引価格を**配分**する。（会計基準第29号65.～76.）
　　ステップ5：履行義務を充足した時に又は充足するにつれて**収益を認識**する。（会計基準第29号35.～45.）

(3)　具体的な取扱い

　イ　ステップ3について

　　(イ)　**取引価格**とは，財又はサービスの顧客への移転と交換に企業が権利を得ると見込む**対価の額**（ただし，第三者のために回収する額を**除く**。）をいう（会計基準第29号47.）とされている。

　　(ロ)　取引価格を算定する際には，**変動対価等の全ての影響を考慮する**（会計基準第29号48.）こととされている。

　　(ハ)　顧客と約束した対価のうち変動する可能性のある部分を「**変動対価**」といい，契約において，顧客と約束した対価に変動対価が含まれる場合，財又はサービスの顧客への移転と交換に企業が権利を得ることとなる対価の額を**見積もる**（会計基準第29号50.）こととされている。

　　(ニ)　変動対価が含まれる**取引の例**として，値引き，リベート，返金，インセンティブ，業績に基づく割増金，ペナルティー等の形態により対価の額が変動する場合や，返品権付きの販売等がある（適用指針第30

号23.）とされている。

　また，**対価の回収が見込まれないことも変動対価の要素となること**がある（適用指針第30号設例２）とされている。

　このような対価の変動の影響を考慮して取引価格を算定し，その算定した取引価格をもとに収益を認識することから，会計上認識する**収益の額**は，**契約上の対価の額**から，値引き，リベート，返金，インセンティブ等及び返品権付きの販売等による**対価の変動の影響分が控除**される（場合によっては対価の額に**加算**される）こととなる。

ロ　ステップ５について

　企業は約束した財又はサービス（資産）を顧客に移転することにより履行義務を充足した時に又は充足するにつれて収益を認識し，**資産が移転**するのは，顧客が当該資産に対する**支配を獲得した時又は獲得するにつれて**である（会計基準第29号35.）とされている。

　そして，**資産に対する支配**とは，当該資産の使用を指図し，当該資産からの残りの便益のほとんど全てを享受する**能力**（他の企業が資産の使用を指図して資産から便益を享受することを妨げる能力を**含む**。）をいう（会計基準第29号37.）とされている。

　また，①支配の移転を検討する際には，例えば，企業が顧客に提供した資産に関する対価を収受する現在の権利を有していること，②顧客が資産に対する法的所有権を有していること，③企業が資産の物理的占有を移転したこと，④顧客が資産の所有に伴う重大なリスクを負い，経済価値を享受していること，⑤顧客が資産を検収したことといった指標を考慮する（会計基準第29号40.）とされている。

⑷　収益を認識するための５つのステップ（商品の販売と保守サービスの提供）（適用指針第30号　設例１）

（前提条件）

イ　当期首に，Ａ社はＢ社（顧客）と，標準的な商品Ｘの販売と２年間の保守サービスを提供する１つの契約を締結した。

ロ　Ａ社は，当期首に商品ＸをＢ社に引き渡し，当期首から翌期末まで保守サービスを行う。

ハ　契約書に記載された対価の額は12,000千円である。

（収益を認識するための5つのステップによる検討）

イ　会計基準では，基本となる原則についての関係者の理解に資するために，基本となる原則に従って収益を認識するための5つのステップ（会計基準第29号17.）を示している。

設例では，収益を認識するための5つのステップの順に，商品Xの販売と保守サービスの提供に係る契約への適用例を示している。

ステップ1：顧客との契約を識別する。

ステップ2：商品Xの販売と保守サービスの提供を履行義務として識別し，それぞれを収益認識の単位とする。

ステップ3：商品Xの販売及び保守サービスの提供に対する取引価格を12,000千円と算定する。

ステップ4：商品X及び保守サービスの独立販売価格に基づき，取引価格12,000千円を各履行義務に配分し，商品Xの取引価格は10,000千円，保守サービスの取引価格は2,000千円とする。

ステップ5：履行義務の性質に基づき，商品Xの販売は一時点で履行義務を充足すると判断し，商品Xの引渡時に収益を認識する。また，保守サービスの提供は一定の期間にわたり履行義務を充足すると判断し，当期及び翌期の2年間にわたり収益を認識する。

ロ　以上の結果，企業が当該契約について当期（1年間）に認識する収益の額は，次のとおりとなる。

商品Xの販売 10,000千円＋保守サービスの提供1,000千円（2,000千円×1/2）＝ 11,000千円

ハ　次の図表は，当該契約に5つのステップを適用した場合のフローを示すものである。［パンフレット・手引（改正の概要関係），2018］

第1章 企業会計基準に基づく計算が税務上否認される項目　199

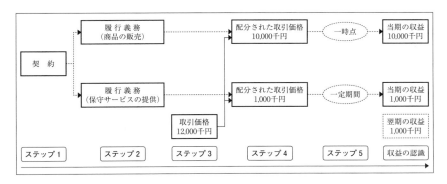

2　税務上の取扱い

(1)　「収益認識に関する会計基準」への対応

　「収益認識に関する会計基準」は、「企業会計原則」に優先して適用される会計基準としての位置付けがなされており、**履行義務**という新たな概念をベースとして収益の**計上単位**、**計上時期**及び**計上額**を認識する会計処理が行われることとされたことから、法人税法では、**新たに**資産の販売等に係る収益の**計上時期**及び**計上額**を**明確化**する規定が設けられる（法法22の2）などの改正が行われた。

　これらを踏まえ、法人税基本通達においては、「収益認識に関する会計基準」における収益の**計上単位**、**計上時期**及び**計上額**について、「履行義務」という新たな概念を盛り込んだ形で見直しを行うとともに、法人税法において収益の**計上時期**及び**計上額**についての規定が設けられたこと等に伴う取扱いの整理を行ったとしている。

(2)　収益認識基準による場合の取扱いの例

　前掲［パンフレット・手引（改正の概要関係），2018］によれば、今般の「収益認識に関する会計基準」の導入に伴い法人税法等の改正が行われたが、取引の事例によっては、「収益認識に関する会計基準」に沿って会計処理を行った場合の収益の計上額、法人税における所得金額の計算上益金の額に算入する金額が**異なることがある**とされ、**次の事例**は「収益認識に関する会計基準」に沿って会計処理を行った場合に、会計と法人税の処理が**異なることとなる典型的なもの**とされている。

ケース１：自社ポイントの付与（論点：履行義務の識別）

ケース２：契約における重要な金融要素（論点：履行義務の識別）

ケース３：割戻を見込む販売（論点：変動対価）

ケース４：返品権付き販売（論点：変動対価）

ケース５：商品券等（論点：非行使部分）

ケース６：消化仕入（論点：本人・代理人）

⑶　**法人税法第22条の２等の主な内容（会計基準第29号のステップ３及び５への対応）**

前掲［パンフレット・手引（改正の概要関係），2018］によれば，次のとおりである。

　イ　取引価格の算定（ステップ３）

　　会計基準第29号では，上記１⑶イのとおり，値引き，リベート，返金等，取引の対価に変動性のある金額が含まれる場合は，その**変動部分の金額を見積り，その部分を増減して取引価格を算定**する（（注）取引後の債務者の信用状態の悪化は従前どおり引当金処理が行われる。）こととされているが，法人税法第22条の２では，資産の販売等に係る収益の額として益金の額に算入する金額は，**原則として資産の引渡し等の時の価額（時価）**とし（同条④），この場合における価額は，**貸倒れ及び買戻しを考慮しない**（同条⑤）こととしたとしている。

　ロ　履行義務の充足（ステップ５）

　　会計基準第29号では，上記１⑶ロのとおり，履行義務を充足した時に又は充足するにつれて，収益を認識する（（注）割賦販売における割賦基準に基づく収益認識は認められない。）こととされているが，法人税法第22条の２では，資産の販売等による収益の額は，**原則として目的物の引渡し等の日の属する事業年度の益金の額に算入する**（同条①）こととし，**長期割賦販売等に該当する資産の販売等**について，**延払基準**により収益の額及び費用の額を計算する**選択制度**は，**所要の経過措置を講じた上で，廃止**された。

（注）法人税法第22条の２規定について

　前掲［藤田泰弘・小竹義範・髙橋龍太・鎌田絢子・石田良，2018，ペー

第1章　企業会計基準に基づく計算が税務上否認される項目　　201

ジ：273］によれば，次のとおりである。

1　法人税法第22条の2に規定する「別段の定め」からは，法人税法第22条第4項の規定が除かれている。

　　これは，法人税法第22条の2の新設により，資産の販売等について，その益金算入時期及び益金算入額について明確にする規定が設けられる一方で，同法第22条第2項から資産の販売等は**除外されていない**。

　　すなわち，**資産の販売等に係る収益を益金の額に算入するかどうか**については，引き続き**法人税法第22条第2項の規定によることとし**，その**時期及び金額**について**同法第22条の2で規定されている**と整理されたことになった。

　　したがって，法人税法第22条第2項も資産の販売等に係る収益の益金算入の根拠規定の一つとなる。

　　そのような前提で，資産の販売等に係る**収益の額**について法人税法第22条第4項と同法第22条の2の**両方**が**適用**されると，**割賦基準・延払基準**のようにこれらの規定が互いに**抵触する場合に優先関係が不明確となるおそれがある**ことから，**優先関係を明確にするために，収益認識の時期については，法人税法第22条第4項が適用されないこと**としたものであるとしている。

2　**法人税法第22条第2項**の規定により益金の額が生ずることとされている取引は，資産の販売等**以外**にも種々の取引があるが，今回は，収益認識に関する会計基準の導入に伴う改正であることから，資産の販売等に**限定**して規定が設けられた。

　　ただし，**収益認識に関する会計基準**は，「顧客との契約から生じる収益」について適用することとされており（会計基準第29号3.），「顧客」とは，対価と交換に企業の通常の営業活動により生じたアウトプットである財又はサービスを得るために当該企業と契約した当事者をいうこととされている（会計基準第29号6.）ため，**固定資産の譲渡は対象外**であるが，**法人税法上の収益の認識時期及び金額**について，**棚卸資産と固定資産とで異なることとする理由はないことから**，

固定資産の譲渡についても法人税法第22条の2の対象としたとしている。

ハ　法人税基本通達の一部改正（整備方針）

前掲［パンフレット・手引（改正の概要関係），2018］によれば，会計基準第29号は，収益の認識に関する包括的な会計基準であり，履行義務の充足により収益を認識するという考え方は，法人税法上の実現主義又は権利確定主義の考え方と齟齬をきたすものではないため，改正通達には，原則として，会計基準第29号の考え方を取り込んでいくこととしたとしている。

ただし，会計基準第29号について，過度に保守的な取扱いや，恣意的な見積りが行われる場合には，公平な所得計算の観点から問題があるため，税独自の取扱いを定めることとしたとしている。

注
1　「資産除去債務」とは，有形固定資産の取得，建設，開発又は通常の使用によって生じ，当該有形固定資産の除去に関して法令又は契約で要求される法律上の義務及びそれに準ずるものをいうとし，この場合の法律上の義務及びそれに準ずるものには，有形固定資産を除去する義務のほか，有形固定資産の除去そのものは義務でなくとも，有形固定資産を除去する際に当該有形固定資産に使用されている有害物質等を法律等の要求による特別の方法で除去するという義務も含まれるとされている。（会計基準第18号3.(1)）
　なお，法律上の義務に準ずるものとは，債務の履行を免れることがほぼ不可能な義務を指し，法令又は契約で要求される法律上の義務とほぼ同等の不可避的な義務が該当するとし，具体的には，法律上の解釈により当事者間での清算が要請される債務に加え，過去の判例や行政当局の通達等のうち，法律上の義務とほぼ同等の不可避的な支出が義務付けられるものが該当すると考えられるとしている。したがって，有形固定資産の除去が企業の自発的な計画のみによって行われる場合は，法律上の義務に準ずるものには該当しないとしている。（会計基準第18号28.）
2　有形固定資産には，財務諸表等規則において有形固定資産に区分される資産のほか，それに準じる有形の資産も含むとしている。したがって，建設仮勘定やリース資産のほか，財務諸表等規則において「投資その他の資産」に分類されている投資不動産などについても，資産除去債務が存在している場合には，本会計基準の対象となるとしている。（会計基準第18号23.）
3　有形固定資産の「除去」とは，有形固定資産を用役提供から除外することをいう（一時的に除外する場合を除く。）とし，除去の具体的な態様としては，売却，廃棄，リサイクルその他の方法による処分等が含まれるが，転用や用途変更は含まれないとしている。また，当該有形固定資産が遊休状態になる場合は除去に該当しないとしている。（会計基準第18号3.(2)）
　さらに，有形固定資産の使用期間中に実施する環境修復や修繕は対象とはならないとしている。（会計基準第18号24.）
4　・企業会計基準第10号「金融商品に関する会計基準」における金融資産

・「税効果会計に係る会計基準」における繰延税金資産
・「研究開発費等に係る会計基準」において無形固定資産として計上されている市場販売目的
　のソフトウェア

第2章 会計基準が示す会計処理を前提とした税務調整を行う項目

2-1 過年度遡及修正

　企業会計基準委員会は，**平成21年12月4日付**（令和2年3月31日改正）で，会計上の変更及び過去の誤謬の訂正に関する会計上の取扱い（開示を含む。）を定めることを**目的**として，「会計方針の開示，会計上の変更及び誤謬の訂正に関する会計基準」（企業会計基準第24号）（以下「会計基準第24号」という。）及び会計基準第24号を適用する際の指針を定めることを**目的**として，「会計方針の開示，会計上の変更及び誤謬の訂正に関する会計基準の適用指針」（企業会計基準適用指針第24号）を公表した。

1 会計上の取扱い

(1) 具体的な取扱い等（会計基準第24号）

区　分	分　類　等	内　　　容	原則的な取扱い等
会計方針の変更	**会計基準等の改正に伴う会計方針の変更**（5.及び6.）	会計基準等の改正によって特定の会計処理の原則及び手続が強制される場合や，従来認められていた会計処理の原則及び手続を任意に選択する余地がなくなる場合など，会計基準等の改正に伴って会計方針の変更を行うことをいう。 　会計基準等の改正には，既存の会計基準等の改正又は廃止のほか，新たな会計基準等の設定が含まれる。	会計基準等に特定の経過的な取扱いが定められていない場合には，新たな会計方針を過去の期間の**全てに遡及適用**する。 　会計基準等に特定の経過的な取扱いが定められている場合には，その経過的な**取扱いに従う**。
	上記以外（5.及び6.）	正当な理由に基づき自発的に会計方針の変更を行うことをいう。	新たな会計方針を過去の期間の**全てに遡及適用**する。
	新たな会計方針を遡及適用する場合の処理（7.）	表示期間（当期の財務諸表及びこれに併せて過去の財務諸表が表示されている場合のその表示期間をいう。）より前の期間に関する遡及適用による**累積的影響額**は，表示する財務諸表のうち，**最も古い期間の期首の資産**，負債及び純資産の額に反映し，表示する**過去の各期間**の財務諸表には，当該各期間の**影響額を反映**する。
表示方法の変更（従来採	表示方法を定めた会計基準又は法令等の	財務諸表の表示方法を変更

	改正により表示方法の変更を行う場合 (13.(1))	した場合には，**原則**として表示する過去の財務諸表について，**新たな表示方法**に従い財務諸表の**組替え**を行う。(14.)
用していた一般に公正妥当と認められた表示方法から他の一般に公正妥当と認められた表示方法の変更）（4.(6)）	会計事象等を財務諸表により適切に反映するために表示方法の変更を行う場合 (13.(2))	
会計上の見積りの変更	「**会計上の見積りの変更**」とは，**新たに入手可能となった情報**に基づいて，過去に財務諸表を作成する際に行った**会計上の見積りを変更**することをいう。（4.(7)）	会計上の見積りの変更は，当該変更が変更期間のみに影響する場合には，**当該変更期間**に会計処理を行い，当該変更が将来の期間にも影響する場合には，**将来にわたり**会計処理を行う。(17.)
過去の誤謬の訂正	「**誤謬**」とは，**原因となる行為が意図的**であるか否かにかかわらず，財務諸表作成時に入手可能な情報を使用しなかったことによる，又はこれを誤用したことによる，次のような誤りをいう。（4.(8)） ① 財務諸表の基礎となるデータの収集又は処理上の誤り ② 事実の見落としや誤解から生じる会計上の見積りの誤り ③ 会計方針の適用の誤り又は表示方法の誤り	過去の財務諸表における誤謬が発見された場合には，表示期間より前の期間に関する**修正再表示**による**累積的影響額**は，表示する財務諸表のうち，**最も古い期間の期首の資産，負債及び純資産の額**に**反映**し，表示する過去の各期間の財務諸表には，**当該各期間の影響額**を**反映**することにより，修正再表示する。(21.)

(2) 会社計算規則の取扱い

　会計基準第24号の公表を受けて，**平成23年度法務省令第6号**により，会社計算規則もその一部が**改正**され，会社法の計算書類は法的な承認手続を経て確定しており，仮に会計基準第24号が適用される場合であっても，過去の計算書類を**変更することは予定されていない**[1] としている。

　また，前掲［日本公認会計士協会東京会編，2023ページ：542〜543］によれば，計算書類は**単年度開示**が**原則**であり，会計基準第24号の「表示する財務諸表のうち，最も古い期間」とは，**当期**の計算書類ということになるので，当期の計算書類の**期首**の資産，負債及び純資産の額に**反映**させると**読み替える**ことになるとしている。

　なお，会計基準第24号を適用した場合の**株主資本等変動計算書**については，会社計算規則第96条第7項において，資本金，資本剰余金，利益剰余金及び自己株式に係る項目について，遡及適用，誤謬の訂正又は当該事業年度

の前事業年度における企業結合に係る暫定的な会計処理の確定をした場合に
あっては，**当期首残高**及びこれに対する**影響額**を**明示**しなければならないと
されている。

2　税務上の取扱い

　国税庁は，**平成23年10月20日付**で，「法人が「会計上の変更及び誤謬の訂
正に関する会計基準」を適用した場合の税務処理について（情報）」（平成23
年 6 月30日現在の法令・通達に基づき作成したもの）（以下「情報」とい
う。）を公表し，法人税の税務処理の影響については，おおむね次のとおり
としている。

⑴　**当期における申告調整（情報問 1 ）**

　法人税の確定申告は「確定した決算」に基づき行うこととされているが
（法法74①），会計基準第24号に基づく遡及処理は**過去に「確定した決算」を
修正するものではない**ので，遡及処理が行われた場合でもその**過年度の確定
申告において誤った課税所得の計算を行っていたのでなければ**，過年度の法
人税の課税所得の金額や税額に対して**影響を及ぼすことはない**。

　（注）「**誤った課税所得の計算を行っていた**」とは，例えば，過年度の売上
計上漏れなどがあった場合をいい，**この場合には影響が生ずる**ことになる。

⑵　**仮装経理に基づく過大申告があった場合の「修正の経理」（情報問 1 ）**

　法人の提出した確定申告書に記載された所得の金額が，粉飾決算など事実
を仮装した経理により過大となっている場合には，当該法人が仮装経理をし
た事業年度後の各事業年度において，当該事実に係る「修正の経理」をし，
かつ，「修正の経理」をした事業年度の確定申告書を提出するまでの間，税
務署長は更正をしないことができるとされている（法法129①）。

　この「修正の経理」について，会計基準第24号**導入前**は，仮装経理をした
法人が，一般に，その仮装経理をした事業年度後の事業年度の確定申告にお
いて**「前期損益修正損」**等として経理することにより**修正の事実を明らかに
する**とされていたが，会計基準第24号**導入後**においては，通常，「前期損益
修正損」等の勘定科目を用いた経理処理ではなく，**修正再表示の処理**が行わ
れることとなる。

したがって，このような法人が行った修正再表示は，「修正の経理」として取り扱われることとなる。

(3) 過年度遡及修正に係る具体的な適用例

イ　会計方針の変更があった場合（棚卸資産の評価方法の変更）（情報問2）

(問) 前期は先入先出法により棚卸資産の評価を行っていたが，当期から総平均法に変更することとした。

この会計方針の変更に伴い，会計基準第24号を適用して遡及経理を行ったところ，前期末の棚卸資産は遡及適用前の550（先入先出法）から遡及適用により500（総平均法）に減少したため，当期首の棚卸資産及び利益剰余金の額を，それぞれ50減額する処理を行った。

(答)【前期】

会計基準第24号による遡及適用を行ったとしても，所定の手続を経て確定した前期の決算に影響を及ぼすものではないので，前期末の棚卸資産550（先入先出法）には**変更はない**。また，前期の確定申告において，**誤った課税所得の計算を行っていたものでもない**ことから，前期の法人税の課税所得の計算について，**特段の調整は要しない**。

【当期】

会計基準第24号を適用して遡及処理を行った結果，**会計上の期首**の棚卸資産は500（総平均法）となっているが，**税務上の期首**の棚卸資産は，550（先入先出法）のままとなっていることから，会計上の期首の棚卸資産が50少なく計上されているので，当期の原価も50少なく計上されることとなる。

したがって，当期の確定申告において，当該棚卸資産50に対応する原価50を，当期の課税所得の計算に含めるための**税務調整**（申告書別表四で**減算（留保）**）が必要となる。

また，遡及処理を行った結果，**会計上の利益剰余金の額**は，**前期末残高**よりも**当期首残高**が50少なくなっていることから，当期の申告書別表五（一）の「繰越損益金」の**期首金額欄**にも50少なく表示された金額を記載することとなるが，税務上の利益積立金の前期末の金額と

第2章　会計基準が示す会計処理を前提とした税務調整を行う項目　209

当期首の金額には**変動がない**ので，当期の申告書別表五（一）の期首
金額欄に，この50を**過年度遡及修正による影響額（棚卸資産）**として
表示する必要がある。

（具体的な記載方法等）
〈会計処理〉
【前　　期】
○**先入先出法（当初）**

		B/S					P/L		
棚 卸 資 産	550	資 本 金	1,000		原　　価	7,750	売　　上		8,400
そ の 他	1,100	利益剰余金	650		当期利益金	650			

　○**総平均法で会計処理したと仮定した場合**

		B/S					P/L		
棚 卸 資 産	500	資 本 金	1,000		原　　価	7,800	売　　上		8,400
そ の 他	1,100	利益剰余金 ⓒ	600		当期利益金	600			

　【当　　期】総平均法（会計方針を変更）

		B/S					P/L		
棚 卸 資 産	600	資 本 金	1,000		原　　価	8,000	売　　上		8,900
そ の 他	1,900	利益剰余金	1,500		当期利益金 ⑧	900			
			（ⓒ＋⑧）						

○**株主資本等変動計算書（抜粋）**

株主資本	1,000
利益剰余金	650
当期首残高	
会計方針の変更による累積的影響額	△　50
遡及処理**後**当期首残高	**600** ⓒ
当期変動額	
当期純利益	900 ⑧
当期変動額計	900
当期末残高	1,500

〈税務処理〉

【前　期】確定申告

（別表四）

区　　　　　　　　分	総　　額	留　　保	社外流出
当期利益又は当期欠損の額	Ⓐ　　650	650	
加算			
減算			
所得金額又は欠損金額	650	650	

（別表五（一））

区　　　　分	期首金額	当期減	当期増	期末金額
繰越損益金			650	650
差引合計額			650	650

【当　期】確定申告

（別表四）

区　　　　　　　　分	総　　額	留　　保	社外流出
当期利益又は当期欠損の額	Ⓑ　　900	900	
加算			
減算　原価認容（過年度遡及）	50	50	
所得金額又は欠損金額	850	850	

（別表五（一））

区　　　　分	期首金額	当期減	当期増	期末金額
棚卸資産（過年度遡及）	50	50		0

第2章　会計基準が示す会計処理を前提とした税務調整を行う項目　211

繰越損益金	Ⓒ	600	600	1,500	1,500
差 引 合 計 額		650	650	1,500	1,500

〈記載に当たっての留意点〉

　当期の別表五（一）の「繰越損益金」の**期首金額**には，**遡及適用後**の利益剰余金（前期末よりも50少ない金額）を記載し，「区分」欄の**空欄**に「**棚卸資産（過年度遡及）**」等の勘定科目を付して，**期首金額に50を**記載する。

　この結果，**過年度遡及修正による影響額50（棚卸資産）と当期の期首繰越損益金**600との**合計額**650は，**前期の期末繰越損益金**650と**一致**することとなる。

ロ　**過去の誤謬の訂正があった場合（税務上は是正を要しないとき）**（情報問5）

　（問）　内部監査において，前期に土地に係る減損損失500が計上漏れとなっていることが判明した。この減損損失計上漏れは，会計上の誤謬に該当すると判断し，当期首の利益剰余金を500減額する修正再表示を行うこととした。

　（答）　土地に係る過年度の減損損失の計上漏れのように，**会計上は誤り**（過年度の利益が過大に表示されているもの）であるものの，**税務上**はその土地を売却等するまでは**損金算入が認められない**ため，**課税所得の是正を要しないもの**については，会計上の修正再表示が行われたとしても，過年度及び当期の課税所得の計算には**影響しない**こととなる。

　　ただし，修正再表示を行った結果，利益剰余金の**前期末残高**と**当期首残高**が**不一致**となることから，これに対応した別表五（一）の**調整は必要**となる。

（具体的な記載方法等）

〈会計処理〉

【前　期】

○当初（確定決算）

		B/S					P/L		
土 地	2,000	資 本 金	100	原 価	8,000	売 上			10,000
そ の 他	100	利益剰余金	2,000	当期利益金	2,000				

○正当（減損損失を計上したと**仮定**した場合）

		B/S					P/L		
土 地	1,500	資 本 金	100	原 価	8,000	売 上			10,000
そ の 他	100	利益剰余金 Ⓒ	1,500	**減 損 損 失**	**500**				
				当期利益金	1,500				

【当　期】

		B/S					P/L		
土 地	1,500	資 本 金	100	原 価	9,500	売 上			12,000
そ の 他	2,600	利益剰余金	4,000	当期利益金 Ⓑ	2,500				
			(Ⓒ＋Ⓑ)						

○株主資本等変動計算書（抜粋）

株主資本	100
利益剰余金	2,000
当期首残高	
過去の誤謬の訂正による累積的影響額	△　500
遡及処理後当期首残高	**1,500** Ⓒ
当期変動額	
当期純利益	2,500 Ⓑ
当期変動額計	2,500
当期末残高	4,000

第2章　会計基準が示す会計処理を前提とした税務調整を行う項目　　213

〈税務処理〉
【前　期】確定申告
（別表四）

区　　　　　　　分	総　　額	留　　保	社外流出
当期利益又は当期欠損の額	Ⓐ　2,000	2,000	
加算			
減算			
所得金額又は欠損金額	2,000	2,000	

（別表五（一））

区　　　　　分	期首金額	当期減	当期増	期末金額
繰越損益金			2,000	2,000
差 引 合 計 額			2,000	2,000

【当　期】確定申告
（別表四）

区　　　　　　　分	総　　額	留　　保	社外流出
当期利益又は当期欠損の額	Ⓑ　2,500	2,500	
加算			
減算			
所得金額又は欠損金額	2,500	2,500	

（別表五（一））

区　　　　　分	期首金額	当期減	当期増	期末金額
土地（過年度遡及）	500			500

繰越損益金	ⓒ 1,500	1,500	4,000	4,000
差引合計額	2,000	1,500	4,000	4,500

〈記載に当たっての留意点〉

　当期の別表五（一）の「繰越損益金」の**期首金額**には，**修正再表示後**の利益剰余金（前期末よりも500少ない金額）を記載し，「区分」欄の空欄に「**土地（過年度遡及）**」等の勘定科目を付して，**期首金額**に500を記載する。

　この結果，**過年度遡及修正による影響額500（土地）と当期の期首繰越損益金1,500との合計額2,000は，前期の期末繰越損益金2,000と一致**することとなる。

ハ　過去の誤謬の訂正があった場合（税務上も是正を要するとき）（情報問7）

（問） 当期中に行われた税務調査において，前期に計上すべき売上500が計上漏れとなっていることが判明した。なお，入金があった現金500は，会計帳簿に記載しておらず，別途会社で保管していた。

　　　この売上の計上漏れは，会計上の誤謬に該当することから，当期首の利益剰余金を500増額する修正再表示を行うこととした。

（答） 過年度の売上計上漏れは，**会計上は誤り**（過年度の利益剰余金が過少に表示されているもの）であり，**税務上も課税所得金額を是正（増額）すべき**ものであることから，会計上の修正再表示を行うとともに，**税務上も修正申告を行って，過年度の課税所得計算を是正する**こととなる。

第2章　会計基準が示す会計処理を前提とした税務調整を行う項目　　215

（具体的な記載方法等）

㈠　前期分の処理

〈会計処理〉

　○当初（**確定決算**）

	B/S				P/L		
売　掛　金	2,100	資　本　金	100	原　　価	8,000	売　　　　上	10,000
		利益剰余金	2,000	当期利益金 Ⓐ	2,000		

　○正当（売上を計上したと**仮定**した場合）

	B/S				P/L		
売　掛　金	2,100	資　本　金	100	原　　価	8,000	売　　　　上	**10,500**
現　　　金	**500**	利益剰余金 Ⓒ	2,500	当期利益金	**2,500**		

〈税務処理〉

　○確定申告

　　（別表四）

区　　　　　　　分	総　　額	留　　保	社外流出
当期利益又は当期欠損の額	Ⓐ　　2,000	2,000	
加算			
減算			
所得金額又は欠損金額	2,000	2,000	

　　（別表五（一））

区　　　　　分	期首金額	当期減	当期増	期末金額
繰越損益金			2,000	2,000
差　引　合　計　額			2,000	2,000

○修正申告

（別表四）

区　　　　　　　分	総　　額	留　　保	社外流出
当期利益又は当期欠損の額	Ⓐ 2,000	2,000	
加算 **売上計上漏れ**	500	500	
減算			
所得金額又は欠損金額	2,500	2,500	

（別表五（一））

区　　　分	期首金額	当期減	当期増	期末金額
現金（売上計上漏れ）			500	500
繰越損益金			2,000	2,000
差引合計額			2,500	2,500

㈹　当期分の処理

〈会計処理〉

B/S				P/L			
売　掛　金	3,000	資　本　金	100	原　　価	10,500	売　　上	12,000
そ　の　他	1,100	利益剰余金	4,000	当期利益金	Ⓑ 1,500		
		（Ⓒ＋Ⓑ）					

○株主資本等変動計算書（抜粋）

株主資本	100
利益剰余金	2,000
当期首残高	
過去の誤謬の訂正による累積的影響額	500
遡及処理後当期首残高	**2,500** Ⓒ
当期変動額	
当期純利益	1,500 Ⓑ

第2章　会計基準が示す会計処理を前提とした税務調整を行う項目　　217

| 当期変動額計 | 1,500 |
| 当期末残高 | 4,000 |

〈**税務処理**〉確定申告

（別表四）

区　　　　　　　分	総　　額	留　　保	社外流出
当期利益又は当期欠損の額	Ⓑ　1,500	1,500	
加算			
減算			
所得金額又は欠損金額	1,500	1,500	

（別表五（一））

区　　　　　分	期首金額	当期減	当期増	期末金額
繰越損益金	Ⓒ　2,500	2,500	4,000	4,000
差引合計額	2,500	2,500	4,000	4,500

〈**記載に当たっての留意点**〉

　前期の誤謬を修正再表示することにより，**会計上，当期首に現金と利益剰余金をそれぞれ500増額する処理**が行われ，**その時点で税務との差異が解消**される。

　したがって，前期の別表五（一）の現金の期末金額500は，当期の別表五（一）の期首金額には**転記せず**，当期の繰越損益金の**期首金額**には，**修正再表示後の2,500**（前期末の利益剰余金2,000＋累積影響額500）を記載する。

　この結果，**当期の期首繰越損益金2,500は，前期の修正申告により計上された現金500と前期の期末繰越損益金2,000との合計額2,500と一致**す

ることとなる。

注
1　ただし，株主総会等により，過去の計算書類を訂正することは可能である。

引用文献

金子宏. (2022). 租税法 (第24訂版). 弘文堂.

佐々木浩・長井伸二・一松旬. (2006). 「法人税法の改正」『平成18年度 税制改正の解説』. 財務省. ウェブサイト (https://warp.da.ndl.go.jp/info:ndljp/pid/10404234/www.mof.go.jp/tax_policy/tax_reform/out line/fy2006/f1808betu.pdf.)

松尾公二. (2023). 「十一訂版 法人税基本通達逐条解説」. 税務研究会出版局.

柴﨑澄哉. (2000). 「改正税法のすべて」(平成12年版). 大蔵財務協会.

朝長英樹. (2013). Profession Journal No. 10.

日本公認会計士協会東京会編. (2023). 「令和5年度版 最新企業会計と法人税申告調整の実務 公認会計士による徹底解説」. 第一法規.

原省三. (2008). 「公正処理基準に関する一考察」－最近のわが国の企業会計制度の変容を踏まえて－. 税大論叢第58号.

パンフレット・手引 (改正の概要関係). (2018). 「収益認識に関する会計基準」への対応について (平成30年5月). 国税庁ウェブサイト (https://www.nta.go.jp/publication/pamph/hojin/kaisei_gaiyo2018/02.htm).

平野秀輔. (2024). 財務会計. 白桃書房.

藤田泰弘, 笠原博之, 松本圭介, 竹内啓, 木原健史. (2015). 「法人税法の改正」『平成27年度 税制改正の解説』. 財務省ウェブページ (https://warp.da.ndl.go.jp/info:ndljp/pid/11122457/www.mof.go.jp/tax_policy/tax_reform/outline/fy2015/explanation/pdf/p0318_0391.pdf.)

藤田泰弘・小竹義範・髙橋龍太・鎌田絢子・石田良. (2018). 「法人税法の改正」『平成30年度 税制改正の解説』. 財務省ウェブサイト (https://www.mof.go.jp/tax_policy/tax_reform/outline/fy2018/explanation/pdf/p0265-0354.pdf.)

藤本哲也・朝長英樹. (2001). 「改正税法のすべて」(平成13年版). 大蔵財務協会.

索　引

【あ　行】

一時差異等と申告調整項目との関係
　　…………………………………… 186
一時差異と繰延税金資産又は繰延税
　金負債及び税金費用との関係 …… 188
一括償却資産の損金算入 ………… 64
一括評価金銭債権 ………………… 132
一般的な減価償却の方法 ………… 51
隠蔽，仮装経理等により支給する役
　員給与の損金不算入 …………… 103
受取配当等の益金不算入 ………… 31
売上割戻し等と交際費等との区分
　　…………………………………… 143
益金の額 …………………………… 17

【か　行】

会計上の繰延資産 ………………… 78
外国子会社配当等の益金不算入 … 36
各事業年度の所得の金額 ………… 17
確定した決算 ……………………… 19
貸倒損失 …………………………… 138
貸倒引当金 ………………………… 124
貸倒引当金の繰入限度額の計算 … 127
貸倒引当金の経理方法 …………… 126
貸倒引当金の適用対象法人及び対象
　金銭債権 ………………………… 126
課税標準 …………………………… 17
過大な使用人給与の損金不算入 … 103
過大な役員給与の損金不算入 …… 101

過年度遡及修正 …………………… 205
過年度遡及修正に係る具体的な適用
　例 ………………………………… 208
株主資本等変動計算書 …………… 29
寄附金と交際費等との区分 ……… 143
寄附金の額から除かれるもの …… 106
寄附金の額の計算 ………………… 106
寄附金の損金算入限度額 ………… 107
寄附金の範囲 ……………………… 105
旧国外リース期間定額法 ………… 52
旧生産高比例法 …………………… 51
旧定額法 …………………………… 51
旧定率法 …………………………… 51
給与等と交際費等との区分 ……… 145
業績連動給与 ……………………… 93
国等に対する寄附金に係る取扱い
　　…………………………………… 109
繰延資産 …………………………… 77
繰延資産の償却費の計算等 ……… 80
形式基準による修繕費の判定 …… 60
減価償却資産の取得価額 ………… 56
減価償却資産の償却限度額の計算 … 62
減価償却資産の範囲 ……………… 50
研究開発用のソフトウェア ……… 74
減損会計 …………………………… 182
減損会計の対象資産 ……………… 180
減損損失の測定 …………………… 181
減損損失の認識 …………………… 180
減損の兆候 ………………………… 180
広告宣伝費と交際費等との区分 … 143

交際費等に含まれる費用の例示 …… 145

交際費等の額から除かれる飲食費の
　適用要件 …………………………… 142

交際費等の損金不算入額の計算 …… 146

交際費等の範囲 ……………………… 141

「公正処理基準」の意義 ……………… 3

「公正処理基準」の解釈 ……………… 4

固定資産に係る減損会計 …………… 178

個別評価金銭債権 …………………… 127

【さ　行】

資産除去債務 ………………………… 167

資産除去債務に対応する除去費用の
　資産計上と費用配分 ……………… 168

資産除去債務の算定 ………………… 167

資産除去債務の負債計上 …………… 167

資産のグルーピング ………………… 180

資産の評価益 ………………………… 41

資産の評価損 ………………………… 81

自社利用のソフトウェア …………… 75

市場販売目的のソフトウェア ……… 75

事前確定届出給与 …………………… 92

資本的支出 …………………………… 58

資本的支出と修繕費の区分の特例 … 61

資本的支出の処理 …………………… 58

資本的支出の例示 …………………… 59

資本等取引 …………………………… 18

収益認識基準 ………………………… 195

収益認識基準による場合の取扱いの
　例 …………………………………… 199

「収益認識に関する会計基準」への
　対応 ………………………………… 199

修繕費の例示 ………………………… 59

少額の減価償却資産の取得価額の損

金算入 ………………………………… 63

少額又は周期の短い費用の損金算
　入 …………………………………… 60

使用人兼務役員 ……………………… 90

情報提供料等と交際費等との区分
　……………………………………… 143

申告書別表五（一）の機能 ………… 21

申告書別表四と別表五（一）の関連
　……………………………………… 22

申告書別表四の機能 ………………… 21

申告調整 ……………………………… 20

税効果会計 …………………………… 184

税効果会計基準及び税効果会計基準
　注解 ………………………………… 184

生産高比例法 ………………………… 54

税務上の繰延資産 …………………… 79

税務調整 ……………………………… 19

接待飲食費 …………………………… 147

選択できる償却方法及び法定償却方
　法 …………………………………… 54

損金経理 ……………………………… 19

損金の額 ……………………………… 17

損金の額に算入されない法人税等
　……………………………………… 117

損金の額に算入される租税公課の損
　金算入時期 ………………………… 120

損金の額に算入される法人税等の例
　示 …………………………………… 119

【た　行】

耐用年数 ……………………………… 61

短期保有株式等 ……………………… 33

中小企業者等の少額減価償却資産の
　取得価額の損金算入の特例 ……… 64

索　引　223

定額法 ················· 52

定期同額給与 ·············· 91

定率法 ················· 52

【な　行】

任意申告調整事項 ·········· 20

【は　行】

配当等の額とみなす金額（みなし配
　当等の額）·············· 39

必須申告調整事項 ·········· 20

100％グループ内の法人間の寄附金
　の取扱い ·············· 109

福利厚生費と交際費等との区分 ······ 144

別段の定め ··············· 5

法人税，住民税，事業税等及び租税
　公課の経理処理と申告書別表四及

び別表五（一）の調整 ·········· 122

法人税等の損金不算入 ·········· 116

法人税法第22条の2等の主な内容

················· 200

【ま　行】

みなし役員 ··············· 88

無形固定資産（ソフトウェア）········· 72

【や　行】

役員給与 ················ 91

役員の定義 ··············· 87

有形固定資産 ·············· 49

【ら　行】

リース期間定額法 ············· 54

編者紹介

RSM 汐留パートナーズ税理士法人

〒105-7133 東京都港区東新橋一丁目5－2　汐留シティセンター33階
電話番号：03-6316-2283（代表）　Eメール：inquiry-jp@rsmsp.jp

　RSM 汐留パートナーズ税理士法人は，グループ会社である RSM 汐留パートナーズ株式会社，RSM 汐留パートナーズ社会保険労務士法人，RSM 汐留パートナーズ行政書士法人及び RSM 汐留パートナーズ司法書士法人と共にグローバルな視点から会計・ビジネスのアドバイザリーを提供する RSM インターナショナルの日本におけるメンバーファームである。

【主な業務】
・国内税務サービス
　　月次・四半期決算支援・各種税務申告書作成・税務調査立会・税務意見書作成・グループ通算制度適用支援等
・国際税務サービス
　　国際税務・国際労務・海外進出・日本進出に関する税務アドバイザリー，納税管理人サービス等
・M&A・組織再編・事業承継サービス
　　M&A に関する税務・税務デューデリジェンス・組織再編に関する税務・事業承継に関する税務アドバイザリー等
・アウトソーシングサービス（BPO）
　　記帳代行・支払代行・請求事務代行・給与計算サービス等

【沿革】
2007年7月　前川研吾が東京都港区に前川公認会計士事務所を設立
2008年4月　前川公認会計士事務所が汐留パートナーズ会計事務所に改称
2008年6月　平野秀輔が東京都新宿区に協同税理士法人を設立
2012年8月　汐留パートナーズ会計事務所が佐藤隆太税理士事務所と経営統合し汐留パートナーズ税理士法人へと法人化
2019年1月　協同税理士法人と合併
2022年11月　RSM インターナショナルへ加盟し RSM 汐留パートナーズ税理士法人へと商号変更

【RSM インターナショナル】
　RSM インターナショナル（以下「RSM」という）は，イギリスのロンドンを本部とする世界有数のグローバルネットワークで，監査・税務・コンサルティングサービスを提供する独立したプロフェッショナルファームから構成されており，世界中のクライアントにサービスを提供している。現在，RSM は世界約120ヶ国に860以上の拠点を有し，アジア太平洋，アメリカズ（北米及び中南米），ヨーロッパ，MENA（中東及び北アフリカ），アフリカの5つのエリアに約64,000人のメンバーを擁している。2023年度調査によると，RSM の全世界収益は約1.4兆円，世界で第6位にランクインしており，アメリカ合衆国では Big 4 に次ぐ第5位である。

www.shiodome.co.jp
www.rsm.global

〈監修者・著者略歴〉
【監修者】

平野　秀輔　　Hirano Shusuke　｜　マネージングパートナー

1982年昭和監査法人（現 EY 新日本有限責任監査法人）に入所。その後1987年から2014年までの27年間に渡り新橋監査法人（現ひびき監査法人）代表社員を務める。2008年協同監理士法人を設立し代表社員に就任。2018年汐留パートナーズ税理士法人（現 RSM 汐留パートナーズ税理士法人）と合併し代表社員就任。長年にわたり監査・IPO・税務の業務に関与し，併せて JA グループの資格試験委員，大学教授，官庁の委員も歴任。主要著書として『財務会計』，『財務管理の基礎知識　第４版』，『非上場株式に関する相続税・贈与税の問題点』（以上，白桃書房）等がある。中央大学大学院戦略経営研究科ビジネス科学専攻（博士後期課程）修了，博士（学術）・公認会計士・税理士。

【著者】

佐藤　幸一　　Sato Koichi　｜　シニアアドバイザー

1982年に国税局に入庁した後，37年間にわたって東京国税局管内において主として法人税及び審理業務を担当。調査第一部国際情報第二課課長，東京国税局不服審判所管理課課長，調査第一部調査審理課課長，課税第一部国税訟務官室室長等を歴任し，退官後2019年８月に汐留パートナーズ税理士法人（現 RSM 汐留パートナーズ税理士法人）のシニアアドバイザーに就任。内資及び外資クライアントの税務調査立会，税務訴訟対応，事前確認等のサービスに従事している。日本大学商学部会計学科卒業，税理士。

■　詳解　法人税法「別段の定め」の基本［第２版］〈検印省略〉

■　発行日──2021年３月16日　初　版　発　行
　　　　　　2023年12月６日　第２刷　発　行
　　　　　　2024年９月26日　第２版　発　行

■　監　　　　修　　平野秀輔
■　編　　　　者　　RSM 汐留パートナーズ税理士法人
■　著　　　　者　　佐藤幸一
■　発　行　者　　大矢栄一郎
■　発　行　所　　株式会社　白桃書房
　　　　　　　　〒101-0021　東京都千代田区外神田5-1-15
　　　　　　　　☎03-3836-4781　📠03-3836-9370　振替00100-4-20192
　　　　　　　　https://www.hakutou.co.jp/

■　印刷・製本──藤原印刷

© SATO, Koichi 2021, 2024 Printed in Japan
ISBN978-4-561-45186-0 C3034

本書のコピー，スキャン，デジタル化等の無断複製は著作権法上での例外を除き禁じられています。本書を代行業者等の第三者に依頼してスキャンやデジタル化することは，たとえ個人や家庭内の利用であっても著作権法上認められておりません。

JCOPY 〈出版者著作権管理機構　委託出版物〉

本書の無断複写は著作権法上での例外を除き禁じられています。複写される場合は，そのつど事前に，出版者著作権管理機構（電話 03-5244-5088，FAX 03-5244-5089，e-mail: info@jcopy.or.jp）の許諾を得てください。

落丁本・乱丁本はおとりかえいたします。

好 評 書

平野　秀輔【著】

財務会計　　　　　　　　　　　　　　　　　　　　　　　　本体 3,636 円
　── Nuts and Bolts とその応用

平野　秀輔・前川　研吾【監修・著】
汐留パートナーズ税理士法人【編】

複式簿記の理論と JA 簿記　　　　　　　　　　　　　　　本体 3,182 円

平野　秀輔【著】

財務管理の基礎知識　第 3 版　　　　　　　　　　　　　本体 2,100 円
　──財務諸表の見方から経営分析、管理会計まで

平野　秀輔【著】

非上場株式に関する相続税・贈与税の問題点　　　　　本体 3,200 円
　──応能負担原則からの考察と分離型の導入

────────── 東京　白桃書房 神田 ──────────
本広告の価格は本体価格です。別途消費税が加算されます。